人工智能基础与应用

主　编　陈　静　徐丽丽　田　钧
副主编　孙艳华　张　芳　李伟伟
　　　　李庆先　张　峰　陈　宁
　　　　任启迎

北京理工大学出版社
BEIJING INSTITUTE OF TECHNOLOGY PRESS

内 容 简 介

本书是一本由校企合作开发的，面向计算机类及非计算机类专业学生的人工智能通识教材。在内容选取上，注重人工智能的通识性、典型性，旨在培养学生的人工智能素养、计算思维能力，拓展科技视野。同时，本书也可以作为人工智能爱好者的自学用书。

全书分为六大模块，由探索人工智能的起源开始，分别从起源与发展趋势、原理相关技术、支撑技术、开发技术、应用案例、人工智能与人类的关系等不同的层面对人工智能进行介绍。

本书在介绍人工智能通识知识的同时，嵌入了与课程内容相融合的思政元素，融入内容涵盖家国情怀、工匠精神、责任担当、科技强国、科技创新及未来展望等多个元素，期待读者在学习新技术的同时润心、铸魂。

图书在版编目（CIP）数据

人工智能基础与应用／陈静，徐丽丽，田钧主编
. -- 北京：北京理工大学出版社，2022.2（2024.8 重印）
ISBN 978 - 7 - 5763 - 0926 - 3

Ⅰ. ①人… Ⅱ. ①陈…②徐…③田… Ⅲ. ①人工智能 Ⅳ. ①TP18

中国版本图书馆 CIP 数据核字（2022）第 023971 号

责任编辑：王玲玲	**文案编辑**：王玲玲		
责任校对：刘亚男	**责任印制**：施胜娟		

出版发行 ／ 北京理工大学出版社有限责任公司

社　　址 ／ 北京市丰台区四合庄路 6 号

邮　　编 ／ 100070

电　　话 ／ （010）68914026（教材售后服务热线）
　　　　　　（010）68944437（课件资源服务热线）

网　　址 ／ http：//www.bitpress.com.cn

版 印 次 ／ 2024 年 8 月第 1 版第 5 次印刷

印　　刷 ／ 三河市天利华印刷装订有限公司

开　　本 ／ 787 mm × 1092 mm　1/16

印　　张 ／ 15

字　　数 ／ 340 千字

定　　价 ／ 47.00 元

图书出现印装质量问题，请拨打售后服务热线，负责调换

前言

人工智能经过 60 多年的演进，特别是在移动互联网、大数据、超级计算、传感网、脑科学等新理论、新技术及经济社会发展强烈需求的共同驱动下，加速发展成为继第一次工业革命、第二次工业革命、第三次工业革命的又一次科技革命。

国务院发布的《新一代人工智能发展规划》提出了面向 2030 年我国新一代人工智能发展的指导思想、战略目标、重点任务和保障措施，部署构筑我国人工智能发展的先发优势，加快建设创新型国家和世界科技强国。教育部在《高等学校人工智能创新行动计划》中明确提出要将人工智能纳入大学计算机基础教学内容。根据人工智能理论和技术具有普适性、迁移性和渗透性的特点，主动结合学生的学习兴趣和社会需求，探索"人工智能+X"的人才培养模式，重视人工智能与计算机、控制、数学、统计学、物理学、生物学、心理学、社会学、法学等学科专业教育的交叉融合。

党的二十大报告强调，推动战略性新兴产业融合集群发展，构建新一代信息技术、人工智能、生物技术、新能源、新材料、高端装备、绿色环保等一批新的增长引擎。人工智能技术将越来越多地应用到人们生活、工作的方方面面，大数据和人工智能将成为生产力的一部分，使得我们的工作效率能够大大提高。相应地，人们也将随时处于人工智能系统与高科技产品的环境中，大多数的工作都会与人工智能紧密相连，越来越多的行业将使用人工智能和机器学习，每一个领域都在分析人工智能如何与专业技术结合，更好地为人类服务。*Science*杂志预测，到 2045 年，人工智能将会替代 50% 的全球就业岗位。人工智能不再是计算和软件产业"自己"的事情，而是每一个人、每一个产业都要面对的事情。

本书特色

本书由校企合作开发，在内容选取上，注重人工智能的通识性、典型性，适用于人文、理工、社科与艺术等学科，用于激发学生的创新思想，目标是培养复合型人才。本书主要特色体现在以下几个方面：

1. 通俗易懂

本书编写注重通识性，不深究深奥的数学公式和算法，同时，采用了大量贴近生活的企业案例，通过案例，让读者对人工智能形成整体上的认识。

2. 知识内容颗粒化

本书以模块化结构组织全书内容，每个模块从不同的侧面介绍人工智能。模块之间关联度较小；模块内部由任务构成知识颗粒，任务包含认知型的知识准备活动及应用型的知识运用案例。知识与体验案例相结合，帮助读者降低理解难度，激发学习兴趣。

3. 嵌入思政元素

本书在介绍人工智能通识知识的同时，融入党的二十大精神，加强课程思政建设，嵌入了与课程内容相融合的思政元素，涵盖家国情怀、工匠精神、责任担当、科技强国、科技创新及未来展望等多个角度，期待读者在学习新技术的同时润心、铸魂。

4. 丰富的新形态资源

本书以新形态二维码的方式提供了丰富的学习资源，同时在智慧树平台上线了在线精品课程《人工智能基础与应用》，课程网址为：https://coursehome. zhihuishu. com/courseHome/1000070634，为教师授课和读者学习提供便利。

内容组织

全书分为六大模块，分别从不同的层面对人工智能进行介绍。模块一是人工智能概论，探索人工智能的起源及发展趋势；模块二介绍与人工智能的原理相关的技术，包含大脑模拟及认知科学、神经网络、知识表示与机器推理、机器学习、专家系统与知识图谱、自然语言处理等；模块三介绍人工智能的支撑技术，如物联网、5G、云计算大数据等；模块四分别从开发语言、人工智能常用的工具、人工智能开放平台等方面介绍了人工智能的开发技术；模块五介绍了智慧城市、智慧农业、智慧教育、智能家居等典型的人工智能应用案例；模块六从人工智能与人类的关系、人工智能与职业革命等层面介绍了人工智能时代为人类社会带来的影响及应对措施。

本书适用读者

本书既可以作为高职及应用型本科学生的人工智能通识课教材，也可以作为人工智能初学爱好者的自学用书。

编写情况

本书由山东劳动职业技术学院陈静、徐丽丽、广州科技贸易职业学院田钧任主编，山东劳动职业技术学院孙艳华、张芳、李伟伟、李庆先、张峰、陈宁、山东青橙数字科技有限公司任启迎任副主编。本书具体分工为：模块一由李伟伟编写，模块二由陈静、孙艳华编写，模块三由张峰、田钧编写，模块四由徐丽丽、陈宁编写，模块五由张芳、任启迎编写，模块六由李庆先编写，陈静、徐丽丽、田钧负责全书的总体结构设计和统稿工作，由腾讯江楠、天津中德应用技术大学王新强担任主审。本书采用了腾讯、山东青橙数字科技有限公司提供的部分企业案例，大大丰富了读者学习的素材，同时，在编写过程中得到了窦珍珍老师团队的技术支持和全程指导，在此表示感谢！

由于作者水平有限，书中疏漏之处在所难免，敬请同行及广大读者批评指正。

编　者

目 录

模块一

人工智能概论

  "人工智能"概念的首次提出可追溯到 1956 年美国达特茅斯学会，该会议标志着人工智能的正式诞生。经历了半个多世纪的发展历程，研究者们从问题求解、逻辑推理与证明、自然语言理解博弈、自动程序设计、专家系统、机器学习等多个角度展开了研究，发展了众多新的理论和原理，人工智能的概念也随之扩展。目前，在云计算、大数据和移动互联网的联合推动下，人工智能在很多方面都有了突破性进展，已经成为全球科技的新主题。

  本模块将介绍人工智能的概念、人工智能的起源与发展、人工智能的发展历程与发展趋势。

教学导航

		活动一　了解人工智能的概念
	任务1　初识人工智能	活动二　走进生活中的人工智能
模块一　人工智能概论	任务2　探索人工智能的起源与发展	活动一　了解人工智能起源
		活动二　回顾人工智能发展历程
		活动一　了解人工智能发展现状
	任务3　展望人工智能的发展趋势	活动二　预测人工智能未来产业生态
		活动三　了解人工智能领域相关的1+X标准

任务1　初识人工智能

  随着科学技术的进步，人工智能已经开始融入人们的日常生活。刷脸成为普遍的识别方式，比如生活中所用支付系统、高铁进站、酒店及安防系统的人脸识别等。此外，还有生活中自动打扫卫生的智能扫地机器人，能够唱歌、读书的智能机器人，以及家居系统中的智能电视、智能门锁、智能空调等。人工智能产品已经进入我们生活的方方面面，人工智能的出现极大地便利了人们的生活，发展也越来越人性化。那么到底什么是人工智能？人工智能又有哪些类型呢？

学习目标

1. 了解人工智能的概念；
2. 了解人工智能的分类；
3. 了解人工智能的特征；
4. 提高学生的人工智能意识，发展学生的智能化思维；
5. 引导学生正确认识人工智能与人类的关系。

任务导入

2016 年 3 月，阿尔法（AlphaGo）围棋与围棋世界冠军、职业九段棋手李世石进行围棋人机大战，阿尔法围棋以 4:1 的总比分获胜，如图 1-1 所示。2016 年年末至 2017 年年初，该程序在中国棋类网站上以"大师"为注册账号与中日韩数十位围棋高手进行快棋对决，连续 60 局无一败绩。2017 年 5 月，在中国乌镇围棋峰会上，它与排名世

图 1-1　AlphaGo 围棋对弈

界第一的世界围棋冠军柯洁对战，以 3:0 的总比分获胜。围棋界公认阿尔法围棋的棋力已经超过人类职业围棋顶尖水平，在 GoRatings 网站公布的世界职业围棋排名中，其等级分曾超过人类排名第一的棋手柯洁。阿尔法围棋是第一个击败人类职业围棋选手、第一个战胜围棋世界冠军的人工智能程序。

请思考：
1. 阿尔法围棋对弈中所体现的智能特征有哪些？
2. 人工智能是否真能和人类的智能比拟？

知识准备

活动一　了解人工智能的概念

1. 人工智能的定义

人工智能（Artificial Intelligence，AI），是利用数字计算机或者数字计算机控制的机器模拟、延伸和扩展人的智能，感知环境、获取知识并使用知识获得最佳结果的理论、方法、技术及应用系统。

人工智能作为计算机科学的一个分支，目的是了解智能的实质，并生产出一种新的能以人类智能相似的方式做出反应的智能机器，该领域的研究包括机器人、语言识别、图像识别、自然语言处理和专家系统等。

人工智能的定义对人工智能学科的基本思想和内容做出了解释，即围绕智能活动而构造

的人工系统。人工智能是知识的工程，是机器模仿人类利用知识完成一定行为的过程。

2. 人工智能的分类

根据人工智能能否真正实现推理、思考和解决问题，可以将人工智能分为弱人工智能和强人工智能。

（1）弱人工智能

弱人工智能是专注于某一特定领域任务的人工智能。相对于可以用来解决通用问题的强人工智能，一般是指无法真正实现推理和解决问题的智能机器，这些机器表面上是智能的，但是并不真正拥有智能，也不会有自主意识。迄今为止的人工智能系统都是实现特定功能的专用智能，而不是像人类智能那样能够不断适应复杂的新环境并不断涌现出新的功能，因此都属于弱人工智能。目前，弱人工智能产品在我们的生活中无处不在，比如，各个领域广泛应用的智能机器人、无人驾驶汽车等，如图1-2所示。

图1-2　弱人工智能产品

（2）强人工智能

强人工智能是指能真正能推理问题、解决问题的智能机器。强人工智能的机器人同人类一样，是有知觉，有自我意识的，并能制订解决问题的最优方案，可以摆脱人类进行独立的操作。从一般意义来说，达到人类水平的、能够自适应地应对外界环境挑战的、具有自我意识的人工智能称为"通用人工智能""强人工智能"或"类人智能"。强人工智能的概念不仅在哲学上存在巨大争论，涉及思维与意识等根本问题的讨论，在技术研究、实现方面也具有极大的挑战性。目前在人工智能领域，接近强人工智能最为突出的产品是历史上首位获得公民身份的机器人——索菲亚，如图1-3所示。

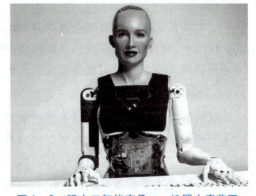

图1-3　强人工智能产品——机器人索菲亚

在强人工智能技术背景下，机器人会拥有更多的自主性，机器道德问题随之也受到了广泛关注。智能机器的根本目的是为人服务，人类必须将自身置于核心位置，以人为本。智能制造、智能服务模式的变革对人才也提出了新要求，既要强调工匠精神，激励人的主观能动性，又要在科技的应用中注重协调"匠与器"的关系。

3. 人工智能的特征

机器的智能表现是指为了能够与环境交互，机器需要具有感知、识别、认知、推理、判断、预测、学习及行动的能力，即思考与行为能力。

正确处理人类与人工智能之间"匠与器"的关系

人工智能的特征包括感知、记忆和思维、学习和自适应、行为决策。

一是具有感知能力，即具有能够感知外部世界、获取外部信息的能力，这是产生智能活动的前提条件和必要条件。

二是具有记忆和思维能力，即能够存储感知到的外部信息及由思维产生的知识，同时能够利用已有的知识对信息进行分析、计算、比较、判断、联想、决策。

三是具有学习能力和自适应能力，即通过与环境的相互作用，不断学习，积累知识，使自己能够适应环境变化。

四是具有行为决策能力，即对外界的刺激做出反应，形成决策并传达相应的信息。

活动二　走进生活中的人工智能

人工智能技术看似很遥远，其实其产品早已渗透、应用到我们的日常生活中。尽管大多数人还不了解人工智能技术的具体实现，但不可否认的是，人工智能技术正在一步一步地走进并影响着我们的生活。

1. 计算智能

计算智能是指机器能够更高效、快速处理海量的数据，即具有快速计算和记忆存储的能力。人工智能所涉及的各项技术的发展是不均衡的，现阶段计算机的优势是运算能力和存储能力。人工智能从诞生之始就以对抗人类智能为衡量准则。人机对抗智能技术的应用领域涉及棋牌类游戏、即时策略游戏，在多个领域内，机器智能已经达到并超过了该领域的人类顶级选手，不断刷新博弈对抗记录，显示出了新一轮人工智能技术在认知决策方面的优势。

比如我们比较熟悉的电竞游戏 Dota2，如图 1-4 所示。它有一个游戏模式是人机对抗模式，作为一款即时策略游戏，和棋牌类游戏相比，整个对抗过程即时进行。在实现过程中采用了神经网络技术，以实现在游戏中人机对抗。

2. 感知智能

感知智能是指机器能听懂人类的语言、看懂世界万物，即具有视觉、听觉、触觉等感知能力，能够通过各种智能感知能力与外界进行交互。语音识别和视觉识别就属于这一范畴，能够更好地辅助人类高效完成任务。

感知智能主要是数据识别，需要完成对大规模数据的采集，以及对图像、视频、声音等类型的数据进行特征抽取，完成结构化处理。

图 1-4 即时策略游戏 Dota2

例如，百度的 Apollo 无人驾驶汽车，如图 1-5 所示。其四大核心模块之一就是感知模块。通过激光雷达等感知设备和人工智能算法实现感知智能，自动识别交通指示牌和行车信息，具备雷达、相机、全球卫星导航等电子设施，并安装同步传感器。在行驶过程中，汽车会通过传感设备上传路况信息，在大量数据基础上进行实时定位分析，从而判断行驶方向和速度。

还有诞生在百度的小度机器人，如图 1-6 所示，其能够参加互联网机器翻译论坛、与人类进行现场对话、亮相央视网络春晚妙对飞花令等。智能机器人已经出现在了人们的日常生活中。能够通过自然的交互方式（语音、图像、对话），依托强大的智能搜索技术，在准确理解用户意图的基础之上，与用户进行信息、服务、情感的交流。

图 1-5 百度 Apollo 无人驾驶汽车

图 1-6 小度机器人

机器在感知世界方面比人类具有优势。人类是被动感知，机器是主动感知，如激光雷达、微波雷达和红外雷达。不管是小度机器人，还是自动驾驶汽车，都充分利用了深度学习和大数据的成果，机器在感知智能方面已越来越接近于人类。

3. 认知智能

认知智能是指机器能够主动思考并采取行动，实现全面辅助甚至替代人类工作。即具有理解能力、归纳能力、推理能力，有运用知识的能力。比起计算智能和感知智能，认知智能更为复杂。

认知智能则需要在感知智能完成数据结构化处理的基础上，理解数据之间的关系和逻辑。结合跨领域的知识图谱、因果推理、持续学习等，赋予机器类似于人类的思维逻辑和认识能力，即理解、归纳和应用知识的能力。

比如，康复机器人"神工"是人工认知智能的典型，如图 1-7 所示。其核心技术就是脑机接口，是全球首台适用于全肢体中风康复的"纯意念控制"人

图 1-7　人工神经康复机器人"神工"

工神经机器人系统。通过脑电的异步"脑机接口"技术模拟中枢神经通路，解码体验者的运动意念信息，进而驱动多级神经肌肉电刺激技术模拟周边神经通路，刺激瘫痪肢体产生对应动作。

知识运用

通过百度大脑 AI 开放平台，体验对话情绪识别。

依托于百度强大的对话系统，深入分析多种对话场景的主要情绪类型及分布，实现自动检测日常对话文本中蕴含的情绪特征，准确理解并识别对话中的情绪。

该功能应用在智能客服场景下，能识别用户在客服咨询中的情绪，在自动回复时，如果检测出用户的负向情绪，则触发人工客服介入。在人工客服场景下，可用于监控客服人员的服务态度。另外还有闲聊机器人功能，该功能可以识别用户在聊天中的情绪，帮助机器人产品选择出更匹配用户情绪的文本进行回复。还可应用在机器人任务型对话方面，针对机器人识别到的负向情绪，结合上下文语境给出有针对性的参考回复话术，帮助应用方第一时间安抚用户负向情绪。

主要功能包括以下两个方面。

一方面，该平台能实现精细化的对话文本情绪识别。

在对话场景中，识别对话双方文本背后蕴含的用户情绪，一级情绪分为正向、中性和负向，正向情绪细分为喜爱、愉快、感谢，负向情绪细分为抱怨、愤怒、厌恶、恐惧、悲伤。

另一方面，该平台能实现负向情绪参考回复话术。

针对机器识别到的负向情绪，结合上下文语境给出有针对性的参考回复话术，帮助应用方第一时间安抚用户负向情绪。

1. 打开百度大脑 AI 开放平台网址（https://ai.baidu.com/），进入百度 AI 开放平台后，输入百度账号进行登录。

点击 AI 体验中心，点击左侧列表中的语言理解，找到对话情绪识别项目，如图 1-8 所示。

图 1-8 百度大脑 AI 体验中心 - 语言理解

2. 对话场景设计为通用场景、客服场景、闲聊场景和任务类型对话四种类型。选择通用场景，在文本框中输入文本"天天下雨真麻烦"，可以看到分析结果为"负向情绪：厌恶"，给出的参考安抚话术为"我会努力做得更好的"，如图 1-9 所示。

图 1-9　通用场景

3. 选择客服场景，在文本框中输入"没有问题了，谢谢"，分析结果为"正向情绪：感谢"，如图1-10所示。

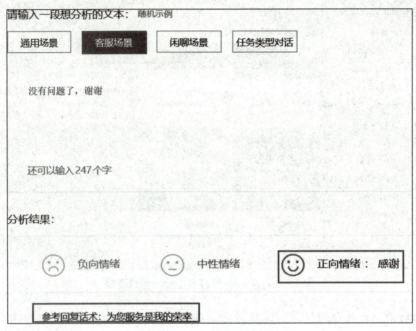

图1-10 客服场景

4. 选择闲聊场景，在文本框中输入"你真厉害"，分析结果为"正向情绪：喜爱"，如图1-11所示。

图1-11 闲聊场景

5. 选择任务类型对话，在文本框中输入"你真是学霸"，分析结果为"正向情绪：喜爱"，给出的参考回复话术为"谢谢，我很开心"，如图1-12所示。

图1-12 任务类型对话

该功能是一种自然语言处理技术，采用大数据和深度学习，通过对大量的情感标签和语料库进行训练，自动学习词义及词序关系，具备较强的泛化能力，从而获得对文本数据的情感识别能力。

任务 2 探索人工智能的起源与发展

人工智能技术的发展经过从构建概念到落地应用的蜕变，已经成为新一轮科技革命和产业革命的重要驱动力量。在其充满未知的半个多世纪的发展道路中，发展过程也是曲折起伏。人工智能走到今天历经了多个发展低谷，发展过程也遇到了多个瓶颈期。

学习目标

1. 了解人工智能的起源；
2. 回顾人工智能的发展历程；
3. 培养学生科学探索与创新意识；
4. 使学生体会到伟大的科学家对人工智能发展的贡献。

📋 任务导入

1956 年达特茅斯会议之前，图灵、哥德尔、冯·诺依曼、克劳德·香农等伟大的先驱者奠定了人工智能和计算机技术的基础。自人工智能概念 1956 年首次被提出以来，人工智能作为一门学科诞生至今已有 60 多年的历史，发展道路几经沉浮，期间经历了 2 次高潮和低谷。随着核心算法的突破、计算能力的迅速提高及海量互联网数据的支撑，从 2010 年到现在，又迎来人工智能发展的第三次浪潮，成为全球瞩目的科技焦点。

请思考：

1. 在这 60 多年的发展历程中，人工智能经历了哪些发展阶段？
2. 人工智能经历了哪些低谷期和高潮期？

📋 知识准备

活动一 了解人工智能起源

1950 年，英国科学家艾伦·麦席森·图灵（Alan M. Turing）提出了著名的图灵测试：电脑如果能回答一系列人类的问题，而且提问者无法分辨是否为电脑，那么就认为电脑通过了智能测试。图灵测试至今仍然被当作人工智能水平的重要测试标准之一。

以炽热爱国情怀，为学为师

图灵测试是指，测试者与被测试者（一个人和一台机器）隔开的情况下，通过一些装置（如键盘）向被测试者随意提问，多次测试后，如果有超过 30% 的测试者不能确定出被测试者是人还是机器，那么这台机器就通过了测试，并被认为具有人类智能。以现在的计算机人工智能技术来说，30% 的比例定得有些低，近年来很多人工智能对话程序都已经能够通过图灵测试。

图灵对后世最大的理论贡献除了图灵测试外，还有图灵机。图灵机至今仍然是计算机软件程序的基本架构，也是机器智能的开端。所以，他也被称为计算机科学之父、人工智能科学之父。为了纪念这位计算机科学先驱，美国计算机协会（ACM）于 1966 年设立了图灵奖（Turing Award），旨在奖励对计算机事业做出重要贡献的个人。迄今为止获此殊荣的唯一华裔计算机科学家是中国科学院院士、清华大学交叉信息研究院院长姚期智教授。姚教授是世界著名计算机学家，是图灵奖创立以来首位获奖的亚裔学者。2004 年，他毅然放弃了美国名校的终身教职，回到祖国，倾注所有精力，为中国创建世界一流计算机学科，积极推进人工智能的创新理论及交叉学科应用，培养拔尖创新人才做出重要贡献。

党的二十大报告指出"强化现代化建设人才支撑，加快建设国家战略人才力量，努力培养造就更多大师、青年科技人才、卓越工程师、大国工匠、高技能人才"。姚教授曾说，"人生为一大事而来"，这件大事，就是"为国家培养人才，引领中国'图灵'之路"。为国家培养人才，促进国家科技发展，姚期智教授乐在其中。

活动二 回顾人工智能发展历程

人工智能充满未知的探索道路曲折起伏，其发展历程基本划分为孕育期、形成期和发展期，如图 1-13 所示。在 60 多年的发展历程中，无论是基础理论创新、关键技术突破，还是规模产业应用，人工智能技术都取得了突破性的发展。从其发展历程可以看出，尊重科学发展规律是推动科技持续发展的前提，基础性研究是科技可持续发展的基石，需求应用是科技创新的不竭动力，学科交叉是创新突破的"捷径"。

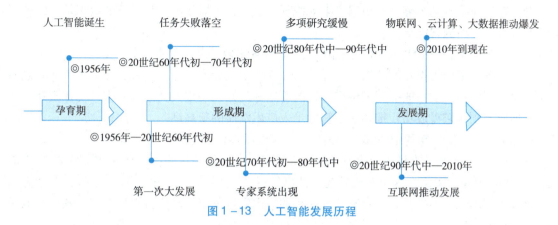

图1-13　人工智能发展历程

1. 人工智能的孕育期

1956年，达特茅斯学院助教约翰·麦卡锡（John McCarthy）、哈佛大学马文·明斯基（Marvin Minsky）、贝尔电话实验室克劳德·香农（Claude Shannon）、IBM公司信息研究中心纳撒尼尔·罗切斯特（Nathaniel Rochester）、卡内基梅隆大学艾伦·纽厄尔（Allen Newell）和赫伯特·西蒙（Herbert Simon）等先驱在美国达特茅斯学院从不同学科的角度探讨用机器模拟人类智能等问题，并首次提出了人工智能的概念，如图1-14所示。达特茅斯会议上人工智能的名称和任务得以确定，同时出现最早的一批研究者，由此标志着人工智能学科的诞生。

图1-14　人工智能诞生的标志－达特茅斯会议

2. 人工智能的形成期

（1）1956年—20世纪60年代初：人工智能的第一次大发展

1956年达特茅斯会议之后的十几年是人工智能的黄金年代。从50年代后期到60年代涌现了大批成功的AI程序和新的研究方向，其中最有影响力的包括搜索式推理、自然语言、微世界等。人工智能概念提出后，相继取得了一批令人瞩目的研究成果，如机器定理证明、跳棋程序等，掀起人工智能发展的第一个高潮。

（2）20 世纪 60 年代初—70 年代初：人工智能的第一次低谷

70 年代初，人工智能遭遇了瓶颈。由于计算机性能的瓶颈、计算复杂性的指数级增长、数据量缺失等问题，AI 研究者们遭遇了无法克服的基础性障碍。例如，比较常见的机器视觉功能在当时找不到足够大的数据库来支撑程序学习，机器无法吸收足够的数据量，因此很难实现视觉方面的智能化。

（3）20 世纪 70 年代初—80 年代中：人工智能的第二次大发展

专家系统模拟人类专家的知识和经验来解决特定领域的问题，实现了人工智能从理论研究走向实际应用、从一般推理策略探讨转向运用专门知识的重大突破。专家系统在医疗、化学、地质等领域取得成功，推动人工智能走入应用发展的新高潮。

（4）20 世纪 80 年代中—90 年代中：人工智能的第二次低谷

1987 年，AI 硬件市场需求突然下跌，尤其是人工智能专用硬件 LISP 机器的发展显得混乱且缓慢。IBM、苹果在这个时机发起了计算机革命，生产的台式机性能不断提升。随着人工智能的应用规模不断扩大，专家系统存在的应用领域狭窄、缺乏常识性知识、知识获取困难、推理方法单一、缺乏分布式功能、难以与现有数据库兼容等问题逐渐暴露出来。

3. 人工智能的发展期

（1）20 世纪 90 年代中—2010 年：人工智能复苏期

1993 年到 2010 年这一阶段，人工智能处于稳步发展时期，互联网推动人工智能不断创新和使用。

由于网络技术特别是互联网技术的发展，加速了人工智能的创新研究，促使人工智能技术进一步走向实用化。1997 年，国际商业机器公司（简称 IBM）深蓝超级计算机战胜了国际象棋世界冠军卡斯帕罗夫，2008 年，IBM 提出"智慧地球"的概念，如图 1−15 所示。

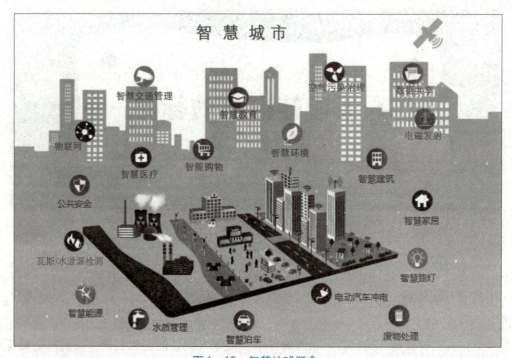

图 1−15　智慧地球概念

以上都是这一时期的标志性事件。被公认为是未来社会发展的大趋势，而与"智慧地球"密切相关的物联网、云计算等，更成为科技发达国家制定本国发展战略的重点。自 2009 年以来，美国、欧盟、日本和韩国等纷纷推出本国的物联网、云计算相关发展战略。

（2）2010 年到现在：人工智能进入蓬勃发展期

随着大数据、云计算、互联网、物联网等信息技术的发展，泛在感知数据和图形处理器等计算平台推动以深度神经网络为代表的人工智能技术飞速发展，大幅跨越了科学与应用之间的"技术鸿沟"，如图 1－16 所示。诸如图像分类、语音识别、知识问答、人机对弈、无人驾驶等人工智能技术实现了从"不能用、不好用"到"可以用"的技术突破，迎来爆发式增长的新高潮。

图 1－16　人工智能三个核心要素

三、知识运用

2024 年中国市场上搭载 AI 功能的终端设备将超 70%，AI 终端占比将达 55%。这表明 AI 手机不仅不是厂商的噱头，而且将成为市场的主流。华为 P70 系列搭载小艺助手及多项 AI 功能再次为用户提供了更好的智慧体验。

1. AI 修图

通过 AI 修图的消除功能，在图库中选取照片后进入"编辑"界面，选择"AI 修图"，点击"消除"，通过简单的画线操作即可选中照片中的路人、杂物等"不和谐"元素进行消除。并且，通过 AIGC 的能力还能对画面内容进行补全，生成式填充让照片更自然清晰，如图 1－17 所示。

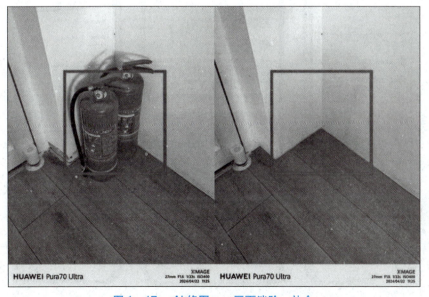

图 1－17　AI 修图——画面消除、补全

2. AI 云增强

拍摄人像照片后，通过使用 AI 云增强功能，可以提升照片清晰度，让人像更突出。对于多人合照比较复杂的拍摄场景，画面中的信息非常复杂，有许多人脸、建筑等，而且单个元素在画面中的比例都很小，这种情况下相机直出的照片难免经不起放大。使用 AI 云增强功能对照片进行优化提升，再次放大合影中每个人物的面部细节，不仅更加丰富清晰，而且色彩也更加真实，如图 1-18 所示。

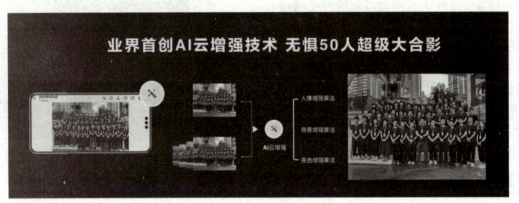

图 1-18 AI 云增强

3. 私人助理识屏说服务

平时生活中经常遇到各种信息需要处理，比如需要导航去到某一目的地，或者想把某一日期加入手机日程提醒。以往需要先把地址复制到导航 APP，或者在日程中手动输入内容，费时又费力。而现在小艺有了"对话识屏"功能，能利用 OCR 图像识别、CV 等技术，自动识别图片上的文字与物体，并直接完成服务，如图 1-19 所示。

图 1-19 识屏说服务

4. 文档助手

该功能是小艺在处理长篇文章和专业文档方面的能力，可以快速抓取并呈现核心内容摘要，帮助用户有效捕获重要信息，极大地节省了阅读和理解大量信息所需的时间，轻松提高工作和学习效率。

使用时只需在资讯界面唤醒小艺说"总结全文"，或发送本地文档给小艺，进入"摘要及问答"模式，小艺能够迅速生成长文摘要，并提供三个核心问题，引导用户快速深入理解文档。对于英文文档，能够自动翻译并生成中文摘要，极大地简化了阅读外语文档的难度，如图1-20所示。

5. 智慧视觉

该功能主要是实现内容转换。支持智能识别图片内容，并进行格式转换，支持去除笔迹、表格提取、文档扫描、文字提取等，如图1-21所示。

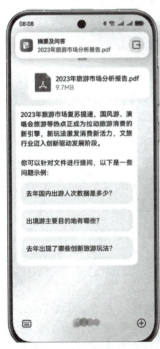

图1-20 文档助手　　　　　　　　　　图1-21 识别图片内容

6. 方言自由说

华为P70系列支持十种不同的方言，不用设置切换就可以用10种方言中的任意一种向小艺发出指令，如图1-22所示。

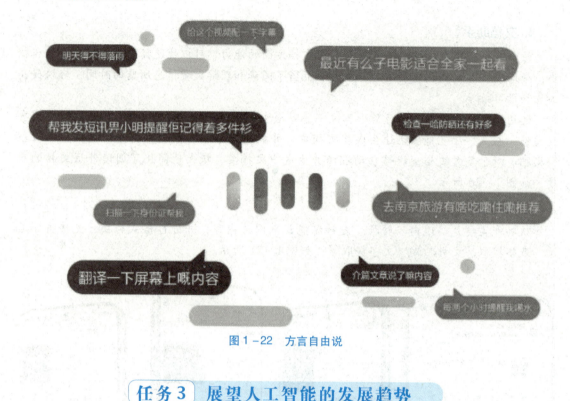

图 1-22　方言自由说

任务 3　展望人工智能的发展趋势

学习目标

1. 了解人工智能的发展现状；
2. 了解人工智能的发展趋势；
3. 培养学生注重学习和终身学习的习惯。

任务导入

经过 60 多年的发展演进，人工智能已经成为新一轮产业变革的核心动力，正在对全球经济、人类发展和社会生活产生极其深刻的影响。过去 10 年里，人工智能从实验室走向产业化生产，重塑传统行业模式、引领未来的价值已经凸显，并为全球经济和社会活动做出了不容忽视的贡献。当前全球人工智能浪潮汹涌，各国学者正努力实现人工智能从感知到认知的跨越，使之具有推理、可解释性、认知性。人工智能技术迅速成为全民关注的焦点，业内认为人工智能技术的快速发展将会推动第四次工业革命的发展。

请思考：

人工智能目前的发展现状及未来的发展新趋势如何？

知识准备

活动一　了解人工智能发展现状

目前，世界各国家都纷纷将人工智能上升为国家级战略，积极抢占人工智能竞争的制高点。人工智能作为新一轮科技革命和产业变革的核心力量，正在推动传统产业升级换代，驱动"无人经济"快速发展，在智能交通、智能家居、智能医疗等民生领域产生积极正面影响。在新一代科技技术的引领下，人工智能技术必将颠覆人们的传统生活与思想。人工智能正呈现深度学习、跨界融合、人机协同、群智开放、自主操控等新特征。

1. 人工智能产业化现状

人工智能作为引领新一轮科技革命和产业变革的战略性技术，具有溢出带动性很强的"头雁"效应。这种"头雁"效应，既表现在人工智能产业的蓬勃发展，更表现在它将成为我国产业升级和经济转型的主要动力。人工智能已在消费和服务领域得到广泛应用，尤其是电商、医疗、教育、金融等行业。

（1）人工智能赋能新型制造

智能制造作为先进制造技术与信息技术的深度融合的产物，与人工智能互促互融，为智能制造的发展创造了更多新机遇。智能制造是一种新型的生产方式，而人工智能是实现这种生产方式的关键技术，是智能制造技术体系中的一部分。通过将 AI 技术引入制造领域的智能工厂、工程设计、工程工艺设计、生产制造、CIMS、生成调度、故障诊断、智能物流、智能 MES 生产信息化管理系统等，来提升设备综合效率，提高企业对生产周期预测的精准度。

比如：海尔卡奥斯 AI 工业大脑赋能智能制造全链场景。海尔卡奥斯工业互联网平台中深度融合 AI 技术，包括视觉监控检测、质量缺陷检测、智能安防、智能物流等，广泛应用于工业设计与研发、机理仿真及数字孪生，具备高度的可迁移性和可复制性，多年来已合作打造多个工业领域标杆案例，如图 1-23 所示。

图 1-23　海尔卡奥斯工业互联网平台

当前生成式人工智能蓬勃发展、加速迭代，已在研发设计、生产制造等领域崭露头角，成为新型工业化的重要推动力。大模型技术发展最主要的一个侧重点是在生产制造领域的应用，这也将是工业化领域国际竞争激烈的新赛道。

（2）人工智能赋能新型医疗

人工智能在医疗行业的成功应用，发挥了其在医疗领域的发展潜力，创造了全新的医疗模式。在虚拟助理、医学影像、辅助诊疗、疾病风险预测、药物挖掘、健康管理、医院管理、辅助医学研究报告等领域已经开始逐渐引入人工智能技术。

腾讯在2017年发布的腾讯觅影如图1-24所示。作为首款人工智能与医学结合的AI医学影像产品，通过运用计算机视觉和深度学习技术对各类医学影像进行学习训练，可以有效地辅助医生诊断和重大疾病早期筛查等任务。

百度则推出百度大脑，通过海量医疗数据、专业文献的采集与分析，辅助医生完成问诊。基于百度大脑的AI眼底筛查一体机可以帮助患者快速筛查包括糖网、青光眼、老黄等多种眼底疾病，提早预防致盲风险。该系统经过权威测试，筛查准确率已经相当于工作经验10年以上的眼科医生，如图1-25所示。

图1-24　腾讯觅影

图1-25　AI眼底筛查一体机

（3）人工智能赋能新型教育

以人工智能为代表的新一代信息技术的快速发展，将会对传统的教育理念、教育体系和教学模式产生革命性影响。"人工智能＋教育"正在掀起教育的一场革命。它改变着教育生态、教育环境、教育方式、教育管理模式、师生关系等。

目前图像识别、语音识别、人机交互等人工智能技术都已在教育领域开展应用。通过图像识别技术，人工智能可以将教师从繁重的批改作业和阅卷工作中解放出来；语音识别和语义分析技术可以辅助教师进行英语口试测评，也可以纠正、改进学生的英语发音；而人机交互技术可以协助教师为学生在线答疑解惑。

人工智能将教学变为大数据分析及人工智能辅助的以学生为中心的个性化学习，为每个学生提供个性化、定制化的学习内容、方法，从而激发学生深层次的学习欲望。

（4）人工智能赋能金融行业

金融业作为高度数据化的行业，其非结构化的金融数据恰恰是人工智能最擅长处理的领域。

人工智能时代，银行业在线业务将成主流，数据量激增，超出了人的经验范畴和处理能力边界。金融行业成为人工智能和云计算等数据驱动技术的最好应用场景。具体来看，依托机器学习、深度学习、自然语言处理、知识图谱等底层核心技术，AI在金融业的应用主要集中在智能支付、智能理赔、智能投顾、智能客服、智能营销、智能投研、智能风控等七大场景。

2. 人工智能上升为国家发展战略

业界人士认为第四次工业革命即将由人工智能与机器人来引领，人工智能给人类社会带来的变革与影响将远远超过蒸汽机、电力和互联网带来的前三次工业革命。因此，世界各国都纷纷将人工智能上升为国家级战略，积极抢占人工智能竞争的制高点。

2017年3月，在十二届全国人大五次会议的政府工作报告中，"人工智能"首次被写入政府工作报告。李克强总理在政府工作报告中提到，要加快培育、壮大新兴产业，全面实施战略性新兴产业发展规划，加快人工智能等技术研发和转化，做大做强产业集群。

2017年，国务院审议通过了《新一代人工智能发展规划》，明确指出"三步走"目标：到2020年，人工智能总体技术和应用与世界先进水平同步；到2025年，人工智能基础理论实现重大突破，技术与应用部分达到世界领先水平；到2030年，人工智能理论、技术与应用总体达到世界领先水平，成为世界主要人工智能创新中心。

2018年1月，人工智能标准化论坛发布了《人工智能标准化白皮书（2018版）》。国家标准化管理委员会宣布成立国家人工智能标准化工作组，负责全面统筹规划和协调管理我国人工智能标准化工作，并对《促进新一代人工智能产业发展三年行动计划（2018—2020年)》及《人工智能标准化助力产业发展》进行解读，全面推进人工智能标准化工作。

2020年7月，中央网信办等五部门印发《国家新一代人工智能标准体系建设指南》，指南提到，到2023年，初步建立人工智能标准体系，重点研制重点急需标准，并率先在制造、交通、金融、安防、家居、养老、环保、教育、医疗健康、司法等重点行业进行推进。建设人工智能标准实验验证平台，提供公共服务能力。

2023年7月，国家互联网信息办公室等七部门公布《生成式人工智能服务管理暂行办法》，明确了促进生成式人工智能技术发展的具体措施，规定生成式人工智能服务的基本规范。

2024年1月，工业和信息化部等七部门发布《关于推动未来产业创新发展的实施意见》，提出利用人工智能、先进计算等技术精准识别和培育高潜能未来产业，推进5G、算力基础设施、工业互联网等建设，构建高速泛在、集成互联、智能绿色、安全高效的新型数字基础设施。

在国家顶层设计方面，已经注意到人工智能作为一项基础技术，能够渗透至各行各业，并助力传统行业实现跨越式升级，提升行业效率，正在逐步成为掀起互联网颠覆性浪潮的新引擎。

党的二十大报告指出，"推动战略性新兴产业融合集群发展，构建人工智能等一批新的增长引擎，加快发展数字经济，打造具有国际竞争力的数字产业集群"。

高质量发展作为全面建设社会主义现代化国家的首要任务，在建设现代化产业体系进程中，以大数据、人工智能等为代表的战略性新兴产业代表着新一轮科技革命和产业变革的方向，是拓宽未来发展空间的新支柱、新赛道，对我国抢占科技竞争制高点、实现高质量发展具有决定性作用。

活动二　预测人工智能未来产业生态

经过60多年的发展，人工智能在算法、计算能力、数据等方面取得了重要突破，正处于从"不能用"到"可以用"的技术拐点，但是人工智能的发展和应用还存在诸多"瓶颈"。那么在可以预见的未来，人工智能发展将会出现怎样的趋势与特征呢？

1. 从专用智能向通用智能发展

实现从专用人工智能向通用人工智能的跨越式发展，既是下一代人工智能发展的必然趋势，也是研究与应用领域的重大挑战。人工智能本质上为类人智能，即追求设计和开发像人脑那样工作的软件或硬件系统。专用智能和通用智能存在根本性差异：专用人工智能的目标是行为层面上"看起来像有智能"，通用人工智能关注系统从内在层面上"如何才能实现真正的智能"。2021 年，清北通用人工智能实验班已正式启动，并且开始面向全国招生，如图 1 – 26 所示，人工智能的发展在朝着"创造解决世界上一切问题的通用人工智能"这一目标前进。

图 1 – 26　人工智能实验班

2. 从人工智能向人机混合智能发展

利用脑科学和认知科学的研究成果是人工智能的一个重要研究方向。人机混合智能旨在将人的作用或认知模型引入人工智能系统中，提升人工智能系统的性能，使人工智能成为人类智能的自然延伸和拓展，通过人机协同，更加高效地解决复杂问题。在我国新一代人工智能规划中，人机混合智能都是重要的研发方向。基于第一视角的 Tri-Co 机器人实时自然示教模式如图 1 – 27 所示，提出了一种基于第一视角的机器人自然教学模式，并通过构建人在环中的远程在场系统验证教学范式的有效性，为机器人适应动态环境的训练开辟了一条新的途径，促进高水平人机混合智能发展的演变。

图 1 – 27　机器人实时自然示教模式

3. 从"人工 + 智能"向自主智能系统发展

当前人工智能领域的大量研究集中在深度学习，局限是需要大量人工干预，比如人工设定应用场景、人工采集和标注大量训练数据等。自主智能系统是不需要人为干预的，其利用先进智能技术实现各种操作与管理。典型自主智能系统包括复杂无人生产加工系统、无人化平台等，例如无人车、无人机、无人车间/智能工厂和智能控制装备与系统等。2023 年，珠海云号作为全球首艘智能型无人系统母船正式投入使用。该船是全球首艘具有自主航行功能和远程遥控功能的智能型海洋科考船，其设计建造贯彻了"绿色智能"、"无人系统科考支持"等设计理念，动力系统、推进系统、智能系统、动力定位系统以及调查作业支持系统等均为我国自主研制，如图 1－28 所示。自主智能系统强调自主和智能，但不排斥人类的参与，更加重视与人类行为的协同。自主智能系统将利用机器特有的优势，如计算、存储、决策等能力，取代人类的部分重复性劳动。针对主观性强、复杂性高的工作，将充分发挥人机协同能力，追求高智能、高性能的工作效率。因此，机器不可能完全代替人类，人机协同是未来的方向。

图 1－28　珠海云号

活动三　了解人工智能领域相关的 1＋X 标准

随着国家"学历证书＋若干职业技能等级证书"（简称 1＋X 证书）制度试点工作的不断深入开展，1＋X 证书试点制度已经成为增强职业教育适应性，促进职业教育教学改革的有力举措，如图 1－29 所示。为推动人工智能领域高水平技术技能人才的发展，全力为国家 1＋X 证书试点工作服务，为人才强国战略夯实建设基础，相关部门和企业也联合推出了人工智能领域相关的 1＋X 职业技能等级证书标准，推动助力新时代 AI 产业人才培养。

1. 发展背景

科创时代发展背景下的工作岗位细分更加具体，人才需求也更趋于具象化。以机器人领域为例，目前国内人工智能机器人产业发展增速快，行业细分层次丰富，产业人才缺口巨大。

据工信部数据统计，截至 2020 年，伴随人工智能机器人产业规模的急速发展，相关人才缺口已达 500 万。目前国内人工智能机器人企业数量已超 8 600 家，产业发展迅速。而在高校端，人工智能与机器人相关专业的开设数量也在近三年迎来井喷式发展，以此匹配产业发展所带来的人才缺口。2019 年至今，人社部拟发布 47 个新职业，其中 15 个与人工智能/机器人直接相关，如图 1－30 所示。

图 1-29 1+X 证书制度	图 1-30 2019 年至今发布的智能技术相关新职业

随着人工智能时代科技进步持续加快，技术更新周期缩短，新技术、新方法不断涌现，知识和信息呈现出爆发式增长。只有具有终身学习意识，才能适应时代的发展。从技术技能人才成长的逻辑来看，终身学习是培养创新型人才的重要途径。人工智能时代需要大量的创新型人才，而真正有价值的创新往往来源于长期的实践积累。只有具备刻苦钻研、持续学习的"精气神"，形成终身学习的意识，才能成长为具备创新能力的高端人才。

终身学习，人工智能时代的生存方式

2. 人工智能领域 1+X 证书标准

（1）人机对话智能系统开发职业技能等级标准

人机对话智能系统开发职业技能等级分为初级、中级、高级三个等级。

初级：面向各类与语音处理、语音分析、人机对话等相关的企事业单位，从事语音获取、标注、分析、应用开发、测试等工作，根据人机对话智能系统开发要求，具备实现一个简单人机对话系统的能力。

中级：面向各类与语音处理、语音分析、人机对话等相关的企事业单位，从事数据处理、产品设计、应用开发、测试等工作，根据人机对话智能系统开发要求，具备设计、实现和部属实施人机对话系统的能力。

高级：面向各类与语音处理、语音分析、人机对话等相关的企事业单位，从事系统架构设计、业务架构设计、应用开发等工作，根据人机对话智能系统开发要求，掌握传统软件的架构方法和模式，具备传统软件向对话式 AI 系统迁移的能力。

（2）服务机器人应用开发职业技能等级标准

服务机器人应用开发职业技能等级分为初级、中级、高级三个等级。

初级：主要是面向服务机器人应用开发的各类企事业单位，从事服务机器人的基础软件应用开发、基础运动控制应用开发，以及软件测试执行等工作任务。

中级：主要是面向服务机器人应用开发的各类企事业单位，从事服务机器人智能语音、机器视觉、定位导航、运动控制等领域的算法移植及应用、SLAM 建图、动作编排等初级应用开发任务和语音/图像数据采集、清洗、标注等工作任务，以及测试环境部署、测试用例编写等软件测试任务。

高级：主要是面向服务机器人应用开发的各类企事业单位，从事服务机器人智能语音、机器视觉、定位导航、运动控制等领域的综合应用开发、算法调试、性能优化等中高级软件应用开发任务，以及自动化测试脚本编写、测试方案设计等软件测试任务。

（3）服务机器人实施与运维职业技能等级标准

服务机器人实施与运维职业技能等级分为初级、中级、高级三个等级。

初级：根据服务机器人操作安全规范，完成服务机器人设备基本操作、系统使用与维护等工作任务。

中级：根据业务具体需求，结合服务机器人操作安全规范，完成服务机器人硬件的选型、安装、调试、组件更换维修、固件升级、维护等实施运维类工作任务。

高级：根据业务综合需求，对服务机器人交付部署方案设计、机器人外部系统与周边设备的功能联调、技术文档编写及售后技术培训等运作实施进行指导与管理。

📧 知识运用

通过腾讯云小微对话平台，创建"地理万知"的应用，并进行相应的参数配置。

1. 创建应用

打开腾讯云小微网站（https://dingdang.qq.com/doc/page/15），进入腾讯云小微后，单击框内的设备平台，如图 1-31 所示。之后单击 QQ 或者微信进行登录，如图 1-32 所示。最后进入设备平台，单击左侧的"新建应用"按钮即可进入配置界面，如图 1-33 所示。

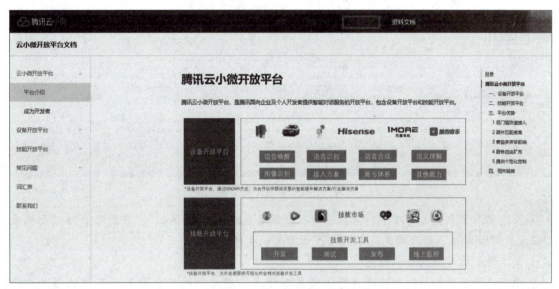

图 1-31　腾讯云小微

第一步：配置设备系统与应用场景。

选择预期接入应用的设备，其中有屏设备包括手机、车机、电视、手表、有屏机器人、有屏音箱等，无屏设备主要包括无屏音箱、耳机、微信公众号、无屏机器人等。不同的设备可支持的操作系统也不同，需要根据实际情况进行选择。

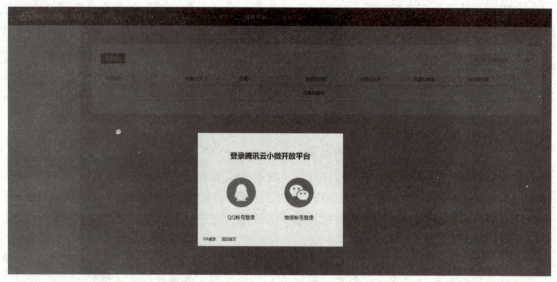

图1-32 设备平台登录界面

图1-33 设备平台界面

在这里为了方便大家理解，直接创建一个设备系统为"Android"，应用场景为"手机应用"，应用模式为"标准模式"的应用，如图1-34所示。

第二步：填写应用基本信息。

输入应用名称和应用描述并选择页面展示方式，建议使用"公司＋产品"的形式进行命名，如"腾讯云小微"，应用描述填写该应用的使用场景和用途等。

创建的手机应用起名为"地理万知"，应用描述为"拥有大量的地理知识，山川湖海，国家地理，旅游景点信息，为您解答关于地理方面的一切问题。"，如图1-35所示。

第三步：填写设备版本号。

填写版本号，格式为×.×.×.×，例如1.0.0.0。版本号生效后，将无法修改。版本号主

图 1 - 34　应用场景

图 1 - 35　基本信息

要用来配合终端版本的更新，也可以用版本号来区分所创建的应用。

手机应用"地理万知"的版本号可以写为"1.0.0.0"，如图 1 - 36 所示。以后如果对应用进行更新，版本号可改为"1.0.0.1"。

对于已经发布的应用，可以进入应用，到"应用版本"→"版本管理"进行版本更新或其他版本管理操作，如图 1 - 37 所示。

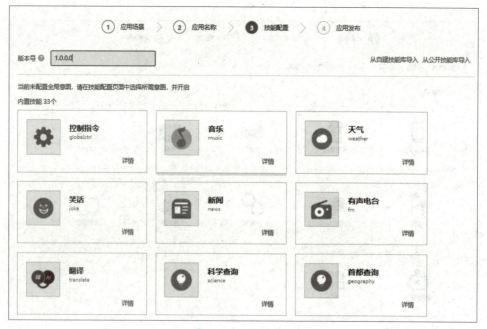

图 1-36　版本号

图 1-37　版本管理

2. 应用配置

第一步：基本信息配置。

开发者可在建立应用后进行信息配置，如果对所创建的"地理万知"的名称、应用描述不太满意，或想添加一个应用图标，可以进入所创建的应用到"应用概览"界面进行修改，如图 1-38 所示。在这个界面中，有 Product ID、APP KEY、AccessToken 三个属性，下面列出了它们的定义。

Product ID：同一品类的设备共享一个 Product ID，Product ID 由设备开放平台生成，具体格式为 APP KEY：AccessToken。

APP KEY：云小微为厂商应用分配的应用标识。

AccessToken：用户的接口调用凭证。

第二步：版本信息配置。

开发者可在"应用版本"→"版本管理"中进行技能的修改。如需上线正式环境给外部用户使用，请务必先发布，如图 1-39 所示。

开发者可在"应用版本"→"质量测试"中测试并查看此应用相关语料的准确度，如图 1-40 所示。

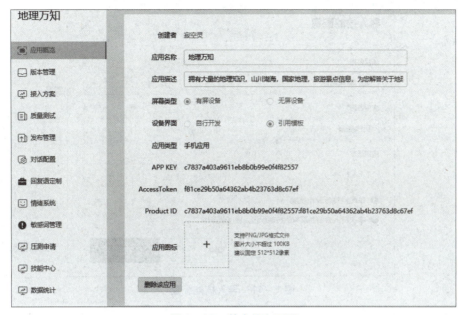

图 1-38　基本信息配置

图 1-39　版本信息配置

图 1-40　质量测试

第三步：导入来自项目的其他应用技能。

将之前已经配置好的应用的技能组合直接导入当前正在创建的应用中，在"技能配置"部分选择"覆盖导入"，选择已配置好的应用所在项目、应用名称、应用版本，单击"确定"按钮进行导入，如图 1-41 所示。

第四步：接入官方推荐技能。

官方默认为每个应用配置一批技能，如图 1-42 所示，若不需要导入来自其他应用的技能，可以选择应用官方推荐的技能，也可以根据需求在官方推荐技能的基础上进行编辑、增加或删除个别技能。

图 1-41　导入技能配置

图 1-42　官方默认技能

如果不小心删错了技能，可以单击"版本号"右边的"从公开技能库导入"，在里面可以找到官方推荐的默认技能，如图 1-43 所示。

在创建的"地理万知"应用中，因为它的功能是查询各种地理知识，所以只需要导入地理信息查询即可，其他技能删掉，如图 1-44 所示。

第五步：接入自建技能。

技能配置中支持添加自定义技能，可到腾讯云小微技能平台创建自定义技能，具体创建流程可参照技能开放平台操作文档。自建技能发布后，可返回设备平台创建应用部分，在

图1-43　从公开技能库导入

图1-44　导入技能

"可选自建技能"中选择自定义的技能添加到应用中。

自主评价

通过学习本模块，看自己是否对人工智能概论有了充分了解，在技能检测表中标出自己的学习情况。

评价标准	个人评价	小组评价	教师评价
（1）是否了解人工智能的概念，生活中有哪些人工智能的应用场景			
（2）是否了解人工智能经历哪些发展阶段，经历哪些低谷期和高潮期			
（3）是否了解人工智能未来的发展趋势			
备注：A 为能做到；B 为基本能做到；C 为部分能做到；D 为基本做不到。			

习　题

一、选择题

1. 1956 年 –20 世纪 60 年代初，人工智能的发展处于（　　）。

A. 萌芽期　　　　　B. 第一次繁荣期　　C. 第一次低谷期　　D. 复苏期

2. 以下关于图灵测试，说法不正确的是（　　）。

A. 图灵测试是由英国科学家约翰·麦卡锡提出的

B. 图灵测试是人工智能水平的重要测试标准之一

C. 图灵测试在 1950 年提出

D. 图灵测试是人工智能起源的重要思想之一

3. 1997 年，超级计算机战胜了国际象棋世界冠军卡斯帕罗夫，这台计算被称为（　　）。

A. 蓝天　　　　　　B. 深思　　　　　　C. 深蓝　　　　　　D. IBM

4. 正式提出人工智能的概念，并把它作为一门新兴学科是在哪一年（　　）。

A. 1950 年　　　　　B. 1956 年　　　　　C. 1965 年　　　　　D. 1966 年

5. “人工智能”首次被写入我国政府工作报告是在哪一年（　　）。

A. 2020 年　　　　　B. 2019 年　　　　　C. 2018 年　　　　　D. 2017 年

6. IBM 提出“智慧地球”的概念在哪一年（　　）。

A. 1980 年　　　　　B. 1970 年　　　　　C. 2008 年　　　　　D. 2010 年

7. 符合强人工智能描述的是（　　）。

A. 可以胜任人类的所有工作

B. 仅在某个特定领域超越人类水平

C. 在创造力、智慧等方面远胜人类

D. 是通用的人工智能

8. 人工智能作为计算机科学的一个分支，目的是了解智能的实质，并生产出一种新的能以人类智能相似的方式做出反应的智能机器，该领域的研究包括机器人（　　）。

A. 语音识别　　　　　　　　　　B. 图像识别

C. 自然语言处理　　　　　　　　D. 专家系统

9. 能推理问题、自适应地应对外界环境挑战、具有自我意识的人工智能称为（　　）。

A. 通用人工智能　　　　　　　　B. 强人工智能

C. 类人智能　　　　　　　　　　D. 弱人工智能

10. 人工智能的特征包括（　　）。

A. 感知能力　　　　　　　　　　B. 记忆和思维能力

C. 学习能力　　　　　　　　　　D. 决策能力

二、判断题

1. 人工智能就是人形机器人。（　　）

2. 著名的图灵测试，是由英国科学家艾伦·麦席森·图灵在 1950 年提出的。（　　）

3. 随着人工智能发展迅速，目前人工智能的产业化发展和应用已经处于非常成熟的阶段。（　　）

4. 无人驾驶汽车属于强人工智能产品。　　　　　　　　　　　　（　　）

5. 弱人工智能产品并不真正拥有智能，也不会有自主意识。　　　（　　）

三、简答题

1. 人工智能的概念是什么？人工智能的分类有哪些？

2. 举例说明日常生活和学习过程中用到的人工智能产品有哪些？分别具备哪些？

模块二

熟知人工智能原理技术

在了解人工智能发展现状和历程后，将进入模块二——熟知人工智能原理技术。进入 21 世纪以来，人工智能 60 余年的发展过程中，诞生了许多使机器能够拥有一定智能的理论、方法和技术。本模块主要介绍与人工智能相关的理论原理知识，包括大脑模拟与认识科学、人工神经网络、知识表示与推理、机器学习、专家系统与知识图谱、自然语言处理等，让读者对人工智能原理技术相关内容有总体的了解。

教学导航

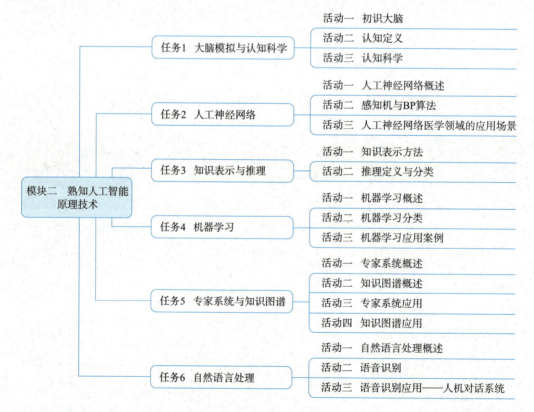

模块二 熟知人工智能原理技术	任务1 大脑模拟与认知科学	活动一 初识大脑
		活动二 认知定义
		活动三 认知科学
	任务2 人工神经网络	活动一 人工神经网络概述
		活动二 感知机与BP算法
		活动三 人工神经网络医学领域的应用场景
	任务3 知识表示与推理	活动一 知识表示方法
		活动二 推理定义与分类
	任务4 机器学习	活动一 机器学习概述
		活动二 机器学习分类
		活动三 机器学习应用案例
	任务5 专家系统与知识图谱	活动一 专家系统概述
		活动二 知识图谱概述
		活动三 专家系统应用
		活动四 知识图谱应用
	任务6 自然语言处理	活动一 自然语言处理概述
		活动二 语音识别
		活动三 语音识别应用——人机对话系统

任务 1　大脑模拟与认知科学

　　人类的大脑是一部极其高效的"计算机"。通过大脑模拟与认知等相关知识的学习，可以对人脑智能生成机制与人工智能开发之间的关系形成初步认识。通俗地讲，人工智能研究如何使机器具有能听、能说、能看、能写、能思维、能学习、能为人类解决实际问题等功能。人工智能，顾名思义，即赋予机器以智能，以便机器像人类一样运转。但目前来看，无论是深度学习还是其他方法，解决的都是单一问题，要构造一种更加健壮的人工智

以人为本的机器智能

能，需要脑认知和神经科学的启发。计算机和人类大脑是对问题求解的物质基础，大脑是一个非常复杂的设备，负责收集信息，有数千亿的脑神经元来进行信息传递。大脑虽小，但内部结构却非常复杂，学习脑结构及神经学相关知识，能够对智能的认知有一定的启发作用。

学习目标

1. 了解大脑的结构；
2. 熟悉脑与计算机的联系；
3. 熟悉认知科学；
4. 促进跨学科知识的整合和运用。

任务导入

　　人工智能（Artificial Intelligence）是研究、开发用于模拟、延伸和扩展人的智能的理论、方法、技术及应用系统的一门新的技术科学。它最早提出于 20 世纪 50 年代，并在 1997 年 IBM 公司"深蓝"电脑击败了国际象棋大师加里·卡斯帕洛夫后广为世人所知。人工智能自从出现以来，一直是科幻小说和科幻电影中的经典形象。虽然现实中的人工智能与电影荧幕上的机器人相去甚远，但它们早已出现在人们身边，例如搜索引擎、邮件过滤器、智能语音助手、二维码扫描器、游戏中的 NPC，都是人工智能技术实用化的产物。人工智能正在快速融入人类工业制造、农业生产及生活服务的方方面面，通过算法和程序感知人类社会，并与之交互。

　　人工智能与空间技术、原子能技术一起被誉为 20 世纪三大科学技术成就。有人称人工智能为继三次革命后的又一次工业革命，前三次工业革命主要是扩展了人手的功能，把人类从繁重的体力劳动中解救出来，而人工智能扩展了人脑的功能，实现了脑力劳动的自动化，从而渗透到了人类社会各个领域。随着计算机技术的发展及人类对自我认知的深入，让计算机和人脑一样具有自动发现规律和利用规律智能地帮助人类解决更加复杂的问题，从而扩展和延伸人的智能。

　　请思考：

1. 人工智能会战胜人类吗？
2. "人－机"和谐共处的局面是怎样的？
3. 人脑认知科学对人工智能有怎样的启发？

📖 知识准备

活动一 初识大脑

　　脑是生物亿万年进化到一定阶段才出现的产物，是自然界中最复杂、最精妙的一种开放的超巨体系。脑的发达程度是区别动物进化程度的主要标志。人类正因为有了无与伦比的发达的大脑，才成为主宰世界的万物之灵。人类的大脑是在长期进化过程中发展起来的思维和意识的器官。如果说人体像一台电脑，那么大脑就是 CPU，是整个人体的控制中心，如图 2-1 所示。

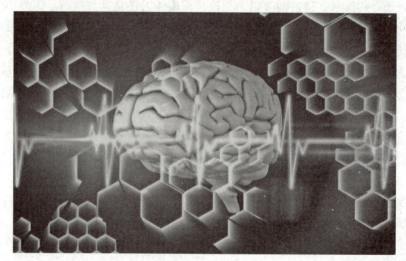

图 2-1　大脑

1. 大脑研究阶段

　　人类对大脑的认识与探索经历了漫长的时期，建立在人类祖先认识基础上，历经数千年人类文明。大脑研究大致可分为 3 个阶段，如图 2-2 所示。

图 2-2　大脑研究阶段

　　萌芽阶段：人类对大脑的认识，最先是在两千多年以前的古代哲学家那里开始的。初步知道大脑是思维的器官，并对脑结构有了粗浅的认识。

　　机械阶段：在这个时期，人类建立了大脑功能反射学说和定位学说。

　　现代阶段：到目前为止，人类对大脑的研究是多水平、多层次、多途径进行的。既有整体系统的研究，又有神经元、细胞、分子等研究；既有综合研究，又有心理、生理、物理、化学等方面的研究。

2. 大脑结构

大脑（brain）又称为端脑，由约 140 亿个细胞构成，从外面看上去像一个圆圆的球形整体；从中间切开看，可以分为左、右半球大脑，两个半球之间，由胼胝体（corpus collosum）连接在一起，使两个半球的神经传导得以互通，是脊椎动物脑的高级神经系统的主要部分，是控制运动、产生感觉及实现高级脑功能的高级神经中枢，主要包括大脑皮质、大脑髓质和基底核三个部分。大脑的皮质部分控制着人类复杂的心理、逻辑等思维，支配着人类高层次的心理活动。大脑的高度发展使大脑皮质成为控制整个机体功能的最高级部位，并具有思维、意识等生理机能。大脑的基本结构如图 2-3 所示。

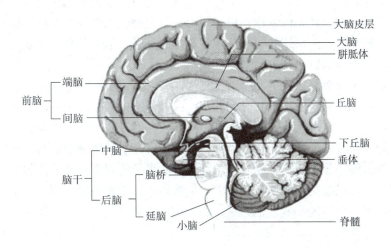

图 2-3　大脑基本结构

大脑是中枢神经中最大和最复杂的结构，也是最高部位。大脑的奇妙之处在于两个半球分工不同，主要功能也有所不同，如图 2-4 所示。

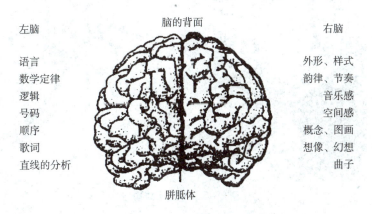

图 2-4　左、右半脑

3. 神经系统

大脑由一种最基本的单位——神经细胞组成，该细胞又称为神经元，是构成神经系统结构和功能的基本单位，如图 2 – 5 所示。我们的大脑中有着数以亿计的细胞，其中神经元约有 860 亿，这个数字比现在地球上人口总和的 10 倍还要多。与其他细胞一样，神经元也具备细胞体、细胞核和各种细胞器。它的特别之一在于其形态，从神经元的细胞体延展出长长的突起，一端是接收信息的树突，另一端是传递信息的轴突。

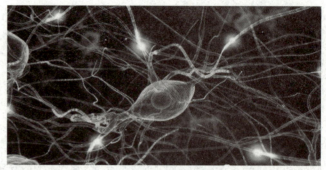

图 2 – 5　神经元细胞

神经元被认为是使人类具有意识、记忆、思维等能力的生物基础。过去几十年，神经科学家主要解释了单个神经元如何运作，描述了由数百万神经元组成的大规模脑功能。认知神经科学家则深入研究了脑内系统如何与其他器官建立联系。但大脑是一个复杂的整体，人们对如何反应和计算方面的研究甚少。

神经元是具有长突触（轴突）的细胞，它由细胞体和细胞突起构成，如图 2 – 6 所示。细胞体是细胞含核的部分，位于脑和脊髓的灰质及神经节内，其形态各异，常见的形态为星形、锥体形、梨形和圆球形状等，胞体大小不一，直径在 5 ~ 150 μm 之间，是神经元的代谢和营养中心。细胞突起可延伸至全身各器官和组织中，在长的轴突上套有一层鞘，组成神经纤维，它的末端的细小分支叫作神经末梢。细胞突起可分为树突和轴突。每个神经元可以有一个或多个树突，可以接受刺激并将兴奋传入细胞体。每个神经元只有一个轴突，可以把兴奋从胞体传送到另一个神经元或其他组织，如肌肉或腺体。

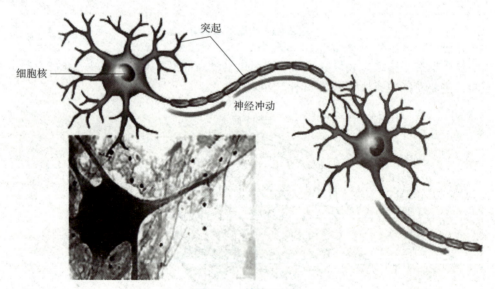

图 2 – 6　神经元结构

神经系统的基本单位是神经元。由神经元细胞组成网状结构组织，形成在体内传导神经冲动神经纤维，通过传递化学信号及电信号，协调各个器官，控制身体活动。神经系统分为中枢神经系统和周围神经系统两大部分。中枢神经系统又包括脑和脊髓，周围神经系统包括脑神经和脊神经，如图 2-7 所示。神经系统在人体内起主导作用，一方面，它控制与调节各器官、系统的活动，使人体成为一个统一的整体；另一方面，通过神经系统的分析与综合，使机体对环境变化的刺激做出相应的反应，达到机体与环境的统一。神经系统对生理机能调节的基本活动形式是反射。

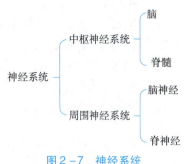

图 2-7　神经系统

脑神经也称"颅神经"。是从脑发出左右成对的神经，属于周围神经系统。人的脑神经共 12 对，分别是嗅神经、视神经、动眼神经、滑车神经、三叉神经、外展神经、面神经、听神经、舌咽神经、迷走神经、副神经、舌下神经，如图 2-8 所示。

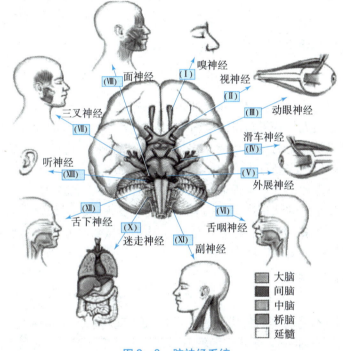

图 2-8　脑神经系统

　　20 世纪 50 年代左右，人们对神经科学的研究刚起步（直到 20 世纪 70 年代才出现研究生物大脑的医疗机器）。那时候的计算机科学家只知道大脑是由数量庞大的相互连接的神经元组成的，而神经学家愈发坚信，"智能"源自神经元之间的连接，而非单个的神经元。可以将大脑看作相互连接的节点组成的网络，借助于上述连接，大脑活动的产生过程为：信息从感觉系统的神经细胞单向传递到处理这些感觉数据的神经细胞，并最终传递到控制动作的神经细胞。神经系统间连接的强度可以在零到无穷大之间变化，改变某些神经连接的强度，结果可能截然不同。换句话说，可以通过调整连接的强度，使相同的输入产生不同的输出。对于那些设计"神经网络"的人来说，问题在于连接的微调，能够使网络整体做出与输入相匹配的正确解释。例如，当出现一个苹果的形象时，网络就会反应出"苹果"一词，这种方式被称为"训练网络"。

　　现代的一些研究开始触及某些神经元独有的特征与大脑主要功能之间的联系。数十亿神经元共同织就了一张巨大的网络，这个复杂的神经网络及其运行机制常被看作"计算机"及其工作机制。由神经元构成的"神经计算机"的特征与优势包括：通过与外界交互进行自主学习、高度容错、高度并行性、高度连接性、低运算频率、低通信频率、低功耗。这种"大脑像计算机"的隐喻也是长期以来支撑人工智能研究的一个不成文规则：大脑的运行机制就像一台计算机，因此，通过计算或者算法模拟大脑的机制，在计算机中就可能实现人类的部分甚至全部功能。目前还有更多神经系统启发的人工智能方法和技术不断被提出。

例如，神经系统网络模拟人体心血管系统，用于心血管系统的建模和诊断。神经网络构建心血管系统模型，模拟了不同的生理活动水平下的生理变量（心率、收缩压、舒张压、呼吸率）之间的关系，并将模型与人实际生理测量进行对比，从而对身体健康情况进行诊断。如果这个程序定期进行，就可以在早期检测出潜在的危害，与疾病斗争的过程就容易许多。

活动二 认知定义

1. 认知概念

认知一词广泛用于认知科学中，却很难见到对它的定义。一般而言，认知被认为是依赖知识的一类行为，是指人们获得知识或应用知识的过程，或信息加工的过程，这是人的最基本的心理过程，可以认为是高级脑功能。它包括感觉、知觉、记忆、思维、想象和语言等。人脑接受外界输入的信息，经过头脑的加工处理，转换成内在的心理活动，进而支配人的行为，这个过程就是信息加工的过程，也就是认知过程。人的认知能力与人的认识过程是密切相关的，可以说认知是人的认识过程的一种产物。一般来说，人们对客观事物的感知（感觉、知觉）、思维（想象、联想、思考）等都是认识活动。认识过程是将主观客观化的过程，即主观反映客观，使客观表现在主观中。

2. 脑与认知功能的关系

认知功能（cognitive function）是大脑反映客观事物的特征、状态及其相互联系，并揭示事物对人的意义与作用的判断能力，是一种高级心理功能，包括感觉、知觉、记忆、注意、思维等。感觉（sensation）是一定的物质运动作用于感觉器官并经过外界或身体内部的神经通路传入脑的相应部位引起的意识现象，是整个认识过程的起点。知觉是视觉、听觉、皮肤感觉、动觉等的结果，在很大程度上取决于主体的态度、知识和经验。记忆（memory）是人脑对过去经验的反映，包括识记、保持、再认和再现4个基本过程：识记是信息的输入和编码；保持是过去的信息在头脑中得以巩固的过程；再认指已存储的信息由于某种原因不能被提取，但当被刺激重新出现时，却仍能加以确认；再现是对已存储信息进行提取，使之恢复活动。注意是认知活动对一定对象有选择的集中。注意能使人的感受性高，知觉清晰，思维敏锐。注意的方向和强度受客观刺激物特点的影响，也受个人知识经验及个性特征的制约。思维（thinking）是内在知识活动的历程，在此历程中，个人运用储存在长期记忆中的信息，重新予以组织整合，从纵横交错复杂关系中获得新的理解与意义。认知功能具有整合性、多维性、相对性、先占性、发展性、联想性。

脑和认知科学是自然智能的基础。随着技术发展，过去我们对大脑的许多认知都亟待革新。对于脑和认知，我们可以这样举例：脑是思维器官，眼耳鼻舌身是感觉器官，神经系统起到传到网络的作用，手脚语言系统当作效应器官。人作为一个整体，具有认识世界和改造世界的能力，这是一个不可分割的有机整体，各个部分缺一不可。有机整体不仅仅指各个部分的简单叠加，而是各个部分之间相互协同工作，并且在有机整体中的作用也不是完全平等的，脑和认知是整个人体系统的核心。

活动三　认知科学

认知科学是 20 世纪世界科学标志性的新兴研究门类，作为探究人脑或心智工作机制的前沿性尖端学科，已经引起了全世界科学家的广泛关注。根据奥尔登大学认知科学研究所所长席勒尔（E. Sheener）的意见，"认知科学"（Cognitive Science）一词于 1973 年由朗盖特·系金斯开始使用，20 世纪 70 年代后期才逐渐流行。1975 年，"斯隆基金会"（Alfred P. Sloan Foundation，纽约市的一个私人科研资助机构）开始考虑对认知科学的跨学科研究计划给予支持，该基金会的资助一直持续至今，对这门新学科的制度化起了重要的作用。斯隆基金会通过组织第一次认知科学会议并确立研究方案，在推动认知科学方面起了决定性作用。

1. 认知科学

认知科学是关于心智研究的理论和学说。1975 年，由于美国著名的斯隆基金的投入，美国学者将哲学、心理学、语言学、人类学、计算机科学和神经科学六大学科整合在一起，研究"在认识过程中信息是如何传递的"，这个研究计划的结果产生了一门新兴学科——认知科学。当前国际公认的认知科学学科结构如图 2-9 所示。

认知科学是研究自然智能实体和人工智能实体与环境相互作用而产生智能及其规律的交叉科学领域，由计算机科学、数学、技术科

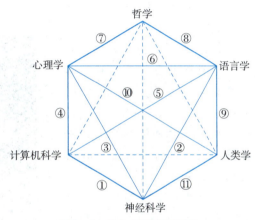

图 2-9　认知科学学科结构

学、脑科学、心理学、教育学、人类学、哲学等学科交叉综合而成。认知科学经过 40 多年的发展，已经得到世界各国的普遍重视。近年人类学的研究成果证明，从动物到人的进化过程中，认知能力及其脑结构和功能基础是人与类人猿差别的最重要标志。认知科学是当代科学发展的前沿，是引导人类各种创新活动的科学基础，对它的许多研究成果既不能轻视，也不能过分夸大。例如，作为认知科学分支的人工智能永远不能将人脑的复杂功能原理全面仿真出来，只能实现人脑智能中某一部分功能。人工智能不管怎样发展，都不会成为人类的对手。

认知科学有两个基本的假设：第一个假设认为人类的认知能力是一种计算能力，认知科学把人的认知能力与计算机进行比对，遵照每种认知能力的计算结构，认为人的认知能力是一种信息处理能力，把对外界的知觉、听觉、视觉、嗅觉等转化成信息进行输入，通过处理这些信息得出输出结果。第二假设是计算机对符号化信息的程序化操作，即第一步怎么做，第二步怎么做，先怎么做再怎么做等，有一套操作程序。需要注意的是，信息的处理是程序化的，符号是实体的表示。比如，我们看到的红、黄、绿三种颜色，处理的时候把红色用

"01"表示，把黄色用"10"表示等，这些符号代表了实体。现实世界中的一切信息都转化成符号表示，大脑记忆的东西都是一些类似于这样的符号，所有的信息处理都是把外部信息转化成一种符号放入大脑里进行处理，计算机就是对这些符号进行处理操作。

2. 认知科学的未来愿景

认知科学尚未成熟，作为一个独立的学科，也尚未得到足够的统一和整合。对于认知科学的未来愿景有两种认识：首先，认知科学研究将要破解人类心智的奥秘，它的最终目标是要制造出一种人工神经网络系统。根据塞尔（John R. Searle）的人工智能模型，目前的计算机系统是没有智能的，而人工神经网络系统却是具有人类大脑功能的智能系统。只需设想一下人工神经网络系统在现代科学技术和人类现实生活中可能的应用，认知科学的重要性是不言而喻的。其次，在21世纪的4个带头学科NBIC中，认知科学是最重要的，它是4个带头学科中的带头学科。认知科学与纳米技术、生物技术、信息技术结合在一起，再加上社会科学的发展，将会从根本上改变人类的生存方式，甚至改变我们的物种。

三、知识运用

动用你的大脑，根据自身的逻辑区分下面的动物。

说明：图2-10所示是一只印度麝香猫，一种与猫、狗和啮齿类动物毫无关系的世界濒危物种。它是一个独立的物种。

经过科学分析和探索，一般情况下，大脑分析麝香猫的过程是这样的。

第一步：排除物种，它肯定不是一只鸟，因为它没有羽毛和翅膀，当然也不是一条鱼。

第二步：看外貌特征。考

图2-10　印度麝香猫

虑到这毛茸茸的皮毛，它可能是哺乳动物，它很可能是一只猫，因为它有尖尖的耳朵，但是它的脖子有点太长了，而且身体形状有点奇怪。鼻子有点像啮齿动物，但是腿比大多数啮齿动物都长。最后得出结论，它可能是一种罕见的猫科动物。

第三步：定义猫科动物后，由于此动物比较稀缺，经查阅资料，得出是一只印度麝香猫。

任务2　人工神经网络

人工神经网络自诞生以来，在人工智能领域占据着举足轻重的地位，并发挥着重要作用。从某种程度上来说，整个人工神经网络发展历史都可以看作人工智能的发展史，是深度学习算法的基本组成部分，是人工智能的前沿。特别是自20世纪80年代以来，人工神经网络研究不断取得重大进展，与其有关的理论、方法已经发展成为一门涉及物理学、数学、计算机科学和神经生物学的交叉学科，如图 2-11 所示。这些理论、方法不仅是当今人工智能学术研究的核心，还在视觉、听觉等感知智能，机器翻译、语音识别和聊天机器人等语言智能，棋类、游戏等实际应用中大放异彩，成为人工智能的主流技术。

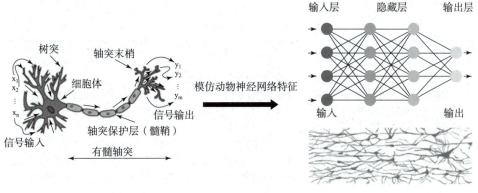

图 2-11　人工神经网络

学习目标

1. 了解人工神经网络基本概念；
2. 熟悉人工神经网络模型；
3. 掌握人工神经网络分类、研究内容及应用；
4. 构建人工智能知识，对人工神经网络有较全面的了解；
5. 培养思考和解决问题的方法与策略。

任务导入

　　人工神经网络是一个用大量简单处理单元经过广泛连接而组成的人工网络，是对人脑或者生物神经网络若干基本特性的抽象和模拟。关于人工神经网络的研究已经获得了许多成果，提出了大量的神经网络模型和算法，本任务着重介绍人工神经网络基本概念、人工神经网络分类、感知机及其 BP 算法，让读者了解人工智能背后的核心技术。

　　请思考：
　　人工神经网络有哪些典型的应用？

知识准备

活动一　人工神经网络概述

　　神经网络可以指向两种：一种是生物神经网络，一种是人工神经网络。生物神经网络一般指生物的大脑神经元、细胞、突触等组成的网络，用于产生生物的意识，帮助生物进行思考和行动。人工神经网络（Artificial Neural Networks，ANN）简称为神经网络（NN）或称作连接模型（Connection Model），是一种模仿动物神经网络行为特征，进行分布式并行信息处理的算法数学模型。这种网络依靠系统的复杂程度，通过调整内部大量节点之间相互连接的关系，从而达到处理信息的目的。

1. 人工神经网络发展史

神经网络的研究从 20 世纪 40 年初开始，至今已经有 80 余年的历史，它的发展并不是一帆风顺的，可以把神经网络的发展历史分成 4 个时期：启蒙时期、低潮时期、复兴时期、新时期，见表 2 - 1。

表 2 - 1　人工神经网络发展史

时期	简介
启蒙 时期	1890 年，心理学家 William James 出版专著《心理学原理》。 1943 年，心理学家 W. McCulloch 和数理逻辑学家 W. Pitts 首先提出神经元的数学模型——MP 模型。此模型沿用至今，并且直接影响着这一领域研究的进展，因而他们两人可认为是人工神经网络研究的先驱。 1958 年，F. Rosenblatt 设计制作了"感知机"。它是一种具有三层网络特性的神经网络结构。这项工作首次把人工神经网络的研究从理论探讨付诸工程实践。当时，世界上许多实验室仿效制作感知机，分别应用于文字识别、声音识别、声呐信号识别及学习记忆问题的研究
低潮 时期	20 世纪 60 年代以后，数字计算机的发展达到全盛时期，人们误认为数字计算机可以解决人工智能、专家系统、模式识别问题，放松了对"感知器"的研究，人工神经网络进入低潮期。 1968 年，人工智能的创始人之一的 Minsky 和 Papert 出版《感知器》。 1982 年，加州理工学院教授约翰·霍普菲尔德（John Hopfield）提出了霍普菲尔德神经网络，可用于联想存储、优化计算等领域
复兴 时期	1984 年，美国的物理学家霍普菲尔德在美国科学院院刊上发表了两篇关于人工神经网络研究的论文。 1985 年，Rumelhart、Hinton、Williams 发展了 BP 算法（多层感知器的误差反向传播算法）。直到今天，BP 算法仍然是自动控制上最重要、应用最多的有效算法
新时期	1987 年 6 月，首届国际神经网络学术会议在美国加州圣地亚哥召开，到会代表有 1 600 余人。国际神经网络学会和国际电气工程师与电子工程师学会（IEEE）联合召开每年一次的国际学术会议。 1986 年之后，神经网络蓬勃发展，呈现一种爆发趋势，开始应用在各行各业。各种新的神经网络模型不断被提出，各种图像识别、语音识别的记录不断被刷新，人工智能如今已经成为一个热门话题

2. 人工神经网络定义

人工神经网络是 20 世纪 80 年代以来人工智能领域兴起的研究热点。它从信息处理角度对人脑神经元网络进行抽象，再结合网络拓扑知识，按不同的连接方式组成不同的网络，从而模拟人脑神经系统对复杂信息处理机制的数学模型，如图 2 - 12 所示。其模型特征有高容错性、并行分布的处理能力、自学习能力和智能化等。实际上，它是一个由大量简单元件相互连接而成的复杂网络，具有高度的非线性，是能够进行复杂的逻辑操作和非线性关系实现的系统。

人工神经网络把对生物神经网络的认识与数学统计模型相结合，借助数学统计工具来实现。在人工智能学的人工感知领域，通过数学统计学的方法，使神经网络能够具备类似于人的决定能力和简单的判断能力，这种方法是对传统逻辑学演算的进一步延伸。神经网络从两个方面模拟大脑：

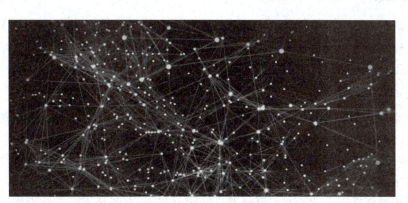

图2-12　人工神经网络

①神经网络获取的知识是从外界环境中学习得来的。

②内部神经元的连接强度，即突触权值，用于储存获取的知识。

人工神经网络具有四个基本特征，见表2-2。

表2-2　人工神经网络基本特征

特征	简介
非线性	非线性关系是自然界的普遍特性。大脑的智慧就是一种非线性现象。人工神经元处于激活或抑制两种不同的状态，这种行为在数学上表现为一种非线性关系
非局限性	一个神经网络通常由多个神经元广泛连接而成。一个系统的整体行为不仅取决于单个神经元的特征，而且可能主要由单元之间的相互作用、相互连接所决定。通过单元之间的大量连接模拟大脑的非局限性。联想记忆是非局限性的典型例子
非常定性	人工神经网络具有自适应、自组织、自学习能力。神经网络不但处理的信息可以有各种变化，而且在处理信息的同时，非线性动力系统本身也在不断变化
非凸性	一个系统的演化方向，在一定条件下将取决于某个特定的状态函数。例如能量函数，它的极值相应于系统比较稳定的状态。非凸性是指这种函数有多个极值，故系统具有多个较稳定的平衡态，这将导致系统演化的多样性

最近十多年来，人工神经网络的研究工作不断深入，已经取得了很大的进展，其在模式识别、智能机器人、自动控制、预测估计、生物、医学、经济等领域已成功地解决了许多现代计算机难以解决的实际问题，表现出了良好的智能特性。

如图2-13所示，分析最左侧的猫的特征：尖耳朵、毛茸茸、圆眼睛，经过视觉神经系

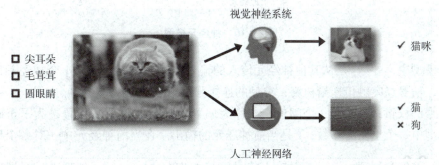

图2-13　人工神经网络生活案例

统，跟之前看过或听过的猫特征进行对比，很快就能判断出这是一只猫；对于人工神经网络而言，经过模型计算分类，这是一只猫，而不是狗，最后输出结果。其实在该案例中，我们就是要用人工神经网络替代人的神经系统来完成某些工作。

3. 人工神经元模型

人工神经网络是由大量处理单元经广泛互连而组成的人工网络，用来模拟脑神经系统的结构和功能。根据对生物神经网络的研究，神经元及其突触是神经网络的基本器件，因此，要模拟生物神经网络，首先要模拟生物神经元。人工神经元是对生物神经元的功能和结构的模拟，是对生物神经元信息处理过程的抽象，并用模型图予以表达。

在人工神经网络中，神经元常被称为"处理单元"，有时从网络的观点出发常把它称为"节点"。人工神经网络可看成是以人工神经元为节点，用有向加权弧连接起来的有向图。在此有向图中，人工神经元就是对生物神经元的模拟，而有向弧则是轴突 – 突触 – 树突对的模拟。有向弧的权值表示相互连接的两个人工神经元间相互作用的强弱。人工神经元模型如图 2 – 14 和图 2 – 15 所示。

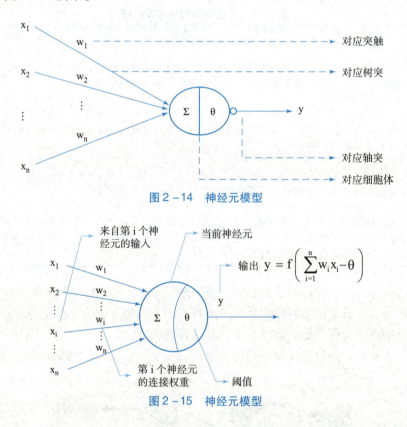

图 2 – 14　神经元模型

图 2 – 15　神经元模型

在该模型中，$x_1 \sim x_n$ 是从其他神经元传入的输入信号，x_i 表示从第 i 个神经元传来的信号强度值，信号经突触传递给树突；突触的连接强度（传递能力）用 w_i 表示，$w_1 \sim w_n$ 分别是输入信号的权重；θ 表示一个阈值，或称为偏置（bias），偏置的设置是为了正确分类样本，是模型中一个重要的参数；y 是当前神经元的输出。在当前神经元中，对各个树突传来的信号进行汇集和处理：汇集是对输入信号直接相加 $\left(\sum\limits_{i=1}^{n} w_i x_i \right)$；处理则是根据预先设定

的阈值 θ，如果汇集后的信号强度大于该阈值，就通过轴突产生冲动（输出值 1），否则，不产生（输出 0）。

如同生物神经元有许多输入（树突）一样，人工神经元也有很多输入信号，并同时作用到人工神经元上；生物神经元中大量的突触具有不同的性质和强度，使得不同的输入的激励作用各不相同，因此，在人工神经元中，对每一个输入都有一个可变的权重，用于模拟生物神经元中突触的不同连接强度及突触的可变传递特性；在生物神经元中，只有在膜电位超过动作电位的阈值时，生物神经元才能产生神经冲动，反之则不能，因此，在人工神经元中，也必须考虑该动作的电位阈值；与生物神经元一样，人工神经元只有一个输出（轴突）。同时，由于生物神经元的膜电位与神经脉冲冲动之间存在这一种数模转换关系，因此，在人工神经元中要考虑输入与输出之间的非线性关系。

4. 人工神经网络结构

人工神经网络的模型很多，可以按照不同的方法进行分类。其中常见的两种分类方法为按网络连接的拓扑结构分类和按网络内部的信息流向分类，见表 2 – 3。

表 2 – 3　人工神经网络结构

分类	
网络拓扑结构类型	层次型。具有层次型结构的神经网络将神经元按功能分成若干层，如输入层、中间层（也称为隐层）和输出层，各层顺序相连
	互连型。对于互连型网络结构，网络中任意两个节点之间都可能存在连接路径
网络信息流向类型	前馈型网络。网络信息处理的方向是从输入层到各隐层再到输出层逐层进行
	反馈型网络。所有节点都具有信息处理功能，而且每个节点既可以从外界接收输入，同时又可以向外界输出

活动二　感知机与 BP 算法

1. 感知机

1957 年，美国康奈尔大学航空实验室（Cornell Aeronatial Laboratory）的实验心理学家、计算科学家弗兰克·罗森布拉特（Frank Rosenblan）受赫布学习规则的启发，提出了由两层神经元组成的人工神经网络，将其命名为感知器（Perceptron）。他在一台 IBM – 704 计算机上模拟实现了感知器神经网络模型，完成了一些简单的视觉处理任务。

假设定义函数：

$$f(x) = sign(wx + b)$$

该函数便称为感知机。其中，w 与 b 是感知机模型参数，w 为权值（N 维），b 为偏置；sign() 函数即符号函数，在 x 大于 0 时为正，x 小于 0 时为负，该函数的最大作用是取某个数的符号。感知机（perceptron）是用于二分类的一种线性分类器，是支持向量机（Support Vector Machines，SVM）和神经网络（Neural Network，NN）的基础。

$$sign(x) = \begin{cases} +1, & x \geq 0 \\ -1, & x < 0 \end{cases}$$

2. BP 神经网络

BP（back propagation）神经网络是 1986 年由 Rumelhart 和 McClelland 为首的科学家提出的概念，是一种按照误差逆向传播算法训练的多层前馈神经网络，是应用最广泛的神经网络。BP 网络是在输入层与输出层之间增加若干层（一层或多层）神经元，这些神经元称为隐层，它们与外界没有直接的联系，但其状态的改变，则能影响输入与输出之间的关系，每一层可以有若干个节点，如图 2-16 所示。

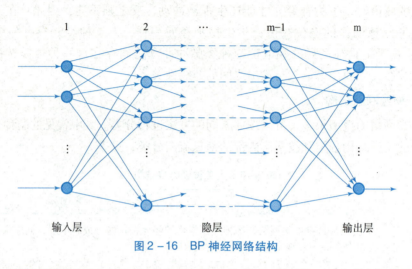

图 2-16　BP 神经网络结构

BP 神经网络的计算过程由正向计算过程和反向计算过程组成。正向传播过程，输入模式从输入层经隐层逐层处理，并转向输出层，每层神经元的状态只影响下一层神经元的状态。如果在输出层不能得到期望的输出，则转入反向传播，将误差信号沿原来的连接通路返回，通过修改各神经元的权值，使得误差信号最小。

3. BP 学习算法

BP 学习算法基本思想：学习过程由信号的正向传播（求损失）与误差的反向传播（误差回传）两个过程组成。图 2-17 所示为 BP 算法模型示意图。

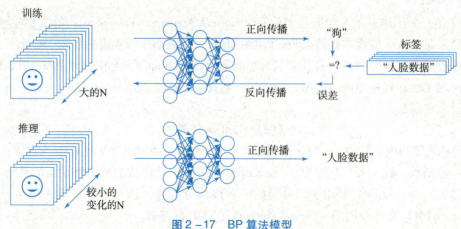

图 2-17　BP 算法模型

根据 BP 算法的基本思想，可以得到 BP 算法的一般过程：

①正向传播 FP（求损失）。在这个过程中，根据输入的样本给定的初始化权重值 w 和偏置项的值 b，计算最终输出值及输出值与实际值之间的损失值。如果损失值不在给定的范围内，则进行反向传播的过程；否则，停止 w、b 的更新。

②反向传播 BP（回传误差）。将输出以某种形式通过隐层向输入层逐层反传，并将误差分摊给各层的所有单元，从而获得各层单元的误差信号，此误差信号即作为修正各单元权值的依据。

由于 BP 算法是通过传递误差值进行更新求解权重值 w 和偏置项的值 b 的，所以 BP 算法也常常被叫作 δ 算法。

活动三　人工神经网络医学领域的应用场景

近年来，以数据密集、知识密集、脑力劳动密集为特征的医疗产业与人工智能深度融合，智能医疗在国内外的发展热度不断提升，如图 2 - 18 所示。

目前人工智能技术在医疗领域的应用主要有：

医术求精、大胆创新的敬业精神——关幼波

图 2 - 18　智能医疗

1. 医疗机器人

机器人技术在医疗领域的应用并不少见，比如智能假肢、外骨骼和辅助设备等技术修复人类受损身体，医疗保健机器人辅助医护人员的工作等。比如，以 IBM 开发的达·芬奇手术系统为典型代表，能够承担手术或医疗保健功能的机器人。俄罗斯 ExoAtlet 公司生产了两款"智能外骨骼"产品：ExoAtlet Ⅰ 和 ExoAtletPro。前者适用于家庭，后者适用于医院。ExoAtlet Ⅰ 适用于下半身瘫痪的患者，只要患者上肢功能基本完整，它就能帮助患者完成基本的行走、爬楼梯及一些特殊的训练动作。ExoAtletPro 在 ExoAtlet Ⅰ 的基础上增加了更多功能，如测量脉搏、电刺激、设定既定的行走模式等。

2. 智能药物研发

人工智能通过计算机模拟，可以对药物活性、安全性和副作用进行预测。借助深度学习，人工智能已在心血管药、抗肿瘤药和常见传染病治疗药等多领域取得了新突破。在抗击埃博拉病毒中，智能药物研发也发挥了重要的作用。美国硅谷公司 Atomwise 通过 IBM 超级计算机，在分子结构数据库中筛选治疗方法，评估出 820 万种药物研发的候选化合物。2015年，Atomwise 基于现有的候选药物，应用人工智能算法，在不到一天时间内就成功地寻找出能控制埃博拉病毒的两种候选药物。

除挖掘化合物研制新药外，美国 Berg 生物医药公司通过研究生物数据研发新型药物。Berg 通过其开发的 Interrogative Biology 人工智能平台研究人体健康组织，探究人体分子和细胞自身防御组织及发病原理机制，利用人工智能和大数据来推算人体自身分子潜在的药物化合物。这种利用人体自身的分子来医治类似于糖尿病和癌症等疑难杂症的方法，要比研究新药的时间成本与资金少一半。

3. 智能诊疗

智能诊疗就是将人工智能技术用于辅助诊疗中，让计算机"学习"专家医生的医疗知识，模拟医生的思维和诊断推理，从而给出可靠诊断和治疗方案。智能诊疗场景是人工智能在医疗领域最重要、也最核心的应用场景。

我国研制基于人工智能的专家系统始于 20 世纪 70 年代末，但是发展很快。早期的有北京中医学院研制成的"关幼波肝炎医疗专家系统"，它是模拟著名老中医关幼波大夫对肝病诊治的程序。20 世纪 80 年代初，福建中医学院与福建计算机中心研制了林如高骨伤计算机诊疗系统。其他如厦门大学、重庆大学、河南医科大学、长春大学等高等院校和其他研究机构开发了基于人工智能的医学计算机专家系统，并成功应用于临床。

4. 智能影像识别

人工智能在医学影像方面的应用主要分为两部分：一是图像识别，应用于感知环节，其主要目的是将影像进行分析，获取一些有意义的信息；二是深度学习，应用于学习和分析环节，通过大量的影像数据和诊断数据，不断对神经元网络进行深度学习训练，促使其掌握诊断能力。贝斯以色列女执事医学中心（BIDMC）与哈佛医学院合作研发的人工智能系统对乳腺癌病理图片中癌细胞的识别准确率能达到 92%。美国企业 Enlitic 将深度学习运用到了癌症等恶性肿瘤的检测中，该公司开发的系统的癌症检出率超越了 4 位顶级的放射科医生，诊断出了人类医生无法诊断出的 7% 的癌症。

三、知识运用

在任务 1 的基础上，思考人工神经网络是如何识别图片的。

第一步：人工神经网络常常被认为是无法解释的黑盒子。因为人工神经网络无法解释其决策过程，尤其是那些几千万甚至过亿参数的复杂深层神经网络。通过图片的尺寸判断图片的大小，在自己的库中进行查找，如果发现有大小一样、内容一样的，确定为是麝香猫，如果不是，则继续查找。

第二步：通过神经网络模型进行分析，让神经分析所有图中像素点的位置和像素点的值的共同点，最终会得到一个网络。

第三步：增加对应的特性，比如耳朵特性、鼻子特性，进行大量的推理运算。创造可以推断的模型，给定一些问题域的示例，模型能够提取基础规则，并将它们应用到从未见过的样本中。

第四步：在训练阶段，深度神经网络会检查数百万张图像及其相关标签，然后它们无意识地将数百万个参数调整到它们从这些图像中提取的模式。这些经过调优的参数允许它们确定新的图像属于哪个类别。它们并没有理解人类才有的更高层次的概念（脖子、耳朵、鼻子、腿等），只是寻找像素之间的共性，最终得出是什么动物。

任务3　知识表示与推理

知识是人类在认识和改造客观世界的过程中总结出的客观事实、概念、定理和公理的集合。人类的思考方式体现在能够运用知识进行推理，知识表示在人工智能的构建中具有关键作用，通过适当的方式表示知识，让机器通过学习这些知识，表现出类似于人类的行为，"使计算机像人一样思考"是人工智能最早被广泛接受的定义之一。知识表示与推理有密切关系，对于不同的知识表示，有着不同的推理方式。

学习目标

1. 了解知识的概念；
2. 掌握知识表示的方法；
3. 了解推理概念；
4. 掌握推理分类；
5. 能够运用所学知识进行推理和解决问题；
6. 提高逻辑思维和逻辑推理能力。

任务导入

人类的智能活动主要是获得并运用知识，知识是智能的基础。为了使计算机具有智能，能模拟人类的智能行为，就必须使它具有知识。但知识需要用适当的模式表示出来，才能存储到计算机中并能够被运用。知识表示与相应的推理是人工智能的重要研究内容之一。本任务首先概述知识表示与推理的基本概念，然后简要介绍了几种常用的知识表示方法和推理技术。

请思考：

1. 人工智能目前常见的知识表示方式有哪些？
2. 机器是如何学习推理的？

知识准备

活动一　知识表示方法

知识表示（knowledge representation）是将人类知识形式化或者模型化。实际上就是对知识的一种描述，或者说是一组约定，一种计算机可以接受的用于描述知识的数据结构，包含两层含义：用给定的知识结构，按一定的原则、组织表示知识；解释所表示知识的含义。

知识表示方法种类繁多，而且分类的标准也不完全相同，通常的有产生式规则表示法、框架表示法、语义网络表示法，见表 2-4。

表 2-4　知识表示方法

分类	简介
产生式规则表示法	又称产生式表示法，1943 年由美国数学家埃米尔·波斯特提出。 用该方法求解问题的思路与人类相似，根据知识之间具有因果关联关系的逻辑，形成了 IF-THEN 的知识表示方法
框架表示法	1975 年，美国人工智能学者明斯基提出框架理论。 这是一种以框架理论为基础的结构化的知识表示方法，适用于表达多种类型的知识
语义网络表示法	1968 年，奎廉（Quillian）在博士论文中首次提出语义网络。1972 年，西蒙正式提出语义网络概念。 这是一种通过概念及其语义联系来表示知识的有向图，节点和弧必须带有标注

1. 产生式规则表示法

20 世纪 40 年代，数学家埃米尔·波斯特（Emil Post）提出产生式规则表示法。它根据串代替规则提出了一种称为波斯特机的计算模型，模型中的每条规则称为产生式。根据知识之间具有因果关联关系的逻辑，形成了 IF-THEN 的知识表示方法，是早期专家系统常用的知识表示方法之一。目前它已成为人工智能中应用最广的一种知识表示模型，许多成功的专家系统都用它来表示知识。例如，费根鲍姆等人研制的化学分子结构专家系统 DENDRAL、肖特利夫等人研制的诊断感染性疾病的专家系统 MYCIN 等。

（1）产生式

产生式通常用于表示事实、规则及它们的不确定性度量，适用于表示事实性知识和规则性知识，具体见表 2-5。

表 2-5　产生式表示方法

知识	分类	详情
规则性知识	确定性规则知识	基本形式：IF P THEN Q 或者 P→Q 例如：IF 动物有犬齿 AND 有爪 THEN 该动物是食肉动物
	不确定性规则知识	基本形式：IF P THEN Q（置信度）或者 P→Q（置信度） 例如：IF 咳嗽 AND 流鼻涕 THEN 感冒（0.8）
事实性知识	确定性事实知识	三元组表示：（对象，属性，值）或者（关系，对象1，对象2） 例如：老李年龄是 40 岁：（Li, age, 40） 　　　老李和老王是朋友：（friend, Li, Wang）
	不确定性事实知识	四元组表示：（对象，属性，值，置信度）或者（关系，对象1，对象2，置信度） 例如：老李年龄很可能是 40 岁：（Li, age, 40, 0.8） 　　　老李和老王不大可能是朋友：（friend, Li, Wang, 0.1）

在表 2-5 中，P 是产生式的前提或条件，用于指出该产生式是否可用的条件。Q 是一

组结论或动作，是该产生式的前提条件 P 被满足时，应该得出的结论或应该执行的操作，含义是如果前提 P 被满足，则结论是 Q 或者 Q 所规定的操作。P 和 Q 都可以是一个或一组数学表达式或自然语言。置信度是该事实为真的可信程度，用一个 0~1 的数来表示。

（2）产生式系统

产生式系统是指一组产生式相互配合、协同作用，以求得问题的解。产生式系统一般由 3 个基本部分组成，分别为：由 IF-THEN 规则组成的规则库；用来存放当前与求解问题有关的各种信息的综合数据库；用来控制和协调规则库与事实库运行的一组程序，即控制系统，也称为推理机，如图 2-19 所示。

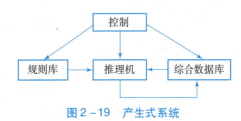

图 2-19　产生式系统

我们通过一个简单的汽车专家产生式系统来说明系统各部分是如何协同工作得到结论的。该系统的规则库包括 4 条规则：

r_1：IF 汽车不能发动 THEN 检查电池。

r_2：IF 汽车不能发动 THEN 检查油箱。

r_3：IF 检查电池 AND 电池坏了 THEN 换电池。

r_4：IF 检查油箱 AND 汽油没了 THEN 检查电池。

在推理前，需要明确事实库中已有的事实，这里假设事实为"汽车不能发动，电池坏了"。推理开始后，首先从规则库中取出规则 r_1，检查到其前件与事实库中已有的事实匹配，则执行该产生式，产生"检查电池"的新事实，并向事实库中添加新事实。再次检测规则库，得到 r_3 的前件与已知事实"检查电池"和"电池坏了"的前件匹配，则执行该产生式，得到结论"换电池"。

整个推理过程是由推理机完成的，可以发现产生式系统求解问题的过程和人类求解问题的思维过程很相似，因而可用来模拟任一可计算过程。同时，产生式规则之间没有相互的直接作用，只能通过事实库发生间接联系，这种模块化结构能够让每条规则自由增删和修改。

2. 框架表示法

框架表示法是 20 世纪 70 年代初由人工智能专家明斯基提出的一种用于表示知识的框架理论，来源于人们对客观世界中各种事物的认识都是以一种类似框架的架构存储在记忆中的思想。

框架（frame）是一种描述对象（一个事物、事件或概念）属性的数据结构。框架结构一般由"框架名-槽名-侧面-值"4 部分组成，即一个框架由若干个槽组成，其中，槽用于描述事物某一方面的属性；一个槽由若干个侧面组成，侧面用于描述相应属性的一个方面；每个侧面拥有若干值，槽和侧面所具有的属性值分别被称为槽值和侧面值。

框架的一般表示形式如图 2-20 所示。

例如，通过框架表示法来表示"教师"，它共

```
<框架名>
槽名1:    侧面名₁₁，侧面值₁₁₁，…，侧面值₁₁P₁
  ⋮
          侧面名₁ₘ，侧面值₁ₘ₁，…，侧面值₁ₘPₘ
槽名n:    侧面名ₙ₁，侧面值ₙ₁₁，…，侧面值ₙ₁P₁
  ⋮
          侧面名ₙₘ，侧面值ₙₘ₁，…，侧面值ₙₘPₘ
约束:    约束条件₁
  ⋮
         约束条件ₙ
```

图 2-20　框架一般形式

有 9 个属性，也就是 9 个槽，包括"姓名""年龄"等，框架表示法示意图如图 2 – 21 所示。

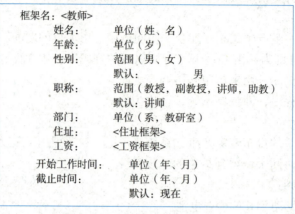

框架名：<教师>
 姓名： 单位（姓、名）
 年龄： 单位（岁）
 性别： 范围（男、女）
     默认：   男
 职称： 范围（教授，副教授，讲师，助教）
     默认：讲师
 部门： 单位（系，教研室）
 住址： <住址框架>
 工资： <工资框架>
开始工作时间： 单位（年、月）
截止时间： 单位（年、月）
     默认：现在

图 2 –21　"教师"框架

当把具体的信息填入槽或侧面后，就得到了相应框架的一个事例框架，如图 2 – 22 所示。

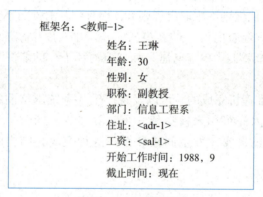

框架名：<教师–1>
 姓名：王琳
 年龄：30
 性别：女
 职称：副教授
 部门：信息工程系
 住址：<adr–1>
 工资：<sal–1>
 开始工作时间：1988，9
 截止时间：现在

图 2 –22　事例框架

3. 语义网络表示法

1968 年，奎廉（Quillian）在博士论文中首次提出语义网络，1972 年，西蒙正式提出语义网络概念。语义网络由语义基元构成，其由若干个语义基元及其之间的语义关联关系组成，是一种通过实体及实体间语义关系表达知识的有向图，如图 2 – 23 所示。节点表示事务、属性、概念、状态、事件、情况、动作等，它还可以是一个语义子网络；节点之间的弧表示它所连接的两个节点之间的语义关系，根据表示的知识情况需要定义弧上的标识。

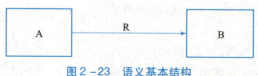

图 2 –23　语义基本结构

一个最简单的语义基元可用一个三元组表示：（节点1，弧，节点2）。

若用A、B分别表示三元组中的节点1、节点2，用R表示A与B之间的语义联系，那么它所对应的基本网元的结构如图2-23所示。当把多个语义基元用相应的语义联系关联到一起时，就形成了语义网络。语义网络中弧的方向是有意义的，不能随意调换。

下面列举一些常用的基本语义关系，如图2-24~图2-29所示。

（1）实例关系

即一个事物是另一个事物的具体例子。例如"我是一个人"。弧上的语义标记为"ISA"，即为"is a"，含义为"是一个"，如图2-24所示。

（2）分类关系（泛化关系）

表示一个事物是另一个事物的一个成员，体现的是子类与父类的关系，弧的语义标记为"AKO"，即为"a kind of"，如图2-25所示。

图2-24　实例关系　　　　图2-25　分类关系

（3）成员关系

体现个体与集体的关系，表示一个事物是另一个事物的成员型。弧的语义标志为"A Member-of"，如图2-26所示。

（4）属性关系

是指事物与其行为、能力、状态、特征等属性之间的关系，因此属性关系可以有许多种，例如：

Have，含义为"有"，例如"我有手"。

Can，含义为"可以、会"，例如"狗会跑"。

如图2-27所示。

图2-26　成员关系　　　　图2-27　属性关系

（5）包含关系（聚类关系）

是指具有组织或结构特征的"部分与整体"之间的关系。弧的语义标志为"Part-of"。跟分类关系最主要的区别是包含关系一般不具备属性的继承性，如图2-28所示。

（6）位置关系

是指不同的事物在位置方面的关系，常用的有：

Located-on：表示某一物体在另一物体上面。

Located-at：表示某一物体所处的位置。

Located-under：表示某一物体在另一物体下方。

Located-inside：表示某一物体在另一物体内。

Located-outside：表示某一物体在另一物体外。

例如，"书在桌上"，如图 2-29 所示。

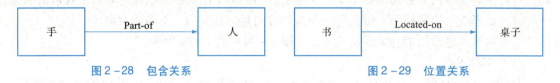

图 2-28　包含关系　　　　　　　　　　图 2-29　位置关系

通过一个简单的实例来说明如何使用语义网络表示知识。

例如，用语义网络表示如下命题：

①猪和羊都是动物。

②猪和羊都是哺乳动物。

③野猪是猪，但生长在森林中。

④绵羊是羊，能生产羊毛。

分析该例子：

➢ 对象有猪、羊、动物、哺乳动物、野猪、绵羊、森林、羊毛。

➢ 语义关系有分类成员关系，如动物和哺乳动物、哺乳动物和猪、哺乳动物和羊、羊和绵羊、野猪和猪。

➢ 语义关系有属性关系，如绵羊和羊毛。

➢ 语义关系有位置关系，如野猪和森林。

经过分析，该命题用语义网络表示如图 2-30 所示。

图 2-30　猪和羊的语义网络

活动二　推理定义与分类

1. 推理概念

在人工智能的各种应用中，通常需要使用推理，而推理始于人类的思维模式。所谓推理，就是从已有事实和知识出发，按照某种策略不断运用知识库中的已知知识，逐步推出结论的过程。推理是由程序实现的，称为推理机。已知事实和知识是构成推理的两个基本要素。已知事实又称为证据，用于指出推理的出发点及推理时应该使用的知识；而知识是使推理得以向前推进并逐步达到最终目标的依据。

例如，在医疗诊断专家系统中，专家的经验及医学常识以某种表示形式存储于知识库中。为患者诊治疾病时，推理机就是从存储在综合数据库中的患者症状及化验结果等初始证据出发，按某种搜索策略在知识库中搜寻可与之匹配的知识，推出某些中间结论；然后再以此中间结论为证据，在知识库中搜索与之匹配的知识，推出进一步的中间结论；如此反复进行，直到最终推出结论，即得到患者的病因与治疗方案。

2. 推理分类

人类的智能活动有多种思维方式，人工智能作为对人类智能的模拟，相应地也有多种推理方式，见表 2-6。

表2-6 推理分类

依据	分类	详情
推出结论的途径	演绎推理	从全称判断推出特称判断或单称判断的过程，即由一般性知识推出适合某一具体情况的结论。是一种从一般到个别的推理
	归纳推理	是从足够多的事例中归纳出一般性结论的推理过程，是一种从个别到一般的推理
	默认推理	是在知识不完全的情况下假设某些条件已经具备所进行的推理
按照知识的确定性	确定性推理	推理时所用的知识与证据都是确定的，推出的结论也是确定的，其值或为真或为假
	不确定性推理	推理时所用的知识与证据不都是确定的，推出的结论也是不确定的
按推理过程中的单调性	单调推理	随着推理向前推进及新知识的加入，推出的结论越来越接近最终目标
	非单调推理	由于新知识的加入，不仅没有加强已推出的结论，反而要否定它，使推理退回到前面的某一步，重新开始
按推理时运用的启发性知识	启发式推理	在推理过程中，运用与问题有关的启发性知识，如解决问题的策略、技巧，以加快推理过程，提高搜索效率
	非启发式推理	在推理过程中，不运用启发性知识，只按照一般的控制逻辑进行推理

知识运用

在一个房间里有一只猴子、一个箱子和悬挂在天花板上的香蕉，猴子的高度不容易取到香蕉，但站在箱子上就可以了，如果将其看成机器人，发挥你的大脑想想猴子如何才能摘到香蕉。图2-31中的A、B、C表示猴子、箱子和香蕉在房间内的相对位置。

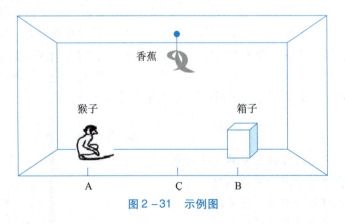

图2-31 示例图

第一步：问题的状态描述。

用一个四元组向量(W,x,Y,z)表示整个问题的各种状态，其中：

W表示猴子的水平位置；x表示猴子是否在箱子顶上取香蕉，是时，$x=1$，否则，$x=0$；Y表示箱子所在的水平位置；z表示猴子是否摘到香蕉，摘到，$z=1$，否则，$z=0$。

第二步：问题的初始状态描述。

$(a,0,b,0)$

第三步：问题描述状态转换的操作算子及其对状态描述的作用。

①goto(U)表示猴子走到水平位置U。用产生式规则表示成：

(W,0,Y,z)-goto>(U,0,Y,z)

即猴子在水平位置 W 处，箱子在 Y 处，没有站在箱子上。在 goto(U)算子作用下，会进入下一个状态：

(U,0,Y,z)

②pushbox(V)表示猴子把箱子推到水平位置V。用产生式规则表示成：

(W,0,W,z)-pushon>(V,0,V,z)

即猴子与箱子在同一位置，并且猴子不在箱子顶上时，它通过 pushbox(V)算子将箱子推到水平位置 V，进入(V,0,V,z)状态。

③climbbox 算子表示猴子爬到箱子顶上，即

(W,0,W,z)-climb>(W,1,W,z)

④grasp 算子表示猴子在箱子顶上摘香蕉，即

(c,1,c,0)-pick>(c,1,c,1)

第四步：画状态空间图。

任务4 机器学习

机器学习作为一门多领域交叉学科，主要的研究对象是人工智能，使机器（计算机）具有学习新知识和新技术的能力，能够感知世界、认知世界和改造世界。或者说机器学习是专门研究计算机怎样模拟或实现人类的学习行为，以获取新的知识或技能，重新组织已有的知识结构，使之不断改善自身的性能。机器学习是人工智能的核心，是使计算机具有智能的根本途径。目前人工智能研究和应用最广泛的内容是机器学习。

学习目标

1. 了解机器学习的基本概念及其发展历程；
2. 理解并掌握机器学习的基本原理；
3. 理解并掌握机器学习的分类方法；
4. 熟悉机器学习的应用场景；
5. 能够利用机器学习方法分析和解决问题；
6. 提高数据分析和预测能力。

任务导入

目前，智能机器已经深入人类的工作和生活中。在民用领域中，将会出现能从医疗记录中学习的智能机器，它们能分析和获取治疗新疾病最有效的方法；随着智能家居的发展，未

来在分析住户的用电模式、居住习惯后，可以打造动态家居，从而降低能源消耗、提高居住舒适度；个人智能助理可以跟踪分析用户的职业和生活细节，协助用户高效完成工作，享受健康生活。未来，这些都将有智能机器的功劳。

请思考：

在未来的世界中，机器人将充当什么样的角色？会不会代替人类？人类与智能机器之间应该如何相处？

知识准备

活动一 机器学习概述

2016 年 3 月，AlphaGo 与围棋世界冠军李世石进行了围棋人机大战，以 4:1 的总比分获胜；2017 年 5 月，AlphaGo 与世界排名第一的柯洁对战，以 3:0 的总比分获胜。围棋界认为，AlphaGo 的棋力已经超过了人类围棋的顶尖水平。随着 AlphaGo 的大火，机器学习（Machine Learning，ML）获得越来越多的关注。

1. 机器学习的定义

1996 年，帕特·兰利（Pat Langley）定义机器学习如下："机器学习是一门人工智能科学，该领域的主要研究对象是人工智能，特别是如何在经验学习中改善具体算法的性能。"1997 年，汤姆·米切尔（Tom Mitchell）在 *Machine Learning* 中写道："机器学习是计算机算法的研究，并通过经验提高其自动进行改善。"2004 年，埃塞姆·阿培丁（Ethem Alpaydin）提出自己对机器学习的定义："机器学习是用数据或以往的经验，来优化计算机程序的性能标准。"

机器学习，通俗地讲，就是让机器拥有学习的能力，从而改善系统自身的性能。对于机器而言，这里的"学习"指的是从数据中学习，从数据中产生模型的算法，即学习算法。有了学习算法，只要把经验数据提供给它，就能够基于这些数据产生模型，在面对新的情况时，模型能够提供相应的判断进行预测，如图 2-32 所示。机器学习实质上是基于数据集，通过对数据集进行研究，找出数据集中数据之间的联系和数据的真实含义。

图 2-32 机器学习原理

2. 机器学习的发展历程

自 20 世纪 50 年代研究机器学习以来，不同时期的研究途径和目标并不相同，可以划分为四个阶段，见表 2-7。

表 2 - 7 机器学习发展阶段

阶段	简介
热烈时期	20 世纪 50 年代中叶到 60 年代中叶，这个时期主要研究"有无知识的学习"，这个时期，人们通过软件编程来操控计算机完成一系列的逻辑推理功能，进而让计算机具有一定程度的类似于人类的思考能力，但这种机器学习的方法还远远不能满足人类的需要。在热烈时期，感知器被广泛应用于文字、声音、信号识别、学习记忆等领域。在这个时期，最具有代表性的研究是 Samuet 的跳棋程序，如图 2 - 33 所示。该程序能够在与人对弈的过程中不断累积经验，提升棋艺，并于 1959 年战胜了萨缪尔 图 2 - 33 西洋跳棋程序
冷静阶段	20 世纪 60 年代中叶到 70 年代中叶，这个时期主要研究将各个领域的知识植入系统里，本阶段的目的是通过机器模拟人类学习的过程。该时期，人们试图利用自身思维提取出来的规则教会计算机执行决策行为，出现一大批专家系统，研究人员将各专家学者的知识加入系统里，经过实践证明，这种方法取得了一定的成效。在这一阶段，具有代表性的工作有 Hayes-Roth 和 Winson 的结构学习系统方法，但由于只能学习单一概念而未投入实际使用
复兴时期	20 世纪 70 年代中叶到 80 年代中叶，称为复兴时期。1980 年，在美国的卡内基梅隆（CMU）召开了第一届机器学习国际研讨会，标志着机器学习研究已在全世界兴起。除了 BP 算法，包括 SOM（自组织映射）网络、ART（竞争型学习）网络、RBF（径向基函数）网络、CC（级联相关）网络、RNN（递归神经网络）、CNN（卷积神经网络）等在内的多种神经网络也在该时期得到迅猛发展
新阶段	20 世纪 80 年代中叶，是机器学习的最新阶段。该时期，机器学习有如下特点： ①机器学习已成为新的学科，它综合应用了心理学、生物学、神经生理学、数学、自动化和计算机科学等，形成了机器学习理论基础。 ②融合了各种学习方法，并且形式多样的集成学习系统研究正在兴起。 ③机器学习与人工智能各种基础问题的统一性观点正在形成。 ④各种学习方法的应用范围不断扩大，部分应用研究成果已转化为产品。 ⑤与机器学习有关的学术活动空前活跃

2010 年以来，谷歌、微软等国际互联网巨头加快了对机器学习的研究，并尝到了机器学习商业化带来的甜头，我国许多知名的公司纷纷效仿。阿里巴巴、淘宝为应对大数据时代带来的挑战，已经在公司的产品中大量应用机器学习算法。百度、搜狗等已拥有能与谷歌竞争的搜索引擎，其产品早已融合了机器学习知识。可以说，近些年正是机器学习的黄金时代。

活动二 机器学习分类

机器学习是人工智能学科的分支领域和重要研究方向，它包含着丰富的知识体系，因此，按照一定的规则对其进行细分显得尤为必要。机器学习的主要分类有两种：基于学习方式的分类和基于学习任务的分类。机器学习根据学习方式的不同，可分为监督学习、无监督学习和强化学习。根据学习任务的不同，可分为分类、回归、聚类和降维。不同的分类方式彼此又存在着联系，分类和回归属于监督学习，而聚类和降维属于无监督学习，如图 2 – 34 所示。

1. 监督学习

监督学习的含义为利用一组已知类别的样本调整分类器的参数，使其达到所要求性能的过程，也称为监督训练或有教师学习。监督学习的主要目标是从有标签的训练数据中学到或者建立一个学习模型，以便对未知或未来的数据做出预测。图 2 – 35 所示简要总结了监督学习的工作流程。

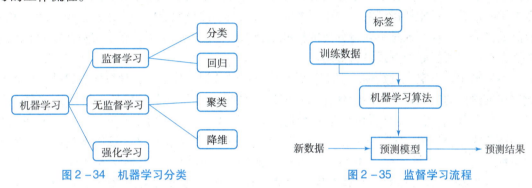

图 2 – 34 机器学习分类   图 2 – 35 监督学习流程

对于机器学习来说，监督学习就是训练数据既有特征（feature）又有标签（label），通过训练，让机器可以自己找到特征和标签之间的联系。在面对只有特征没有标签的数据时，可以判断出标签。例如，高考前所做的练习题是有标准答案的。在学习的过程中，可以通过对照答案，来分析问题，找出方法，下一次在面对没有答案的问题时，往往也可以正确地解决。

在监督学习下，计算机就像一个"学生"，根据"老师"给出的带有标签的数据进行学习。如图 2 – 36 所示，老师告诉学生，图片里是一只猫，计算机便会总结图中"猫"的特征，并将符合这些特征的事物定义为"猫"。如果换一张不同的"猫"，计算机能够识别出这是一只"猫"，那么便可以说这是一次成功的标签分类。但机器学习显然不可能仅从一张图中便习得准确辨识"猫"的技能。计算机可能无法识别新的"猫"或者将其识别成其他动物，这时"老师"就会纠正计算机的偏差，并告诉计算机这个也是"猫"。通过大量的反

图 2 – 36 监督学习举例

复训练让计算机习得不同的"猫"具有的共同特征，这样，再遇到新的"猫"时，计算机就更可能给出正确的答案。

2. 无监督学习

现实生活中常常会遇到这样的问题：缺乏足够的先验知识，因此难以人工标注类别或进行人工类别标注的成本太高。很自然的，人们希望计算机能代替人工完成这些工作，或至少提供一些帮助。根据类别未知（没有被标记）的训练样本解决模式识别中的各种问题，称为无监督学习。在无监督学习中，建立机器学习模型的过程不依赖于标签训练数据，由于没有可用的标签，只能从得到的数据中提取需要的东西。假设想建立一个系统去把一组数据集分割成多个组，棘手的是不知道分离的标准是什么。因此，一个无监督学习算法需要将给定的数据集以尽可能好的方式进行分组。

简单来说，给定一批数据，但不告诉计算机这批数据是什么，让计算机自己通过学习构建出这批数据的模型，至于能学到什么，取决于数据自身所具备的特性。俗话说"物以类聚，人以群分"，可以将其看作是在"无监督学习"环境下构建模型的过程，一开始我们并不知道这些"类"和"群"中元素的标签，经过长期的归纳和总结，我们将具有共同特征的事物归为一个"类"或"群"中。以后再遇到新的事物，就根据它的特征更接近哪个"类"或"群"，就"预测"它属于哪个"类"或"群"，如图 2 - 37 所示，从而完成对新数据的"分类"或"分群"。与此同时，通过学习构建的模型也进一步完善。

图 2 - 37 无监督学习举例

3. 强化学习

强化学习（Reinforcement Learning，RL）又称为再励学习、评价学习，是一种通过模拟大脑神经细胞中的奖励信号来改善行为的机器学习方法，强调如何基于环境行为，以取得最大化的预期利益。其灵感来源于心理学中的行为主义理论，即有机体如何在环境给予的奖励或惩罚的刺激下，逐步形成对刺激的预期，产生能获得最大利益的习惯性行为。强化学习计算模型也已经应用于机器人、分析预测等人工智能领域。

如图 2 - 38 所示，小孩子第一次见到火，来到火边，感受到温暖，觉得火是一个好东西；靠火太近被烫，又觉得火并不是那么好。然后得出一个结论：在火旁边是好的，靠得太近会被烫，这类似于人的自然活动。强化学习对类似的场景抽象出一套结构，如

图 2-39 所示，其中大脑对应于智能体 agent，地球对应于环境 environment。强化学习核心思想是：智能体 agent 在环境 environment 中学习，根据环境的状态 state，执行动作 action，并根据环境的反馈 reward（奖励）来指导更好的动作，是一种可以根据行为进行计算的学习方法。

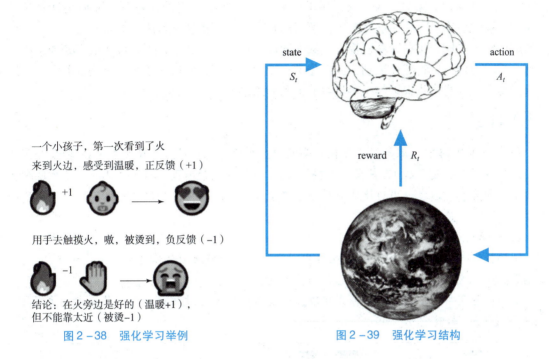

一个小孩子，第一次看到了火
来到火边，感受到温暖，正反馈（+1）

用手去触摸火，嗷，被烫到，负反馈（-1）

结论：在火旁边是好的（温暖+1），但不能靠太近（被烫-1）

图 2-38　强化学习举例

图 2-39　强化学习结构

活动三　机器学习应用案例

近年来，机器学习的研究与应用越来越受重视，已经广泛应用于语音识别、图像识别、数据挖掘等领域。大数据时代的到来，使机器学习有了新的应用领域，从设备维护、借贷申请、金融交易、医疗记录、广告点击、用户消费、客户网络行为等数据中发现有价值的信息已经成为其研究与应用的热点。

1. 数据分析与挖掘

"数据挖掘"和"数据分析"经常被同时提起，并在许多场合中被认为是可以相互替代的术语。关于数据挖掘和数据分析，现在已有多种文字不同但含义接近的定义，例如，数据挖掘是"识别出巨量数据中有效的、新颖的、潜在有用的、最终可理解的模式的过程"；数据分析则通常被定义为用适当的统计方法对收集来的大量第一手资料和第二手资料进行分析，以求最大化地开发数据资料的功能，发挥数据的作用，是为了提取有用信息和形成结论而对数据加以详细研究和概括总结的过程。无论是数据分析还是数据挖掘，都是帮助人们收集数据、分析数据，使之成为信息，并做出判断，因此，可以将这两项合称为数据分析与挖掘。数据分析与挖掘技术是机器学习算法和数据存取技术的结合，利用机器学习提供的统计分析、知识发现等手段分析海量数据，同时，利用数据存取机制实现数据的高效读写。机器学习在数据分析与挖掘领域中拥有无可取代的地位，2012 年的 Hadoop 进军机器学习领域就是一个很好的案例。

2. 模式识别

模式识别起源于工程领域，而机器学习起源于计算机科学，这两个不同学科的结合带来了模式识别领域的调整和发展。模式识别研究主要集中在两个方面：一是研究生物体（包括人）是如何感知对象的，属于认识科学的范畴；二是在给定的任务下，如何用计算机实现模式识别的理论和方法，这些是机器学习的长项，也是机器学习研究的内容之一。模式识别的应用领域广泛，包括计算机视觉、医学图像分析、光学文字识别、自然语言处理、语音识别、手写识别、生物特征识别、文件分类、搜索引擎等，而这些领域也正是机器学习大展身手的舞台，因此模式识别与机器学习的关系越来越密切。

知识运用

2016 年 4 月 14 日，科比结束了他传奇的职业生涯。他在最后一场比赛中独得 60 分，帮助湖人队取得了胜利。从 17 岁入选 NBA 开始，到此刻光荣退役，科比在他的职业生涯中获得了无数的荣誉。通过使用科比职业生涯中投中和投失的数据，如何使用机器学习预测他的哪些投篮能命中篮筐吗？

第一步：准备科比训练数据集。

训练数据包含科比在 20 年职业生涯中所尝试的每个投篮的具体特征信息：动作、位置、日期等。

说明：图 2-40 中列举了一部分字段，在使用机器学习过程中的数据集一般格式为 Excel 或者是 CSV 类型。

字段名	取值类型	取值举例
action_type	枚举	Jump Shot/Running Jump Shot/Layup Shot/Reverse Dunk Shot/Slam Dunk Shot
combined_shot_type	枚举	Jump Shot/Layup/Dunk
game_event_id	数值	1/2/3/……
game_id	数值	20000012/20000047/……
lat	数值	33.9343/34.0163/……
loc_x	数值	-157/138/0/……
loc_y	数值	175/-11/0/……
lon	数值	-118.1028/-118.2938/……
minutes_remaining	数值	0/1/2/3/4/5/6/7/8/9/10/11
period	数值	1/2/3/4/5/6/7
playoffs	数值	0/1
season	字符串	2004-5-1/2007-8-1/2015-16/……

图 2-40　数据集部分字段

第二步：案例有数据集之后，在机器学习中预测结果，需要经过数据清洗、特征转换和特征选择，之后经过不同的算法进行预算，具体流程如图 2-41 所示。

图 2-41 流程图

第三步（选操作）：可以尝试在人工智能相关平台上进行操作体验，例如智能钛平台体验链接为 https://console.cloud.tencent.com/tione/project/platform?projectId=29&flowId=102&Cloud-Name=ap-guangzhou&CosBucket=test&BucketType=0。

任务5 专家系统与知识图谱

专家系统是人工智能应用研究最重要和最活跃的课题之一。自从 1965 年第一个专家系统 DENDRAL 在美国斯坦福大学问世后，得到快速的发展。特别是 20 世纪 80 年代中期以后，随着知识工程的日渐丰富和成熟，各种各样的实用专家系统如雨后春笋般在世界各地不断涌现，取得巨大的成功。知识图谱是一种揭示实体之间关系的语义网络，它以结构化的形式描述客观世界中概念、实体及其关系，是人工智能发展的核心驱动力之一。本章主要介绍专家系统和知识图谱的相关概念及应用。

学习目标

1. 了解专家系统的概念及特点；
2. 掌握专家系统的结构；
3. 了解知识图谱的概念；
4. 掌握知识图谱的架构及其表示；

5. 熟悉专家系统和知识图谱的应用；

6. 激发创新思维，增强科技兴国的理念；

7. 弘扬精益求精、科学严谨的工匠精神。

任务导入

使用过智能手机的用户一定对YOYO智能语音助手不陌生。YOYO智能语音助手被誉为可以成长的智慧生命体，也是目前功能最全的手机语音助手。使用之前，在手机中可以设置开机语言，自由设置即可。与传统的智能语音助手相比，YOYO功能并不局限于通过语音指令来帮助用户完成操作。其除了能够实现语音操控等基本功能之外，还拥有智慧视觉、智慧识屏、情景智能、智慧搜索等功能，如图2-42所示。有了YOYO功能的手机可以瞬间变身为一台智能化的机器人，利用YOYO的这项功能，使用者可以打开某个应用、订闹钟、添加日程、询问时间、翻译等。这些功能的设置离不开人工智能前沿技术，当然，也可以说，YO-YO实际上就是一个小型的"专家系统（Expert System，ES）"。

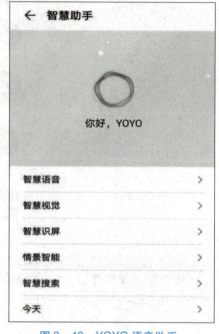

图2-42 YOYO语音助手

请思考：

1. 自己的智能手机是否实现了智能语音小助手？

2. 智能语音小助手叫什么名字？能实现哪些功能？

知识准备

活动一 专家系统概述

1. 专家系统的定义

20世纪80年代，随着"专家系统"的出现，第二次人工智能热潮随之到来。所谓专家系统，是指专注于某些特定领域的系统，应用人工智能技术和计算机技术，根据某领域一个或多个专家提供的知识和经验，进行推理和判断，模拟人类专家的决策过程，以便解决那些需要人类专家处理的复杂问题。例如"以自然的交谈方式预订酒店的系统""诊断是否患有特定疾病的系统"等。

专家系统实质上是一类计算机程序，它能够以人类专家的水平完成特别困难的某一专业领域的任务。在设计专家系统时，知识工程师的任务就是使计算机尽可能模拟人类专家解决某些实际问题的决策和工作过程，即模仿人类专家如何运用他们的知识和经验来解决所面临问题的方法、技巧和步骤。专家系统的先驱费根鲍姆（Feigenbaum）说：专家系统的力量是从它处理的知识中产生的。这正符合一句名言：知识就是力量。简而言之，专家系统是一种模拟人类专家解决领域问题的计算机程序系统。

2. 专家系统的特点

专家系统的特点见表 2 – 8。

表 2 – 8　专家系统的特点

特点	简介
启发性	专家系统运用专家的知识与经验进行推理、判断和决策要解决的问题，其结构往往是不合理的，其问题求解（problem-solving）知识不仅包括理论知识和常识，而且包括专家本人的启发知识
透明性	专家系统能够解释本身的推理过程和回答用户提出的问题，以便让用户了解推理过程，提高对专家系统的信赖感。例如，一个医疗诊断专家系统诊断某病人患有肺炎，而且必须用某种抗生素治疗，那么，这一专家系统将会向病人解释为什么他患有肺炎，而且必须用某种抗生素治疗，就像一位医疗专家对病人详细解释病情和治疗方案一样
灵活性	专家系统的灵活性是指它的扩展和丰富知识库的能力，不断地增长知识，修改原有知识，不断更新及改善非编程状态下的系统性能，即自学习能力

3. 专家系统的结构

由专家系统的定义可知，专家系统的主要组成部分是知识库和推理机。实际的专家系统在功能和结构上可能彼此有些差异，但完整的专家系统一般均应包括人机接口、推理机、知识库、综合数据库、知识获取机构和解释机构 6 部分，如图 2 – 43 所示。

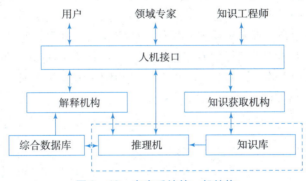

图 2 – 43　专家系统的一般结构

专家系统的核心是知识库和推理机。专家系统的工作过程是：根据知识库中的知识和用户提供的事实进行推理，不断地由已知的事实推出未知的结论，即中间结果，并将中间结果放到数据库中，作为已知的新事实进行推理，从而把求解的问题由未知状态转换为已知状态。在专家系统的运行过程中，会不断地通过人机接口与用户进行交互，向用户提问，并向用户做出解释。

知识库用于存储求解问题所需要的领域知识和事实等。推理机是一个执行结构，它负责对知识库中的知识进行解释，利用知识进行推理。人机交互界面是系统与用户的交互接口，系统在运行过程中需用户通过该交互接口输入数据到系统中，系统则将需要显示给用户的信息通过该交互接口显示给用户。解释器是专家系统特有的模块，也是与一般计算机软件系统的区别之一。在专家系统与用户的交互过程中，如果用户希望系统解释内容，专家系统通过解释器对用户进行解释。解释一般分为"Why 解释"和"How 解释"两种，Why 解释回答"为什么"，How 解释回答"如何得到"。知识获取模块是专家系统与知识工程师的交互接口，知识工程师通过知识获取模块将整理的领域知识加入知识库中。

接下来来看一个简单的动物识别专家系统。

假设你是一位动物专家，可以识别各种动物。你的朋友周末带孩子去动物园游玩并见到了一个动物，朋友不知道该动物是什么，于是向你电话咨询，你们有了以下的对话：

你：你看到的动物有羽毛吗？

朋友：有羽毛。

你：会飞吗？

朋友：（经观察后）不会飞。

你：有长腿吗？

朋友：没有。

你：会游泳吗？

朋友：（看到该动物在水中）会。

你：颜色是黑白吗？

朋友：是。

你：这个动物是企鹅。

在以上对话中，当得知动物有羽毛后，你就知道了该动物属于鸟类，于是你提问是否会飞；当得知不会飞后，你开始假定这可能是鸵鸟，于是提问是否有长腿；在得到否定回答后，你马上想到了可能是企鹅，于是询问是否会游泳；然后为了进一步确认是否是企鹅，又问颜色是否是黑白的；得知是黑白颜色后，马上就确认该动物是企鹅。

我们也希望一个动物识别专家系统能像你一样完成以上过程，通过与用户的交互回答用户有关动物的问题。为了实现这样的专家系统，首先要把你有关识别动物的知识总结出来，并以计算机可以使用的方式存放在计算机中，设计规则表示这些知识。

例如，"如果有羽毛则是鸟类"可以表示为：

```
(rule r6
    (if(有羽毛 是))
    (then(类 鸟类)))
```

其中，r6 是规则名，（有羽毛 是）是规则的前提,（类 鸟类）是规则的结论。

推理机基于这些规则和知识库中的知识对用户的输入进行推理，并将推理过程和结果记录在动态数据库中。解释器可以基于推理过程数据对结果进行解释，如图 2-44 所示。

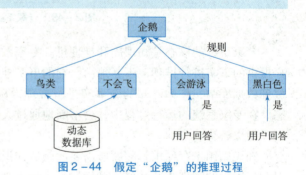

图 2-44　假定"企鹅"的推理过程

活动二　知识图谱概述

1. 知识图谱的提出

1989 年，万维网出现，为知识的获取提供了极大的方便。2006 年，蒂姆·伯纳斯-李

（Tim Berners-Lee）提出链接数据的概念，希望建立起数据之间的链接，从而形成一张巨大的数据网。谷歌公司为了利用网络多源数据构建的知识库来增强语义搜索，提升搜索引擎返回的答案质量和用户查询的效率，于2012年5月16日首先发布了知识图谱，这标志着知识图谱的正式诞生。

知识图谱的目的是提高搜索引擎的能力，改善用户的搜索质量及搜索体验。随着人工智能技术的发展和应用，知识图谱作为关键技术之一已被广泛应用于智能搜索、智能问答、个性化推荐、内容分发等领域。现在的知识图谱已被用来泛指各种大规模的知识库，谷歌、百度和搜狗等公司为了改进搜索质量，纷纷构建自己的知识图谱，分别称为知识图谱（图2-45）、知心和知立方。

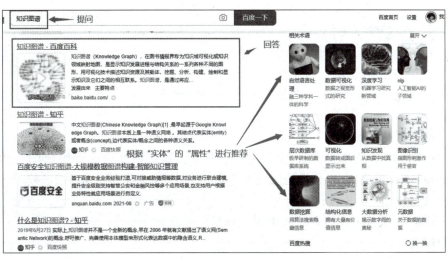

图2-45　百度知识图谱

2. 知识图谱的定义

知识图谱以结构化的形式描述客观世界中概念间和实体间的复杂关系，将互联网的信息表达成更接近人类认知模式的形式，提供了一种更好的组织、管理和理解互联网海量信息的方式。它把复杂的知识领域通过数据挖掘、信息处理、知识计量和图形绘制等技术显示出来，以揭示知识领域的动态发展规律。

目前，知识图谱还没有一个标准的定义。简单地说，知识图谱是由一些相互连接的实体及其属性构成的。也可以将知识图谱看作是一种基于图的数据结构，由节点（Point）和边（Edge）组成，每个节点表示一个"实体/概念"，每条边为实体与实体之间的"关系/属性"。图2-46所示是一个典型的知识图谱，图中的顶点表示实体或概念，而图中的边则表示属性或关系。

知识图谱的组成三要素包括实体、关系和属性。

①实体：又叫作本体（Ontology），是知识图谱中最基本的元素，具有可区别性且客观、独立存在的某种事物，可以是具体的人、事、物，也可以是抽象的概念或联系。例如中国、美国、日本等，又如某个人、某个城市、某种植物、某种商品等。

②关系：知识图谱中，边表示知识图谱中的关系，用来表示不同实体间的某种联系。

③属性：知识图谱中的实体和关系都可以有各自的属性。

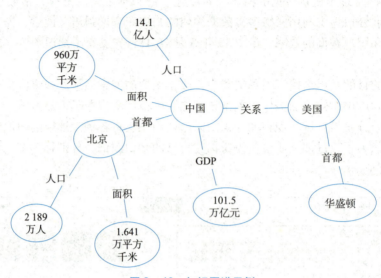

图 2 –46 知识图谱示例

3. 知识图谱的表示

构成知识图谱的核心是三元组，三元组是由实体、属性和关系组成的（由 Entity、Attribute、Relation 组成）。三元组是知识图谱的一种通用表示方式，如图 2 –47 所示，基本形式主要有两种：

① （实体1 –关系 –实体2）：（中国 –首都 –北京）是一个（实体1 –关系 –实体2）的三元组样例。

② （实体 –属性 –属性值）：北京是一个实体，人口是一种属性，2 189 万人是属性值。（北京 –人口 –2 189 万人）是一个（实体 –属性 –属性值）的三元组样例。

知识图谱由一条条知识组成，每条知识表示为一个 SPO（Subject-Predicate-Object），即主 –谓 –宾三元组，如图 2 –47 所示。

图 2 –47　SPO 三元组

活动三　专家系统应用

在专家系统领域方面，我国取得了不少成就，比较突出的有农业咨询、天气预报、地质勘探、故障诊断和中医诊断等方面的专家系统。

20 世纪 80 年代初期，我国开始农业专家系统相关研究，是国际上开展此领域研究与应用比较早的国家。中国科学院合肥智能机械研究所与安徽省农业科学院土壤肥料研究所合作研制的"砂姜黑土小麦施肥专家系统"，于 1985 年 10 月建成，比美国 1986 年 10 月投入使用的著名农业专家系统 COMAX 还早一年，开拓了农业专家系统在我国的应用发展，并荣获国家科技进步二等奖。

"关幼波肝病诊断治疗专家系统"是我国首个医学方面的专家系统。在 1978 年，关幼波及其科研团队经过三年的刻苦攻关，在国内率先把中医学这门古老的传统医学与先进的电子计算机技术结合起来，终于完成了"关幼波肝病诊疗程序"。该系统以北京市名老中医关幼波教授为领域专家，采用模糊条件语句为知识表达方法，根据中医理论（经络学说、阴阳学说、脏腑学说等）和关幼波大夫的临床经验对病情进行病理诊断，并在此基础上，根据中医药理给出治疗处方。该系统基于"图灵测试"（Turing Test）进行"双盲测试"，即任选一个病人在隔离的两个房间里，先后由该专家系统和关幼波大夫本人独立诊断并开处方，结果竟完全相同。

1990 年年底，关幼波以他 77 岁的高龄，再次与肝病科及计算机科研团队合作，承担了国家科委下达的"七五"科技攻关项目，完成了"关幼波治疗胃脘痛专家系统"的研究。该系统经过临床观察，取得了临床符合率达到 93% 的骄人成绩。1991 年 8 月，在北京举办的国家"七五"科技攻关成果展览会上，该系统被认定为国内先进水平。

活动四　知识图谱应用

目前，随着人工智能的不断发展，知识图谱已经在多方面有了应用，从一开始的 Google 搜索，到现在的聊天机器人、大数据风控、证券投资、智能医疗、自适应教育、推荐系统，无一不跟知识图谱相关。

知识图谱最先应用于搜索，最典型的就是在谷歌搜索引擎中的应用。2012 年，谷歌率先提出知识图谱的概念。提出这个概念最主要的目的是改善它的搜索引擎的体验，优化搜索。随后，搜狗"知立方"、微软的 Probase 和百度的"知心"等相关应用应运而生。

智能搜索引擎，主要通过自然语言处理和知识图谱等人工智能技术，来实现人工智能搜索引擎产品的落地。它更注重与其他科学相融合，个性化搜索，智能化比较高。换句话说，它是非常智能、理解用户需求、以用户为中心的搜索技术。运用了知识图谱的智能搜索引擎，需要进行语义分析研究，可以返回更加精准的结果。知识图谱搜索相对于 URL 搜索来说，带来几个改变：一是结果更加准确。用户搜索关键词可能有多重意思，知识图谱可以展示最全面的信息，更有机会命中用户需求；二是结果包括全面的摘要；三是搜索更广、更深，通过知识图谱建立的关系让用户可以通过互动、单击来拓展搜索的深度和广度，如图 2-48 所示。

图 2-48　百度搜索

百度搜索一直追求的目标是更准、更广、更深。尤其是在大力发展移动搜索的当下，更是需要让搜索做到精准无比，以降低用户输入和选择成本。当百度极简首页上线，无须用户选择频道时，它的结果必然要足够精准和全面，击中用户需求才行，知识图谱的能力正在于此。

三、知识运用

Magi 是由 Peak Labs 研发的基于机器学习的信息抽取和检索系统，它能将任何领域的自然语言文本中的知识提取成结构化的数据，通过终身学习持续聚合和纠错，进而为人类用户和其他人工智能提供可解析、可检索、可溯源的知识体系。使用 Magi 信息抽取和检索系统的步骤如下：

第一步：百度搜索 Magi，找到 Magi 搜索引擎，如图 2-49 所示。

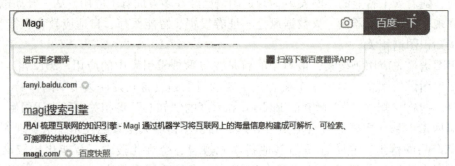

图 2-49 百度搜索

第二步：进入 Magi 官网，输入关键字，比如"知识图谱"，会出现对应的实体、描述、属性、标签、主要学习来源等内容，如图 2-50 所示。

图 2-50 搜索知识图谱

第三步：选择主要学习来源中的一项内容，则该内容会与左边知识图谱的描述、属性、标签等内容通过知识图谱线连接起来，效果如图 2-51 所示。

图 2-51 效果图

任务6 自然语言处理

自然语言处理是从 20 世纪 50 年代开始发展的，其最先在机器翻译领域得到发展。1954 年的乔治敦实验（Georgetown-IBM Experiment）将 60 多句俄文自动翻译成英文，之后问答系统的发展也有了进展。20 世纪 60 年代，出现了句法分析、语义分析、逻辑推理相结合的自然语言系统。直到 20 世纪 80 年代初期，多数自然语言处理系统都是以一套复杂的、人工制定的规则为基础形成的。从 20 世纪 80 年代末期开始，语言处理引进了机器学习的算法，自然语言处理产生革新。近年来，深度学习技巧纷纷出炉，在自然语言处理方面获得了尖端的成果。

学习目标

1. 了解自然语言处理的概念；
2. 熟悉自然语言处理技术；
3. 熟悉自然语言处理分类及其应用；
4. 了解语音识别及其应用产品；
5. 掌握词法分析等自然语言处理技术；
6. 引导自主学习和终身学习意识，增强责任感和使命感。

任务导入

比尔·盖茨说："语言理解是人工智能皇冠上的明珠。"语言是人类智慧的结晶，如果计算机能够理解、处理自然语言，将是计算机技术的一项重大突破。自然语言处理是指利用计算机对自然语言的形、音、义等信息进行处理，它是计算机科学领域和人工智能领域的一个重要的研究方向。本任务首先介绍自然语言处理的概念及发展历史，然后从应用角度介绍语音识别技术。

请思考：

1. 自然语言处理存在哪些挑战？
2. 如何理解自然语言的层次化处理过程？

知识准备

活动一 自然语言处理概述

1. 自然语言处理的概念

自然语言处理（Natural Language Processing，NLP）是在机器语言和人类语言之间沟通的桥梁，用计算机来处理、理解及运用人类语言（如中文、英文等），以实现人机交流的目的，它是人工智能的一个分支，是计算机科学和语言学的交叉学科，称为计算语言学，如图2-52所示。由于自然语言是人类区别于其他动物的根本标志，没有语言，人类的思维就无从谈起，所以对于机器而言，能够处理自然语言的智能机器才真正体现了人工智能的最高能力与境界，也就是说，只有当机器具备了处理自然语言的能力，才算是实现了真正的智能。

图2-52　自然语言处理

自然语言处理的兴起与机器翻译有着不可分开的联系，机器能够理解、处理自然语言，是计算机技术的一项重大突破。比如，机器能够将一种自然语言翻译为另外一种自然语言，自动将英文"I like China"翻译为"我爱中国"，或者反过来，将"我爱中国"翻译为"I like China"，如图2-53所示。如果能够通过机器翻译准确地进行语言间的翻译，将大大提高人类沟通的效率。自然语言处理的应用除了机器翻译外，还包括信息检索、自动问答、情感分析、信息抽取等。

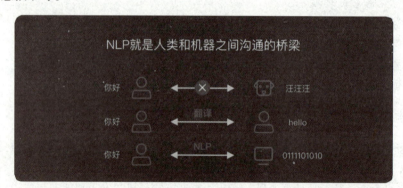

图2-53　NLP

2. 自然语言的发展历程

自然语言处理是涵盖了计算机科学、语言学、心理认知学等一系列学科的一个交叉研究领域。其发展趋势是从规则到统计再到深度学习，大致经历了4个阶段。

（1）萌芽期（1956年以前）

从20世纪40年代末到50年代初，是自然语言处理的基础研究阶段。随着第一台计算机问世，英国数学家布斯（A. Donald Booth）和美国数学家韦弗（W. Weaver）开始了机器翻译方面的研究。1948年，香农把离散马尔可夫过程的概率模型应用于描述语言的自动机。接着，他又把热力学中"熵"（entropy）的概念引入语言处理的概率算法中。20世纪50年代初，Kleene研究了有限自动机和正则表达式。1956年，艾弗拉姆·乔姆斯基（Chomsky）又提出了上下文无关语法，并把它运用到自然语言处理中。他们的工作直接促成了基于规则和基于概率这两种自然语言处理技术的产生。另外，这一时期还取得了一些令人瞩目的研究成果。比如，1946 年 Köenig 进行了关于声谱的研究，1952 年贝尔实验室语音识别系统的研究，1956 年人工智能的诞生为自然语言处理翻开了新的篇章。

（2）快速发展期（1957—1970 年）

从 20 世纪 60 年代开始，自然语言处理很快融入了人工智能的研究领域中。由于有基于规则和基于概率这两种不同方法的存在，自然语言处理的研究在这一时期分为两大阵营：一个是基于规则方法的符号派（Symbolic），另一个是采用概率方法的随机派（Stochastic）。

从 20 世纪 50 年代中期开始到 60 年代中期，以艾弗拉姆·乔姆斯基为代表的符号派学者开始了形式语言理论和生成句法的研究，60 年代末又进行了形式逻辑系统的研究。而随机派学者采用基于贝叶斯方法的统计学研究方法。这一时期多数学者注重研究推理和逻辑问题，所以基于规则方法的研究势头明显强于基于概率方法的研究势头。1959 年，宾夕法尼亚大学研制成功了 TDAP 系统，布朗美国英语语料库建立；1967 年，美国心理学家 Neisser 提出认知心理学的概念，直接把自然语言处理与人类的认知联系起来。

（3）低谷发展期（1971—1993 年）

20 世纪 70 年代后，自然语言处理出现了低谷期。随着研究的深入，基于自然语言处理的应用不能在短时间内实现，新问题又不断地涌现，该时期对自然语言处理的研究丧失了信心。尽管如此，一些发达国家依旧研究出了新的成果，比如，基于隐马尔可夫模型（Hidden Markov Model，HMM）的统计方法在语音识别领域获得成功。20 世纪 80 年代初，话语分析（Discourse Analysis）也取得了重大进展。

（4）复苏融合期（1994 年—至今）

20 世纪 90 年代后，自然语言处理进入复苏融合阶段。计算机的速度和存储量大幅增加，为自然语言处理改善了物质基础，使得语音和语言处理的商品化开发成为可能；1994 年，Internet 商业化和同期网络技术的发展使得基于自然语言的信息检索和信息抽取的需求变得更加突出。

进入 21 世纪后，自然语言处理有了突飞猛进的变化。2000 年后，自然语言处理的 8 个里程碑事件主要是：2001 年的神经语言模型；2008 年的多任务学习；2013 年的 Word 词嵌入；2013 年的自然语言处理神经网络；2014 年的序列到序列模型；2015 年的注意力机制；2015 年的基于记忆的神经网络；2018 年的预训练语言模型。

3. 自然语言处理技术

自然语言处理用计算机对自然语言的形、音、义等信息进行处理，对字、词、句、段落、篇章进行输入、输出、识别、分析、理解、生成等操作和加工。许多语言学家把语言处理过程分成 5 个层次，分别是语音分析、词法分析、句法分析、语义分析和语用分析，如图 2-54 所示，这种层次化的划分更好地体现了语言本身的结构，并在一定程度上使得自然语言处理系统的模块化成为可能。

（1）语音分析

语音分析是指根据人类的发音规则或音位规则，以及人们的日常习惯发音，从语音传输数据中区分出一个个独立的音节或者音调，再根据对应的发音规则找出不同音节所对应的词素或词，进而由词到句，识别出人所说的一句话的完整信息，将其转化为对应的文字，这也

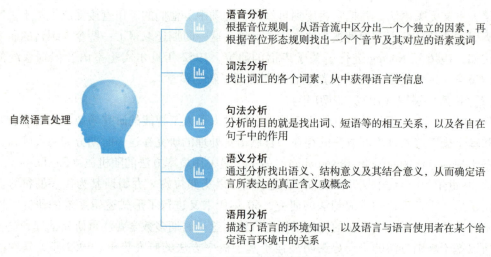

自然语言处理

语音分析
根据音位规则，从语音流中区分出一个个独立的因素，再根据音位形态规则找出一个个音节及其对应的语素或词

词法分析
找出词汇的各个词素，从中获得语言学信息

句法分析
分析的目的就是找出词、短语等的相互关系，以及各自在句子中的作用

语义分析
通过分析找出语义、结构意义及其结合意义，从而确定语言所表达的真正含义或概念

语用分析
描述了语言的环境知识，以及语言与语言使用者在某个给定语言环境中的关系

图 2 − 54   自然语言处理技术

正是语音识别的核心。构成单词发音的最小独立单元是音素，对于一种语言，例如英语，必须将声音的不同单元识别出来并分组。如 pin 和 bin 中分别有/p/和/b/这两个不同的音素，但 pin、spin 和 tip 中的音素/p/是同一个音素，它对应了一组略有差异的音。

（2）词法分析

词法分析的主要目的是从句子中切分出单词，找出词汇的各个词素，从中获得单词的语言学信息并确定单词的词义。如 unchangeable 是由 un-change-able 构成的。

不同的语言对词法分析有不同的要求。例如，英语和汉语在词法分析上就有较大的差别。在英语等语言中，词之间是以空格自然分开的，切分一个词很容易，所以找出句子的各个词就很方便。但是，由于英语中的词有词性数、时态、派生及变形等变化，要找出词中的各个词素就复杂得多，需要对词尾或词头进行分析，例如，英语中词尾中的词素"s"通常表示名词复数或动词第三人称单数；"ly"是副词的后缀；"ed"通常是动词的过去式与过去分词等。在汉语中，每个字就是一个词素，所以要找出各个词素是相当容易的。但要切分出各个词就非常困难，不仅需要构词的知识，还需要解决可能遇到的切分歧义。

（3）句法分析

句法分析是对句子和短语的结构进行分析。句法分析的目的是识别句子的句法结构，实现自动句法分析过程。其基本方法有线图分析、短语结构分析、完全句法分析、局部句法分析、依存句法分析等。句法分析的最大单位是一个句子，分析的目的是找出词、短语等的相互关系及各自在句子中的作用等，并以一种层次结构来加以表达，这种层次结构可以是反映从属关系、直接成分关系，也可以是语法功能关系。

（4）语义分析

句法分析完成后，一般还不能理解被分析的句子，还需要对其进行语义分析。语义分析就是通过分析找出词义、结构意义及其结合意义，更多的会涉及单词、词组、句子、段落所包含的意义分析，从而确定语言所表达的真正含义或概念。

（5）语用分析

语用分析研究语言所存在的外界环境对语言使用所产生的影响，是自然语言理解中更高层次的内容。它描述了语言的环境知识，以及语言与语言使用者在某个给定语言环境中的关系。关注语用信息的自然语言处理系统更侧重于讲话者/听话者模型的设定，而不是处理嵌入给定话语中的结构信息。

4. 自然语言处理的应用

自然语言处理的应用中，人机交互系统主要分为对话系统和聊天机器人。

（1）对话系统

对话系统是以完成特定任务为主要目的的人机交互系统，比如预订机票、酒店、查询天气、制订日程。

（2）聊天机器人

聊天机器人主要侧重于闲聊，它的工作方式是通过语言、语音或者文字实现人机在任意开放话题上的交流，更倾向于情感层面的沟通。聊天机器人可分为基于规则式的聊天机器人、基于检索式的聊天机器人和基于生成式的聊天机器人。为了帮助大家区分，通过对话例子进行学习。

基于规则式的聊天机器人的对话：你跟它说"Hello"，它说"Hi，How are you"，你说"I am fine"，然后它说"I am happy to hear that"。然后你说"吃了点啥"，它说"OK，Good for you"。

基于检索式的聊天机器人的对话：你跟它说"你最近怎么样"，它说"挺好的，好久不见"，你问"你吃午饭了吗"，它说"我吃了番茄炒西红柿和马铃薯炒土豆丝，味道有点怪"。你再问它"番茄炒西红柿是什么"，它说"胡萝卜"。

基于生成式的聊天机器人的对话：你问它"你最近怎么样"，它说"最近忙着呢"，你问"你吃午饭了吗"，它说"吃完了"，你问"午饭吃的什么"，它说"我不知道"。

5. 自然语言处理的挑战和未来

从长远来看，自然语言处理具有广阔的应用领域和前景，作为一个多学科交叉的新型领域，自然语言处理的繁荣发展对很多相关学科及方向都具有深远的影响力。伴随着各种词表、词义、词法、语料库等数据资源的日益丰富，分析技术的快速进步，新方法、新理论的不断涌现，研究模型的逐渐迭代更新，不仅可以为理论研究奠定坚实基础，自然语言处理的快速发展也将逐步巩固其在人工智能领域乃至整个计算机科学研究的核心课题地位。"路漫漫其修远兮"自然语言处理作为一个高度交叉的新型研究领域，不论是探究自然本质还是付诸实际应用，将来一定都会有令人期待的成果和异常快速的发展。

活动二　语音识别

1. 语音识别概念

语音识别技术是将人类语音中的词汇内容转换为计算机可读的输入，如按键、二进制编码或者字符序列，其最终目的是让机器能够听懂人的语言，如图2-55所示。

相对于机器翻译，语音识别是更加困难的问题。机器翻译系统的输入通常是印刷文本，计算机能清楚地区分词和词串。而语音识别系统的输入是语音，其复杂度要大得多，特别是口语有很多的不确定性。人与人交流时，往往是根据上下文提供的信息来猜测对方所说的是哪

启迪与深化

发展格局引领谋发展——
人工智能国家战略

图 2 - 55　语音识别

一个单词，还可以根据对方的音调、面部表情和手势等得到更多信息。特别是说话者会经常更正说过的话，而且会使用不同的词来重复某些信息。显然，要使计算机像人一样识别语音是很困难的。

语音识别的本质是一种基于语音特征参数的模式识别，即通过学习，系统能够把输入的语音按一定模式进行分类，进而根据判定准则找出最佳匹配结果，如图 2 - 56 所示。

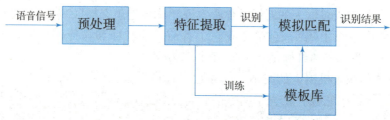

图 2 - 56　语音识别原理

2. 发展历程

语音识别技术自 20 世纪 50 年代开始步入萌芽阶段，如图 2 - 57 所示。1952 年，贝尔实验室研发出了世界上第一个能识别 10 个英文、数字发音的实验系统。此时，语音识别的重点是探索和研究声音与语音学的基本概念及原理。

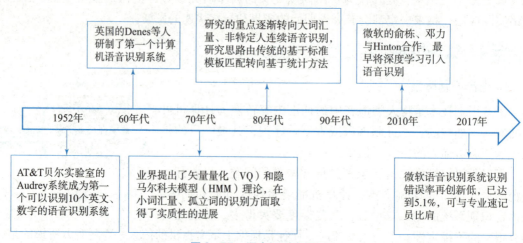

图 2 - 57　语音识别发展历程

到了 21 世纪，语音识别技术研究重点转变为即兴口语和自然对话及多种语种的同声翻译。2006 年，杰弗里·辛顿提出了深度置信网络，它解决了深度神经网络训练过程中容易陷入局部最优解的问题，自此深度学习的大潮正式拉开。2011 年，深度神经网络在大词汇量连续语音识别方面获得成功，取得了近 10 年来最大的突破。从此，基于深度神经网络的建模方式取代隐马尔可夫模型，成为主流的语音识别模型。伴随着人工智能的快速发展，中国在智能语音领域的发展也是十分迅速，2020 年，中国智能语音市场规模达到 113.96 亿元，同比增长 19.2%，预计 2026 年中国智能语音市场规模将进一步增长，达到 326.88 亿元。考虑到人工智能发展对国家经济发展的重要性，中国政府已针对人工智能行业颁布了多项国家层面的发展政策，自 2017 年以来，人工智能行业已经连续三年被写入《全国政府工作报告》内。

活动三 语音识别应用——人机对话系统

1. 人机对话系统概述

人机对话（Human-Machine Conversation）是指利用语音识别/合成、语言理解/生成等技术，进而模仿人际间对话方式，实现人与计算机的信息交流。例如，通过人机对话交互，用户可以获取想要知道的信息。人机对话效果如图 2-58 所示。由图可知，通过人与机器之间的对话，能够得知天气情况、当前上映的电影、完成预订电影票等服务。

图 2-58 人机对话示例

人机对话是人工智能领域最具挑战性的任务之一，也是构建未来人机共融社会的重要基础和支撑。人机对话行业主要体现在对话机器人的应用。

2. 典型的人机对话系统产品

近年来，人机对话系统无论是在企业客户服务型机器人还是在个人助理等方面，都涌现了巨大的需求。前者可以有效降低企业的客户服务人力成本，后者可以帮助人们更自然地获取信息服务。在个人助理方面，目前有苹果公司的 Siri 与微软公司的小冰等；在中文客户服务机器人方面，国内有腾讯叮当、云问机器人等产品。下面列举几个典型的人机对话产品。

（1）腾讯叮当

腾讯叮当，是腾讯整合了信息服务、内容服务、生活服务和各种硬件的连接服务后，基于腾讯技术生态和内容生态迅速发力的一款产品，也是腾讯在人工智能领域的探路石，叮当智能屏就是其探路石之一，如图 2-59 所示。

图 2-59　叮当智能屏

腾讯叮当将语音唤醒、语音识别、语义分析、语音合成、信令收发等核心能力及音乐、天气、FM 等众多的内置资源和服务提供给音箱、电视、耳机、OTT 盒子等传统硬件领域的合作伙伴，实现用户与设备、设备与服务之间的联动。

（2）苹果 Siri

Siri 是苹果公司在其产品 iPhone 4S、iPad 3 及以上版本手机和平板上应用的一项语音控制功能，如图 2-60 所示。Siri 可以使 iPhone 4S 及以上手机（iPad 3 及以上平板）变身为一台智能化机器人，利用 Siri 用户可以通过手机读短信、了解餐厅、询问天气、语音设置闹钟等，同时，Siri 可以支持自然语言输入，并且可以调用系统自带的天气预报、日程安排、搜索资料等应用，还能够不断学习新的声音和语调，提供对话式的应答。

图 2-60　苹果上的 Siri

（3）微软小冰

2014 年 4 月 2 日，微软发布个人机器人助理 Cortana。微软将 Cortana 定位为个人助理，并将其嵌入微软公司发布的 Windows 操作系统中。同时，微软发布了另一款聊天机器人——小冰，它主要用于闲聊和情感陪伴。2018 年 7 月，微软对小冰进行了功能升级，推出了第六代小冰。图 2 - 61 所示为微软官网对小冰的介绍。

图 2 - 61 微软小冰

知识运用

通过使用腾讯云提供的自然语言处理技术，能够实现智能分词、实体识别、文本纠错、情感分析、词向量、智能闲聊和百科知识图谱查询等内容。以下通过腾讯云人工智能实训平台完成自然语言中的关键字提取，具体步骤如下：

第一步：在百度搜索腾讯云自然语言处理，进入自然语言处理模块界面，如图 2 - 62 所示。

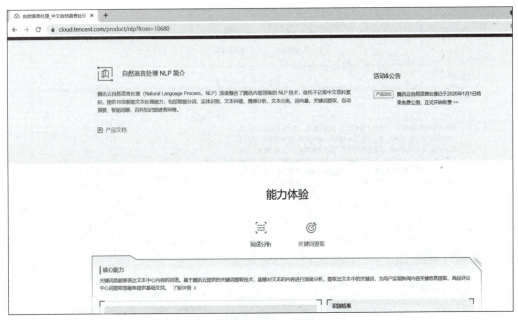

图 2 - 62 自然语言处理模块界面

第二步：单击"关键词提取"按钮，可以输入相关文本，或者选择示例文件进行检测，如图 2 - 63 所示。

第三步：单击"提交检测"按钮，如图 2 - 64 所示，会出现对应的识别结果和 Top5 关键词。

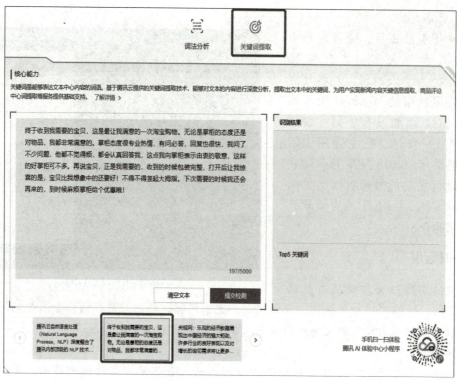

图 2-63　关键词提取

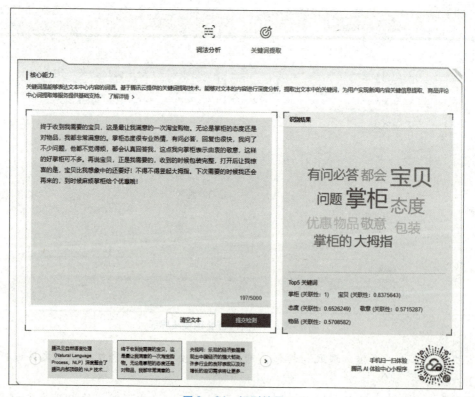

图 2-64　识别结果

自主评价

　　通过学习本模块，看自己是否对人工智能原理技术有了充分了解，在技能检测表中标出自己的学习情况。

评价标准	个人评价	小组评价	教师评价
（1）是否熟悉并掌握神经网络基本概念及常见应用			
（2）是否了解什么是机器学习和机器推理			
（3）是否了解人工智能知识表示方式			
（4）是否了解自然语言处理，并能举例说明			
（5）是否对自己思考分析解决问题的方式有所帮助			
（6）是否能够意识到自身的责任感和使命感，增强科技报国的信念			
备注：A 为能做到；B 为基本能做到；C 为部分能做到；D 为基本做不到。			

习　　题

一、选择题

1. 大脑皮层的主要功能是（　　　）

A. 控制基本生命活动，如心跳和呼吸

B. 处理感官信息、思考、记忆和情感

C. 控制身体的自主运动

D. 平衡身体并保持姿势

2. 人工神经网络具有以下哪些基本特征？（　　　）

A. 非线性　　　　　B. 非局限性　　　　　C. 非常定性　　　　　D. 非凸性

3. 以下哪些是常见的知识表示方法？（　　　）

A. 产生式规则表示法　　　　　　　　B. 框架表示法

C. 语义网络表示法　　　　　　　　　D. 分析表示法

4. 以下不属于推理方式的是（　　　）

A. 演绎推理　　　　　B. 归纳推理　　　　　C. 确定性推理　　　　　D. 知识推理

5. 在人工智能领域，以下哪种知识表示方法能够直观地表达实体之间的关系，并且易于进行推理？（　　　）

A. 谓词逻辑　　　　　B. 状态空间法　　　　　C. 语义网络法　　　　　D. 框架表示法

6. 机器学习的主要目标是（　　　）

A. 使机器具备人类的智能

B. 使机器能够自动学习和改进

C. 使机器能够模拟人类的思维过程

D. 使机器能够按照给定的规则执行任务

7. 以下哪个案例最好地体现了机器学习在预测和分析方面的应用。（　　　）

A. 零售商使用机器学习在正确的时间把商品送到指定商店

B. 机器学习帮助医疗专业人员准确诊断和治疗病人

C. 研究人员利用机器学习技术开发新药

D. 机器学习算法用于预测学生贷款债务的增长趋势

8. 专家系统的核心是（　　）

A. 知识库　　　　　　B. 推理机　　　　　　C. 数据库　　　　　　D. 解释器

9. 以下哪个不是知识图谱的组成部分？（　　）

A. 实体　　　　　　B. 概念　　　　　　C. 属性　　　　　　D. 关系

10. 关于语音识别技术，以下哪项描述是正确的？（　　）

A. 语音识别技术只适用于识别孤立词或短语，无法处理连续语音

B. 语音识别技术不涉及人工智能领域

C. 语音识别技术是一种将语音信号转变为相应文本或命令的技术

D. 语音识别技术最早由美国国防部远景研究计划局在 1952 年研究成功

二、判断题

1. 人工智能是研究、开发用于模拟、延伸和扩展人的智能的理论、方法技术及应用系统的一门新的技术科学。（　　）

2. 神经系统的基本单位是神经元。（　　）

3. BP 神经网络的计算过程是正向计算的。（　　）

4. 人工神经网络模型是模拟人脑思维方式的数学模型，其训练效果完全依赖于大量的样本数据，并且对于所有问题都具有强大的非线性映射能力。（　　）

5. YOYO 助手就是一个小型的"专家系统"。（　　）

三、简答题

1. 脑和认知功能的关系？

2. 如何理解认知科学？

3. 思考一下人工智能是如何应用于医学影像识别方面的？

4. 简述典型的人机对话系统产品。

如果我们把人工智能比喻成一个人的大脑，可以吸收人类大量的知识（数据），不断地深度学习进化，进一步指导人的行为，那么人工智能离不开数据，就如同人脑离不开知识。人工智能有多智能完全取决于数据（知识）的数量与质量，没有数据的人工智能就是无米之炊的巧妇。而数据从产生到价值的体现，既需要数量，又需要质量，那么支撑人工智能的大量及高质量的数据从何而来？需要哪些工序进行加工，才能成为人工智能这位巧妇手中的"米"？

人工智能的"米"就是大千世界形形色色的数据，智能的产生就是对数据的生成、加工、挖掘及再利用，数据处理流程需要物联网、5G 技术、云计算、大数据等技术支撑，如图 3-1 所示，即通过物联网产生、收集海量的数据，并将数据 5G 技术传输存储于云平台，再通过大数据预处理与分析，将高质量的数据交由更高形式的人工智能进行深度学习进化，并生产出一种新的能以与人类智能相似的方式做出反应的智能机器（比如机器人、语言识别、图像识别、自然语言处理和专家系统等），为人类的生产活动、生活所需提供更好的服务。

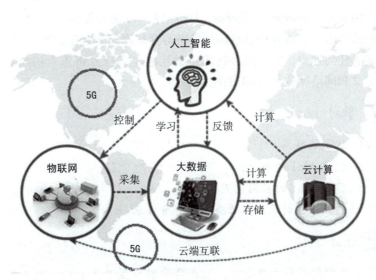

图 3-1　人工智能的支撑技术

教学导航

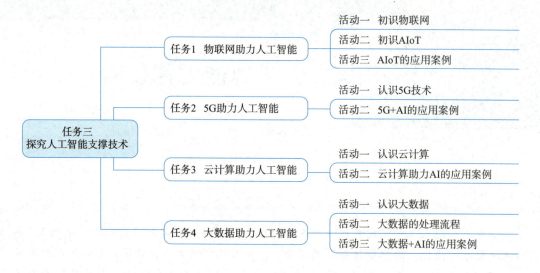

任务三 探究人工智能支撑技术	任务1 物联网助力人工智能	活动一 初识物联网
		活动二 初识AIoT
		活动三 AIoT的应用案例
	任务2 5G助力人工智能	活动一 认识5G技术
		活动二 5G+AI的应用案例
	任务3 云计算助力人工智能	活动一 认识云计算
		活动二 云计算助力AI的应用案例
	任务4 大数据助力人工智能	活动一 认识大数据
		活动二 大数据的处理流程
		活动三 大数据+AI的应用案例

任务1 物联网助力人工智能

物联网（Internet of Things，IoT）即"万物相连的互联网"，是在互联网基础上延伸和扩展的网络，是将各种信息传感设备与互联网结合起来而形成的一个巨大网络，实现在任何时间、任何地点，人、机、物的互联互通。本任务将重点讲解物联网的定义、特征、AIoT的定义和网络架构及 AIoT 的应用案例。

学习目标

1. 认识物联网；
2. 理解 AIoT 的概念；
3. 了解 AIoT 的应用案例；
4. 增强学生的民族自豪感和社会责任感。

任务导入

人工智能不是无源之水，也是需要整个生态配合的，在新时代中，数据将成为新的资源，而物联网则是进入新时代的大门，成为引爆产业革命的星星之火。

IoT 是一个由来已久的科技趋势，以往它只是一个流行的概念词，缺少实际的案例支撑。但是随着智能科技的成熟，硬件设备有可能作为人工智能的数据源泉和执行载体，智能地帮助企业提升运营效率，提供优质的客户服务体验。

物联网已经成为第四次科技革命的重要标志，在驱动国民经济各行各业转型升级方面发挥着不可替代的作用。在全球经济大变革的背景下，物联网已不再是对传统行业和企业的小修小补，而是从深层次上改变产业的生产经营方式，重塑各大企业的商业模式，也从很大程度上开始改变人们的生活方式，引发经济发展新形态。那么究竟什么是物联网？在生活中有哪些物联网的案例？产业界又有哪些物联网的应用？物联网是如何感知世界的？

请思考：

1. 你觉得什么样的技术是物联网技术？
2. 你生活中用过哪些物联网技术实现的产品？
3. 你想用物联网技术实现一个什么样的功能？

知识准备

活动一　初识物联网

1. 物联网的定义

坚持改革创新，实现大国担当

中国是最早布局物联网的国家之一。近年来，我国主导完成 200 多项物联网基础重点运用国际标准立项，物联网国际标准制定话语权进一步提升，产业规模稳步增长，竞争优势不断增强。2019 年 11 月，2019 世界物联网大会在中国北京召开，隆重公布 2019 世界物联网排行榜 500 强，华为位于排行榜榜首。此次排名充分肯定了华为在物联网领域产品和解决方案、生态方面的能力，以及对行业数字化、产业发展的突出贡献。在《习近平主席为全球治理提供中国方案》中，习近平总书记倡导构建人类命运共同体的理念，中国坚持改革创新，依靠互联网、物联网、人工智能、云计算、大数据技术等现代信息技术的发展，正在以责任大国的有力担当，推动全球治理体系朝着更加公正、合理的方向发展，成为世界乱象中的中流砥柱。

物联网是新一代信息技术的重要组成部分，IT 行业又叫泛互联，意指物物相连，万物万联。由此，"物联网就是物物相连的互联网"。这有两层意思：第一，物联网的核心和基础仍然是互联网，是在互联网基础上的延伸和扩展的网络；第二，其用户端延伸和扩展到了任何物品与物品之间，进行信息交换和通信。因此，物联网的定义是通过射频识别、红外感应器、全球定位系统、激光扫描器等信息传感设备，按约定的协议，把任何物品与互联网相连接，进行信息交换和通信，以实现对物品的智能化识别、定位、跟踪、监控和管理的一种网络。

物联网本质是扩充了互联网和通信网的触角和内涵，将所有的物体接入网络中，形成人与物、物与物、物与数据之间的信息交互和影响，同时，针对不同物体数据特别的特性和用途，采用特定的网络连接、数据处理和应用实现方法，从而实现物体的数字化、自动化、智能化处理。

2. 物联网的特征

物联网的基本特征分为三个，分别是全面感知、可靠传输及智能处理。

（1）全面感知

利用无线射频识别（RFID）、传感器、定位器和二维码等手段随时随地对物体进行信息采集和获取。感知包括传感器的信息采集、协同处理、智能组网，甚至信息服务，以达到控制、指挥的目的。

（2）可靠传输

是指通过各种电信网络和因特网融合，对接收到的感知信息进行实时远程传送，实现信息的交互和共享，并进行各种有效的处理。在这一过程中，通常需要用到现有的电信运行网络，包括无线和有线网络。由于传感器网络是一个局部的无线网，因而无线移动通信网、3G网络是作为承载物联网的一个有力的支撑。

（3）智能处理

是指利用云计算、模糊识别等各种智能计算技术，对随时接收到的跨地域、跨行业、跨部门的海量数据和信息进行分析处理，提升对物理世界、经济社会各种活动和变化的洞察力，实现智能化的决策和控制。

3. 物联网与人工智能

随着国家把人工智能和物联网的发展作为国家的战略，越来越多的各种人工智能和物联网的概念在各种媒体上反复提出，但人工智能和物联网到底是什么？两者的关系是什么？

其实，简单地说，物联网主要是控制终端与芯片的通信，人工智能主要是算法，物联网是由协议不同的终端通过某种约定好的协议进行信息交互并合作完成一件事，而人工智能是一个不断自我学习，让知识越来越多的越来越聪明的算法。

活动二　初识 AIoT

IoT 是一个被炒作了很久的概念。它描述的是任何物体都可以连入互联网的万物互联盛世，但是此前这盛世多少显得有些虚幻，然而在最近，各种技术的逐渐成熟让物联网时代真正到来。

1. AIoT 是什么

物联网为物理世界通往虚拟世界建立了通道，不同的用户和终端通过各制式的物联网连接协议互联互通，然后将虚拟化的"现实世界"实时反馈至各个行业或场景，从而推动各领域效率和效益的提升。因此，先连接再爆发是物联网实现"万物互联"终极形态的重要路径。2015年始，伴随物联网技术的更迭，中国物联网连接量开始一路高歌猛进，2018年，中国物联网连接量直逼30亿，年复合增长率高达67%。艾瑞推测，受益于智能家居场景的率先爆发，2019年，物联网连接量将达45.7亿，而后由于5G的商用，低功耗广域物联网的超广覆盖，2025年中国物联网连接量将增至199亿。目前，物联网正处于连接高速增长的阶段，未来数百亿的设备并发联网产生的交互需求、数据分析需求将促使IoT与AI的更深融合。2015—2025年，中国物联网连接量增长迅猛，趋势如图3-2所示。

图 3-2　2015—2025 年期间中国物联网连接量的变化

AIoT 即 AI＋IoT 的简称，是 AI（人工智能）与 IoT（物联网）相结合产生的智联网，如图 3－3 所示。也就是赋予每一个物体"AI"的能力。换句话来理解，就是将"大数据时代"变成"大数据分析时代"。

图 3－3　AIoT 的概念

智能物联网（AIoT）是 2018 年兴起的概念，指系统通过各种信息传感器实时采集各类信息（一般是在监控、互动、连接情境下的），在终端设备、边缘域或云中心通过机器学习对数据进行智能化分析，包括定位、比对、预测、调度等。在技术层面，人工智能使物联网获取感知与识别能力、物联网为人工智能提供训练算法的数据；在商业层面，二者共同作用于实体经济，促使产业升级、体验优化。从具体类型来看，主要有具备感知/交互能力的智能联网设备、通过机器学习手段进行设备资产管理、拥有联网设备和 AI 能力的系统性解决方案三大类。

2. AIoT 的架构

AIoT 的体系架构中主要包括智能设备及解决方案、操作系统 OS 层、基础设施三大层级，并最终通过集成服务进行交付。架构如图 3－4 所示。

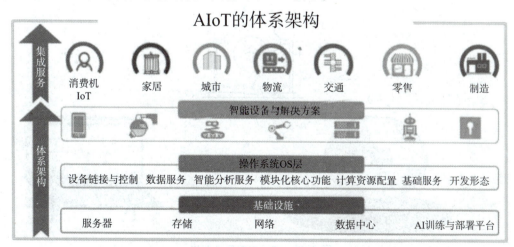

图 3－4　AIoT 的架构

　　智能化设备是 AIoT 的"五官"与"手脚",可以完成视图、音频、压力、温度等数据收集,并执行抓取、分拣、搬运等行为,通常是物联网设备与解决方案搭配向客户提供,这一层涉及设备形态多样化,玩家众多。

　　OS 层相当于 AIoT 的"大脑",主要能够对设备层进行连接与控制,提供智能分析与数据处理能力,将针对场景的核心应用固化为功能模块等,这一层对业务逻辑、统一建模、全链路技术能力、高并发支撑能力等要求较高,通常以 PaaS 形态存在。

　　基础设施层是 AIoT 的"躯干",提供服务器、存储、AI 训练和部署能力等 IT 基础设施。

活动三　AIoT 的应用案例

　　近年来,物联网迅猛发展,在各行各业都有广泛的应用,主要包括物流、交通、环保、医疗、建筑、制造、家居等,而且它已悄无声息地融入我们的生活中,小至路由器、智能音箱、冰箱,大到汽车、工业设备,越来越多的物品都接入了物联网。

　　你可以想象这样一个场景,当你下班回家,回到家中一推开房门,灯光就亮了,空调打开了,窗帘打开了,喜欢的音乐响起了,洗澡水已经为你烧好了,咖啡也在为你准备着。这些都是物联网和智能家居的体现,智能家居是包括家居布线系统、智能家居控制管理系统、家庭网络系统、家居照明控制系统、家庭安防监控系统、背景音乐系统、家庭影院与多媒体系统、家庭环境控制系统等八大智能家居控制系统。

　　下面来看一下日常生活中常见的物联网应用场景。

1. 智能井盖

　　中兴物联、中国移动在江西省吉安市部署了全国首个智慧地井监测系统,无线智慧地井监测解决方案属于"智慧市政"大概念中的一个重要组成部分,智能井盖通过信息化手段,将城市里匮乏地井信息纳入智慧城市管理范畴,帮助市政管理者提升精细化管理水平,节约维护费用,精确、及时地定位问题地井区域,避免造成人身和财务损失;监控平台管理井盖终端,汇总和处理井盖状态,推送报警信息,通过内置"天地图"动态显示故障井盖地理位置信息,输出分析报表。当地井异常时,管理人员可及时根据监控平台和手机 App 获取报警信息,锁定险情快速定位,及时处置地井异常状况,减少事故发生。智慧井盖系统的架构图如图 3-5 所示。

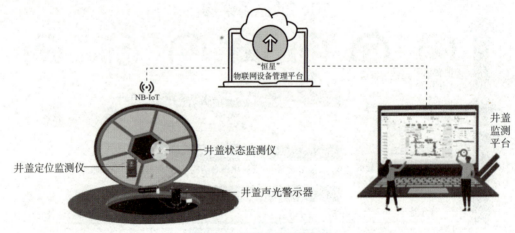

图 3-5　智慧井盖系统架构

2. 智能停车

大唐移动智慧停车解决方案采用物联网技术，车辆检测器可直接上报给运营商无线网络，安装施工简单，车辆检测即插即用，采用手机 App 及停车管理数据平台。大唐移动智慧停车解决方案中路侧停车系统包括地磁模块、信息诱导提示屏、停车管理员使用的 Pda 和手机 App、车位收费管理系统等子模块，利用地磁车位检测器对车位占用状态进行采集，停车管理平台根据停车时长和计费规则自动生成计费数据，并推送到收费员的手持终端上。系统的设备运行状态、车位占用状态、收费记录明细等信息均上传至停车管理平台，数据实时下发至室外信息诱导屏，告知车主各区域的剩余车位数量，进行区域车位引导。智慧停车架构图如图 3－6 所示。

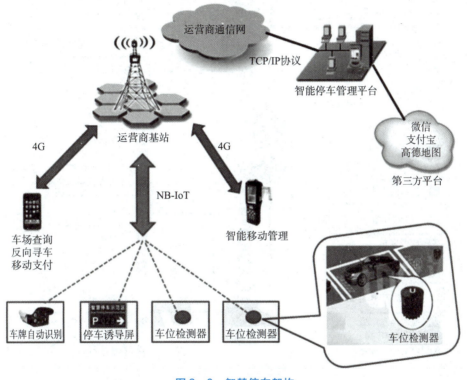

图 3－6　智慧停车架构

3. 智慧路灯

在济南高新区浪潮路附近工作和生活的市民都悄然感受到，夜晚的浪潮路变得更加明亮、舒适起来，细心的市民还发现路边路灯顶上都长着一个个"小辫子"，一些重要的区域还增加了高清摄像机，像一双双明亮的大眼睛注视并守卫着城市的和平与安宁。究竟是什么在悄然改变着济南人民的生活呢？原来是浪潮集团在济南进行了首个智慧路灯试点。

智能照明控制，节电率达 76%。浪潮路 69 盏智能 LED 路灯采用超窄带 ZETA 无线通信技术，实现了世界最快的单灯控制方案，按不同时段自动调节 LED 路灯的功率，根据实际电量统计数据，改造后的浪潮路灯节能率达到了 76%，真正做到了按需照明。

走在浪潮路上，打开手机 WLAN 功能，就能搜索到信号满满的"INSPUR－SCU"登录点，100 Mb/s 的光纤宽带专线，连接上浪潮路的免费 WiFi，就等于登上了高速上网的快车。另外，智慧路灯还配备气象环境监测、一键报警、智能充电桩等装置，目前正在进行数据接入、调试等工作，不久将通过爱城市网等平台向公众开放，让老百姓尽享智慧城市带来的便利。

浪潮路是济南市首条基于智慧城市领域建设的智慧道路，随着像浪潮路这样的智慧路灯在全市的推广应用，"智慧泉城"将变得更加"聪明、智慧"，浪潮也将加强与济南市政府的合作，不断拓展智慧交通、医疗、政务等领域，将泉城济南打造成"善感知、会呼吸、有温度"的智慧之城。智慧路灯的架构图如图3-7所示。

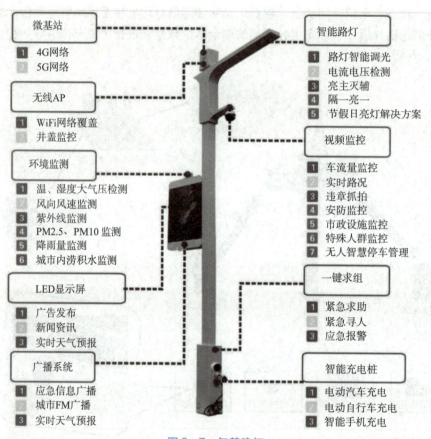

图3-7 智慧路灯

知识运用

随着时代的发展，越来越多的家用电器支持遥控功能，传统的如电视机、DVD机、空调、投影仪等，以及近年流行的电动门、家庭监控、电动窗帘等，都巧妙地运用了遥控功能。科技的进步让人类拥有"偷懒"的理由，家，完全可以在掌控之内。

可是，遥控器给生活带来方便的同时，也给人增添了烦恼，不同电器使用不同的遥控器，既浪费资源，也影响整洁。一个普通家庭，通常至少有两台空调、一台电视机加机顶盒、一台DVD，这样简单的组合就有5个遥控器了，至少需要10节电池才能满足正常使用。如果房子稍大，需要的遥控器就更多了。一个家庭尚且如此，成千上万的家庭要造成多少浪费？而且这些电池都是不可回收的，给地球造成的负担可想而知。

是否有可以万能遥控的一种遥控器？物联网技术的出现，解决了这个问题。手机是现时人们随身必备品，据调查，有大多数人不带手机会觉得没有安全感，甚至还有手机控表示没带手机就像没穿衣服一样，虽然略显夸张，但这也充分说明手机对人类的作用已经无可替代。相信不少人有这样的经历，在家里，很多时候找不到遥控器，但不会找不到手机。如果将遥控器功能转嫁到手机上，相信这个决定一定会受到许多人的欢迎。手机遥控器的使用界面如图 3-8 所示。

将手机与遥控器碰撞，将会产生怎样的火花？手机控智能家居系统应运而生，安装了这套系统，就可以使用任何品牌的手机、电脑或 iPad 进行远程遥控，真正代替了全屋的所有遥控器，成为遥控器功能的集大成者。

智能家居可以通过手机控制家里所有的家用电器，除了最初的控制电视、灯光、空调、饮水机等电器的开与关外，全新一代产品还能对家电进行细微控制，例如，控制电视的声音大小、频道转换，控制空调的温度高低、模式风速等，只要是遥控器上有的功能，都可以整合到手机中。

此外，智能家居还突破了家电品牌/型号的界限，也就是说，无论何种品牌或型号的家电，只要有遥控功能，都可以用你的手机进行遥控，真正意义上实现了"手机就是遥控器"。

图 3-8　手机遥控器

任务 2　5G 助力人工智能

移动通信技术的发展不但实现了人们对移动通信的最初梦想：任何人在任何时间和任何地点都可以和其他人通话。而且还实现了在高速移动过程中发起视频通话、接入互联网、收发电子邮件、电子商务、实时上传下载文件或分享照片及视频等。未来不仅要实现人与人、人与物之间的互联通信，而且还要走进物与物即万物互联的物联网的新通信时代。本任务将介绍什么是 5G 和 5G + AI 应用场景。

学习目标

1. 理解什么是 5G；
2. 了解 5C 与物联网的关系；
3. 了解 5G+AI 的应用案例；
4. 使学生树立"科技报国、科技强国"的远大理想；
5. 增强文化自信、科技自信，培养科技创新精神。

任务导入

以 PC 为主要终端的传统互联网的出现，改变了信息的传播方式。在以智能手机为主要终端的移动互联网时代，人们出行时只要带一部手机就可以了，钱包、证件都不用带，这改变的是我们的生活。今后，伴随着 5G 的推广与普及，可以预料智能互联网将会渗透到社会生活的每一个角落，全面地改变社会及生活方式。然而，很多人对 5G 的概念还很模糊，不清楚 5G 有哪些特点，也不了解 5G 和 4G 究竟有何不同。要想解决这些问题，我们就要深入了解 5G，明白 5G 发展面临的挑战和 5G 的关键技术。

请思考：

1. 你用 5G 手机吗？它与原来的 3G、4G 相比，有什么区别呢？
2. 除了手机，还听说过其他利用 5G 技术的产品吗？

知识准备

活动一　认识 5G 技术

1. 5G 是什么

移动通信延续着每十年一代技术的发展规律，已历经 1G、2G、3G、4G 的发展。每一次代际跃迁，每一次技术进步，都极大地促进了产业升级和经济社会发展。从 1G 到 2G，实现了模拟通信到数字通信的过渡，移动通信走进了千家万户；从 2G 到 3G、4G，实现了语音业务到数据业务的转变，传输速率成百倍提升，促进了移动互联网应用的普及和繁荣。当前，移动网络已融入社会生活的方方面面，深刻改变了人们的沟通、交流乃至整个生活方式。4G 网络造就了非常辉煌的互联网经济，解决了人与人随时随地通信的问题，随着移动互联网快速发展，新服务、新业务不断涌现，移动数据业务流量爆炸式增长，4G 移动通信系统难以满足未来移动数据流量暴涨的需求，急需研发下一代移动通信（5G）系统。

5G 作为一种新型移动通信网络，不仅要解决人与人通信，为用户提供增强现实、虚拟现实、超高清（3D）视频等更加身临其境的极致业务体验，更要解决人与物、物与物通信问题，满足移动医疗、车联网、智能家居、工业控制、环境监测等物联网应用需求。最终，5G 将渗透到经济社会的各行业、各领域，成为支撑经济社会数字化、网络化、智能化转型的关键新型基础设施。

5G 网络是第五代移动通信网络，从 2G、3G、4G 到 5G 网络，带来的不仅是网络速率的大幅提升，更使人与人之间的通信扩展到万物互联。如果说 2G 意味着只能看 TXT 文本，3G 是 GIF 图，4G 进入视频时代，那么 5G 呢？对于用户而言，5G 最直观的感受是极快的网速和极低的延迟。华为给出的数据是，5G 的峰值速率将达到 10 Gb/s，比 3G 快 700 倍，比 4G 快 100 倍。举例来说，从网上下载 1 GB 的高清视频，使用 3G 要用十几分钟；使用 4G 可能需要 2~3 分钟；但如果使用 5G，只需要 1 秒钟。图 3-9 直观地告诉我们移动通信技术差不多每隔 10 年就会经历一次革命性的跨越。

全球移动通信正在经历从 4G 向 5G 的演进。相比以移动互联业务为主的 4G 通信，5G 面向增强移动带宽、广覆盖大连接、低时延高可靠通信三大应用场景，构建万物互联的全连接世界。

①在速率方面，5G 网络峰值速率高达 10 Gb/s，用户可以轻松观看 4K 高清电视或 3D 影片。

②在容量方面，5G 的容量是 4G 的 1 000 倍，能容纳更多的物联网终端设备，满足大连接物联网通信的需求。

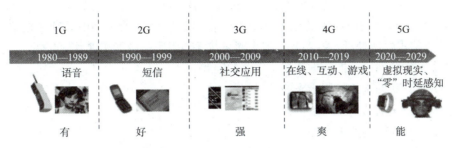

图 3-9 移动通信发展历程

③在时延方面，5G 需要满足毫秒级的端到端时延要求，这意味着 5G 将端到端时延缩短为 4G 的 1/10，因此让无人驾驶等时延敏感应用成为可能。

概括而言，5G 具有以下三大技术特性：

①高速率：5G 使用了毫米波频段，频谱带宽翻了 10 倍，传输速率更快。

②大连接：每平方千米高达百万的连接数可以支持连接周边的每一件物品。

③低时延：5G 的时延目标是降低到 1 ms，甚至低于 1 ms。

全世界 5G 标准立项并且通过的企业是中国移动 10 项、华为 8 项、爱立信 6 项、高通 5 项、日本 NTT DOCOMO 4 项、诺基亚 4 项、英特尔 4 项、三星 2 项、中兴 2 项、法国电信 1 项、德国电信 1 项、中国联通 1 项、西班牙电信 1 项、ESA 1 项。按国家统计，中国 21 项、美国 9 项、欧洲 14 项、日本 4 项、韩国 2 项。从落后到追赶再到鼎足而立，中国通信技术短短数年实现了跨越式的发展，这使中国在制定 5G 全球统一标准时具备了更多的筹码。

移动通信领域，中国的逆袭之路

2022 年，我国 5G 网络能力进一步增强，5G 应用广度明显提升，在个人消费、垂直行业和社会民生等重点领域的应用成效凸显，在部分行业已经开始复制推广，我国 5G 应用发展已经处在规模复制关键期。2023 年，在 5G 商用进入第四年之际，我国将持续推进 5G 商用部署和规模化应用，实现重点领域 5G 应用深度和广度双突破，5G 应用"扬帆远航"的局面将逐步形成。5G 已成为经济社会发展的新动能，新的一年，在政策利好下，5G 融合应用创新活力将进一步释放，推动经济社会数字化、网络化、智能化转型。

党中央、国务院高度重视 5G 发展，党的二十大报告对加快建设网络强国、数字中国作出重大战略部署，强调构建新一代信息技术等一批新的增长引擎。党的二十大报告中提到："建设现代化产业体系。坚持把发展经济的着力点放在实体经济上，推进新型工业化，加快建设制造强国、质量强国、航天强国、交通强国、网络强国、数字中国。实施产业基础再造工程和重大技术装备攻关工程，支持专精特新企业发展，推动制造业高端化、智能化、绿色化发展。"

2. 5G 与物联网

物联网可以实现物与物在网络上的相互连接，并且与云计算、人工智能、大数据相互融合，共同发展，开启网络技术新时代，最终真正意义上实现万物互联。万物互联的实现对网络技术提出了更高的要求，而 5G 在物联网中的应用为万物互联提供了有力的技术支持。

随着时代的不断发展，物联网面临的挑战越来越严峻。庞大的数据搜集、整合、连接等需求，以及反应与处理所产生的延迟状况等，都是物联网发展过程中必须要解决的问题。5G 的融入能够很好地处理这些问题，解决网络技术的阻碍，最终实现万物互联。

①解决了物联网庞大的数据连接、集合的问题。

②解决了物联网响应机制带来的延迟问题。

③能够减少超高的物联网维护成本。

④协助实现物联网的去中心化。

在 20 年以前，物联网技术就已经被提出，但是由于科技发展的限制，无法实现庞大数据的连接、集合、传输、处理，因此一直未能正常发挥物联网模式的真正威力。5G 的出现，将打破信息传输的阻碍，解决传输速率低、数据连接集合差等问题，实现真正的物联网模式。虽然物联网不是因为 5G 而产生，但是物联网的高速发展却离不开 5G 的推动。没有 5G 的支持，物联网将无法形成规模。

5G 的低时延特性促进了物联网的发展，改善了原有产业的响应机制延迟性高的弊端，人与物之间的通信会在科学技术的影响下打破时间和空间的限制，从高容量的数据服务拓展至控制稳定的新型服务模式，从原有的终端与终端相互连接拓展到智慧型连接及互动，更好地实现了物联网的价值。

在新型物联网生态体系中，众多设备通过云服务器连接到一起，云服务器需要具有十分强大的运行能力及存储能力。但是，目前云服务器在运行能力和存储能力方面还十分欠缺。此外，物联网的维护费用也比较高。

如果将 5G 应用到物联网中，就能够有效解决这些难题。随着物联网的进一步应用，需要管理和维护的物联网设备也会越来越多。这样，无论是生产商、运营商，还是终端用户，都需面临这方面的成本压力。从目前的情况来看，大部分物联网应用采用的是中心化的体系结构，即由单一的中心控制系统来存储和管理所有的数据流。在云计算技术不断普及的影响下，物联网运营商已经可以利用云端的服务器集群，来存储和交换物联网智能设备产生的所有数据。不过，由于连接设备数量较之前已经有了大幅度增加，相关服务的成本也会随之提高，有些甚至会达到无法负担的程度。

5G 为物联网提供了点对点的数据传输方式，这样在进行数据同步和管理控制时，整个物联网解决方案就不再需要大型数据中心的帮助。除此以外，物联网还可以利用 5G 网络来传输某些重要数据，如企业之间的交易数据或物联网大数据平台的数据等。

实际上，5G 还可以有效解决物联网的构架瓶颈问题，包括数据加密保护和验证，数据传输与存储，便捷、可靠的费用结算等。

目前，很多企业通过新技术的发展看到了商机，它们将 5G 与物联网结合创建了企业的物联网平台。例如，中国移动的 OneNET 物联网平台、诺基亚的 IMPACT 管理平台、GE 的 Predix 云平台、三星的 SmartThings 智能平台等。这些物联网平台的成功建立不但使新技术更好地服务社会，而且进一步证明了 5G 与物联网结合发展的价值。

3. 5G 与人工智能

（1）海量数据需求促使 5G 与 AI 相互碰撞

5G 负责对数据进行高效的传输：5G 大带宽、低延迟的特性，为数据提供了一条高速通道。一方面，5G 负责将海量的数据从客户端传送到云端处理；另一方面，又能把处理的结果和生成的应用迅速分发到边缘供人们使用。

AI负责对数据进行分析和挖掘：AI对数据的分析挖掘能力，同样带来了不同于一般统计分析的成果。某些原本只有七成左右正确率的系统，依靠深度学习等技术能够将精度提升至95%以上，使应用实用性获得了显著提升，进而提升数据的价值。

5G技术为终端提供更大的数据通道，而AI加速引擎技术为处理海量应用数据提供更高性能的处理工具，进一步优化用户与设备的交互方式，5G与AI技术因此在终端设备上发生碰撞，二者的交集正是海量数据需求。

（2）5G与AI相辅相成：5G助力AI技术落地，AI促进5G商业部署

● 5G促进AI应用发展

如图3-10所示，5G以其"大带宽、低时延、海量连接"的业务特性，在移动互联网和物联网方面提升服务质量。5G结合AI为行业应用的海量重复场景、复杂单域场景、跨域多终端场景带来新的发展机遇。在融合的基础上，能够将人、终端设备、数据中心等信息要素互联互通，万物互联，为AI技术的落地提供丰富的应用场景。

图3-10　5G和AI的相互碰撞

● AI提升5G网络智能化水平

如图3-11所示，5G的商业部署离不开AI技术，例如传统网络架构无法实现按需分配、动态调整，需要人工智能辅助实现网络资源的精确投放；AI作为一种赋能技术，能够革新网络规划、建设、维护及优化模式；在提升精确度的同时，减少人工使用量，降低运营成本。

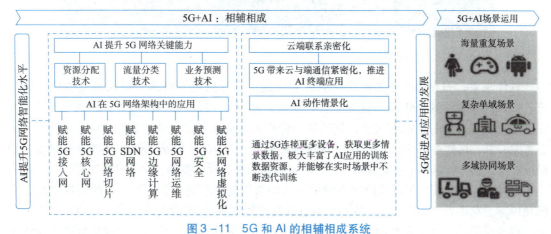

图3-11　5G和AI的相辅相成系统

活动二　5G+AI的应用案例

无论是移动网络还是固定网络，目标都是全连接世界，产生的数据通过连接在云端构

建，不断创造价值。车联网、智能制造、全球物流跟踪系统、智能农业、市政抄表等领域，都将在 5G、F5G 时代蓬勃发展。

1. 5G+AI 助你玩转乒乓球

东京奥运会期间，中国乒乓球队不负众望，取得优异好成绩。佳绩赓续，再次彰显了中国队在乒乓竞技中强大的实力，也为世界球迷留下了一段难忘的回忆。

禁止摸桌、吹球……，本届奥运会出台了不少比赛新规。这些新要求对乒乓球运动员的抗压和抗干扰能力提出更高要求，备战本届奥运会也变得异常艰难。对许多已经养成了吹球、摸球台习惯的运动员来说，突然改掉这个习惯确实有些不适应，然而对乒乓球机器人"庞教练"来说，却从不会遭遇这种困扰。

打乒乓球有五要素：速度、力量、旋转、弧线和落点，想让机器人像一个熟练的选手一样敏锐，核心是要对乒乓球的运动轨迹进行高精细度的捕捉和采集。图 3－12 所示为世界乒乓球冠军丁宁与庞伯特乒乓球机器人对打的场景，令人印象深刻。丁宁说，这种体验"有点新鲜，甚至有点意犹未尽"。

图 3－12　世界乒乓球冠军丁宁与庞伯特对打

具体来看，为更精准地捕捉到球的运动轨迹，系统搭载了由两个摄像头支持的鹰眼系统，摄像的帧率达到 200 Hz，这意味着必须在 5 ms 内，可以同时处理完两张 720P 照片。在深度学习领域，这一技术的实现，其实是一件有着极高难度的事情。为此，可采用第五代人工智能引擎，其具有每秒 15 万亿次运算的强大算力，这为鹰眼系统 200 Hz 帧率高速捕捉、数据传输及识别分析起到了重要保障，可以满足诸如远程乒乓球教学、娱乐对战等场景需求。

另外，"庞教练"实时反馈的本领也令人印象深刻。然而，要实现数据的快速采集、分析和传输，离不开 5G 的支持。我们可通过配套模组实现对 5G 网络的支持。有了 5G 超大带宽、超低时延、超高可靠性的保障，乒乓球机器人就能够即时向后端反馈训练数据，从而实时分析得出运动员接发球的质量。

2. 5G+AI 驱动车联网发展

4G 在汽车行业的应用以低时延的行车辅助系统为主，驱动汽车变革的关键技术——自动驾驶、编队行驶、车辆生命周期维护、传感器数据包等都需要安全、可靠、低延迟和高带宽的连接，这些连接特性在高速公路和密集城市中至关重要，只有 5G 可以同时满足这样严格的要求。

如图 3 – 13 所示，通过为汽车和道路基础设施提供大带宽和低时延的网络，5G 能够提供高阶道路感知和精确导航服务。

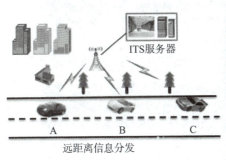

路况地图信息分发和上传

车内影音娱乐应用

车内视频会议

远距离信息分发

应用特征：大带宽，大流量

图 3 – 13　车联网愿景

2017 年 2 月，在世界移动通信大会召开之前，华为和德国航天中心（DLR）在慕尼黑共同测试了 5G 自动驾驶，结果显示，5G V2X 超低时延超高可靠连接可以避免车辆之间发生碰撞。

2017 年 6 月，中国移动、上海汽车和华为共同首次展示了 5G 远控驾驶。上汽集团的智能概念车 iGS 搭载了华为 5G 解决方案。在 5G 超低时延（小于 10 ms）的支持下，转向、加速和制动等实时控制信号得到了保障。

根据 ABI Research 预测，联网汽车将在 2025—2030 年之间大幅增长。

3. 5G+AI 实现辅助医疗

通过 5G 连接到 AI 医疗辅助系统，医疗行业有机会开展个性化的医疗咨询服务。人工智能医疗系统可以嵌入医院呼叫中心、家庭医疗咨询助理设备、本地医生诊所，甚至是缺乏现场医务人员的移动诊所。它们可以完成很多任务：实时健康管理，跟踪病人病历，推荐治疗方案和药物，并建立后续预约；智能医疗综合诊断，并将情境信息考虑在内，如遗传信息、患者生活方式和患者的身体状况；通过 AI 模型对患者进行主动监测，在必要时改变治疗计划。

这些应用对连接提出了不间断保障的要求（如生物遥测、基于 VR 的医疗培训、救护车无人机、生物信息的实时数据传输等）。移动运营商可以积极与医疗行业伙伴合作，创建一个有利的生态系统，提供 IoMT（Internet of Medical Things）连接和相关服务，如数据分析和云服务等，从而支持各种功能和服务的部署。

远程诊断是一类特别的应用，尤其依赖 5G 网络的低延迟和高 QoS 保障特性。例如，如图 3 – 14 所示，某医院的远程 B 超机器人能够为这个偏远的地区提供远程 B 超诊断服务，连接医生和临床医师进行咨询，从而降低了就医成本。这种远程 B 超机器人已经到了可商用的程度，这是力反馈功能和"触觉互联网"的典型应用。力反馈使得远程操作以更精确的方式作用于病人，减少了检查过程中病人的疼痛。力反馈信号要求 10 ms 的端到端时延。

远程内窥镜		
阶段	数据速率/(Mb·s^{-1})	时延/ms
阶段1：光学内窥镜	12	35
阶段2：360˚4K+触觉反馈	50	5

远程超声波		
阶段	数据速率/(Mb·s^{-1})	时延/ms
阶段1：半自动，触觉反馈	15	10
阶段2：AI视觉辅助，触觉反馈	23	10

图 3-14 远程诊断时延

知识运用

根据世界卫生组织的估算，全世界视力残疾人约为 2.8 亿人，其中全盲人士超过 3 900 万。而我国是世界上视障人士最多的国家，根据第六次全国人口普查及第二次全国残疾人抽样调查结果显示，我国现有视力残疾人士 1 263 万人，他们在出行、社交、工作、学习等诸多方面存在障碍。因此，为解决视觉障碍人士日常生活的痛点，浙江移动联合杭州视氪科技有限公司创新性地提出基于 5G+AI 的 5G 导盲镜。

5G 导盲镜是一款可以让盲人聆听世界的眼镜，通过导盲镜上的双目红外摄像头实时捕获盲人周围的环境图像，经由 5G 网络上传至边缘端进行 AI 推理，最后将推理结果通过语音或立体声的方式传递给盲人，实现障碍物检测、楼梯检测、斑马线检测、红绿灯检测、路线导航等功能。导盲镜处理流程如图 3-15 所示，通过将 AI 处理器放在贴近用户侧的边缘进行计算，利用 5G 低时延、大带宽打造智能视觉辅助系统，利用 5G 切片技术为导盲镜提供专属网络保障，大大提升了计算处理时延、减小终端质

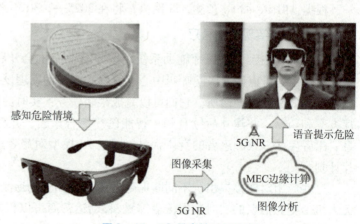

感知危险情境

图像采集

5G NR

5G NR

语音提示危险

MEC边缘计算

图像分析

图 3-15 5G 导盲镜处理流程

量、便利盲人日常生活，让 5G 惠及弱势群体、构建 5G 无障碍社会。

5G 导盲镜通过调用云端和边缘端的 API，来实现利用深度学习将智能眼镜摄像头获取

的实时画面通过 5G 网络传输至边缘端进行计算处理，输出环境的描述信息并转化为声音，为盲人描述周围环境及提示环境存在的潜在危险。通过将视觉辅助中复杂的图像处理功能分散到网络的边缘，借助 5G 高速稳定的网络和强大的边缘云处理能力，帮助盲人"看见"世界。

任务3　云计算助力人工智能

"云"实质上就是一个网络，狭义上讲，云计算就是一种提供资源的网络，使用者可以随时获取"云"上的资源，按需求量使用，并且可以看成是无限扩展的，只要按使用量付费就可以，"云"就像自来水厂一样，我们可以随时接水，并且不限量，按照自己家的用水量，付费给自来水厂就可以。本任务将重点讲什么是云计算、云计算的部署模式和服务方式及目前国内主流的云计算平台。

学习目标

1. 理解什么是云计算；
2. 熟悉云计算的部署模式；
3. 熟悉云计算的服务方式；
4. 了解主流的云计算平台；
5. 了解云计算助力人工智能的应用案例；
6. 培养学生职业道德，团队协作、组织协调与书面表达能力。

任务导入

人工智能的发展需要三个重要的基础，分别是数据、算力和算法，而云计算是提供算力的重要途径，所以云计算可以看成是人工智能发展的基础。

说起云计算，有时候感觉就像天空中的云朵那么高，但其实其根本还是计算。生活中有很多云计算应用的例子，比如我们熟悉的"百度网盘"，保存在网盘中的资源并不占用电脑本身的存储空间，除非把它下载到电脑里。

"云"这个概念来自电话通信行业，"虚拟专用网络"（VPN）技术的出现，改变了通信渠道必须架设物理专线的必要。"云"的概念就是为了形容这种为个人提供的便捷的随开随关的网络服务。大家对"计算"比较熟悉，计算机的计算能力一般取决于计算机内硬件的配置。那么云计算到底是干什么的呢？我们日常生活中到底用不用得到云计算呢？

请思考：
1. 你听说过云计算吗？
2. 你用过网盘吗？网盘和云计算有关系吗？

知识准备

活动一　认识云计算

1. 云计算的概念

从广义上说，云计算是与信息技术、软件、互联网相关的一种服务，这种计算资源共享池叫作"云"，云计算把许多计算资源集合起来，通过软件实现自动化管理，只需要很少的人参与，就能让资源被快速提供。也就是说，计算能力作为一种商品，可以在互联网上流通，就像水、电、煤气一样，可以方便地取用，并且价格较为低廉。

总之，云计算不是一种全新的网络技术，而是一种全新的网络应用概念，云计算的核心概念就是以互联网为中心，在网站上提供快速且安全的云计算服务与数据存储，让每一个使用互联网的人都可以使用网络上的庞大计算资源与数据中心。

云计算是继互联网、计算机后在信息时代的又一种革新，云计算是信息时代的一个大飞跃，未来的时代可能是云计算的时代。虽然目前有关云计算的定义有很多，但总体来说，云计算的基本含义是一致的，即云计算是一种按使用量付费的模式，这种模式提供可用的、便捷的、按需的网络访问，进入可配置的计算资源共享池（资源包括网络、服务器、存储、应用软件、服务），这些资源能够被快速提供，只需投入很少的管理工作，或与服务供应商进行很少的交互。

2. 云计算的部署模式

（1）公有云

云计算服务由第三方提供商完全承载和管理，为用户提供价格合理的计算资源访问服务，用户无须购买硬件、软件或支持基础架构，只需为其使用的资源付费。公有云用户无须支付硬件带宽费用、投入成本低，但数据安全性低于私有云。

（2）私有云

企业自己采购基础设施，搭建云平台，在此之上开发应用的云服务。私有云可充分保障虚拟化私有网络的安全，但投入成本相对公有云更高。

（3）混合云

一般由用户创建，而管理和运维职责由用户和云计算提供商共同分担，其在使用私有云作为基础的同时，结合了公有云的服务策略，用户可根据业务私密性程度的不同自主在公有云和私有云间进行切换。

国内大型企业更偏好私有云而非公有云模式；私有云与公有云模式的核心区别在于使用云服务的客户是否自己使用对应的云基础设施。公有云模式灵活、配置成本低廉的优点受到中小企业的欢迎，而大型企业更关注解决方案的针对性、信息的安全性，对成本相对不敏感，同时，银行、电力等行业公有云的部署也受到监管的限制，使得私有云模式较多地得到国内大型企业的采纳。对数据安全性较敏感的政府部门一般以私有云为主要部署模式；银行、电信等大型企业也大规模建设自己的私有云；传媒、零售、服务业等轻资产公司对私有云偏好不高。

3. 云计算的服务方式

（1）基础设施即服务（Infrastructure as a Server，IaaS）

用户通过 Internet 可以租用到完善的计算机基础设施层（计算、存储和网络带宽等资源）。用户不用理会云系统底层的基础架构，可以在上面运行软件、存储数据和发布程序。如 IBM 的蓝云和亚马逊的 EC2。

（2）平台即服务（Platform as a Server，PaaS）

将软件研发的平台作为一种服务（系统中资源的部署、分配、监控和安全管理及分布式并发控制等）提供给用户。在 PaaS 平台上，企业用户不用担心程序运行时所需的资源，可以快速开发应用，第三方软件提供商也可以快速开发出适合企业的定制化应用。如 Salesforce 公司的 force.com 平台。

（3）软件即服务（Soft as a Server，SaaS）

通过 Internet 向用户提供云端软件应用服务和用户交互接口服务等。对于用户来说，由于这些软件应用只是安装在云端，从而省去了购买软件的费用；对于云计算供应商来说，只需维持一个程序，大幅度降低了成本。如 Salesforce 的 CRM、微软的在线办公平台和国内知名的金蝶云·星瀚。

公有云提供基础设施整合成房间，租给客户使用，收取租金，这就是 IaaS 的商业模式。如果公有云把房间装修成健身房，客户配健身教练开健身馆，公有云收取租金，这就是 PaaS 的商业模式。如果公有云把房间装修成健身房，自己配健身教练开健身馆，收取客户的健身费用，这就是 SaaS 的商业模式。如果客户自己买房子，找私有云装修成健身房，并把健身房交给私有云管理，私有云收建设费和管理费，这就是私有云的商业模式。私有云、IaaS、PaaS、SaaS 的商业模式对比如图 3-16 所示。

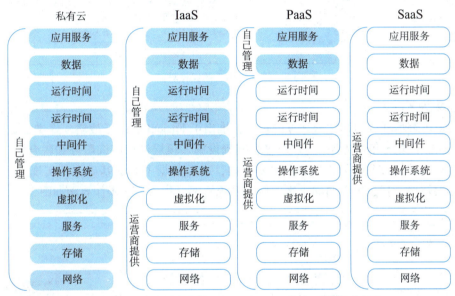

图 3-16 私有云、IaaS、PaaS、SaaS 的商业模式对比图

4. 国内主流的云计算平台

（1）阿里云

阿里云是全球领先的云计算及人工智能科技公司，为 200 多个国家和地区的企业、开发者及政府机构提供服务。中国作为全球第二大云服务市场，阿里云在国内份额超过四成，市场地位稳固。从全球市场来看，阿里云在计算、存储、IaaS 基础能力方面排名靠前，并且营收增速高于全球市场龙头亚马逊 AWS。中国信通院在《云计算发展白皮书（2020 年）》中显示，在公有云市场中，阿里云位居中国第一。

阿里巴巴在云计算领域特别是云平台的市场中，更加侧重于对实际用户的支持，不管是终端用户，还是其他服务提供商、

中国骄傲，民族自豪

合作用户。2013 年 10 月，阿里云推出"飞天 5K 集群"项目，技术上取得了重大突破，拥有了只有 Google、Facebook 这样的顶级技术型 IT 公司才能达到的单集群规模达到 5 000 台服务器的通用计算平台。阿里云于 2013 年 12 月在"飞天"平台上启动一系列举措，包括低门槛入云策略、1 亿元扶持计划、开发全新开发者服务平台等多项内容。阿里云的操作界面如图 3 - 17 所示。

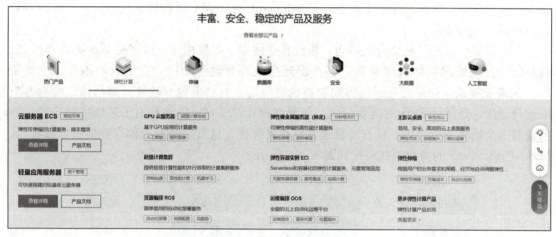

图 3 - 17　阿里云的操作界面

（2）华为云

华为公司秉承开放的弹性云计算的理念，推出了 FusionCloud 云战略，提供云数据中心、云计算产品、云服务解决方案。IC 软/硬件基础设施、顶层设计咨询服务和联合第三方开发智慧城市应用是华为企业业务的三个主要方向，在云数据中心的基础上，实现"云 - 管 - 端"的分层建设，打造可以面向未来的城市系统框架。华为云的操作界面如图 3 - 18 所示。

图 3 - 18　华为云的操作界面

（3）腾讯云

腾讯公司在 2013 年 9 月宣布腾讯云生态系统构建完成，将借助腾讯社交网络及开放平台来专门推广腾讯云。腾讯云的操作界面如图 3 - 19 所示。

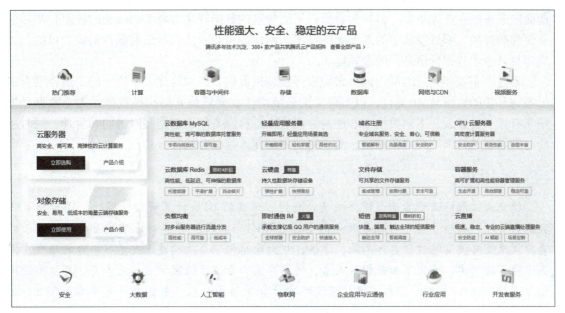

图 3-19 腾讯云的操作界面

1. 云平台推动 AI 任务处理多样化

由于人工智能在发展的过程中必须依靠海量的数据作为基础，从而实现人工智能任务处理多样化。而云计算技术的发展正好满足了人工智能的需求，这也使其发展到达了一个全新的高度。

新一代人工智能理论和技术迅速发展，开放的人工智能平台与大数据和云计算技术相结合，构成了支持新一代人工智能应用的基础设施，以深度学习、强化学习、知识图谱为代表的人工智能技术为数据中心能量管理提供了理论基础和工具。目前，国内外大量的数据中心还处在从传统架构向云计算架构演进的阶段，数据中心中云计算和传统架构混合部署，其中IT 设备既使用了传统的单独使用模式，也使用了云计算的 IT 资源共享模式。这种混合结构中既有新型低能耗设备、专用性能加速设备，也有老旧的高能耗设备，面临复杂的业务和异构的设备环境，这使得运用云计算对资源调度和能量管理变得尤为必要。

2. 混合云平台助力 AI 激活数据价值

混合云技术架构的兴起，以及人工智能技术的逐渐发展成熟，使得企业利用混合云平台打破数据孤岛，实现异构数据的整合与统一管理，同时，利用人工智能技术实现对复杂数据的深入挖掘与洞察，进而激活和释放数据价值，已成为可能。

在传统"竖烟囱"的信息化建设模式下，企业所面临的数据烟囱林立及信息孤岛问题也随之越来越突出。而且，随着数据量越来越大，企业的数据存储与管理的成本也会越来越高。于是，企业纷纷开启上云之旅，以打破数据烟囱与信息孤岛，促进数据的高效流动与融合应用，同时降低数据管理的成本与复杂性。

随着市场竞争日益激烈，市场环境不确定风险加剧，越来越多的企业都将数据分析与洞察放到了极其重要的位置，旨在通过海量数据的分析与挖掘，产生基于数据的实时洞察与预测，从而更好地指导企业经营、管理与决策，确保企业能够实现稳定且持续的业务增长，塑造面向未来的企业竞争力。但如何将所积累的海量的数据转化为科学而准确的洞察，却是企业面临的挑战。而日益成熟的人工智能技术，则使得全面激活和释放数据价值成为可能，并成为打开企业数据价值之门的金钥匙。

　　不过，企业要充分地利用人工智能来释放数据价值，必须构建一个统一的、适合混合多云架构环境的数据与 AI 平台，以实现无论是结构性数据还是非结构性数据，无论数据是处于私有云、公有云、本地数据中心还是智能边缘计算设备中，都能随时访问和管理，同时还能对数据集进行训练并构建模型，实现对数据的深入挖掘和统计分析。

三、知识运用

　　曙光人工智能云计算平台提供快速、稳定、弹性的 GPU 计算资源。同时，平台集成了数据集管理、模型管理、训练等服务，支持 Caffe/TensorFlow 等多种深度学习框架，灵活的资源调度策略使训练过程更加高效、弹性，极大地简化了企业构建深度学习平台的难度，提高了资源使用率，降低了业务投入成本，使用户更加专注于深度学习应用本身。其主要应用于深度学习训练/推理、图形图像处理及科学计算等场景。人工智能云计算平台如图 3 – 20 所示，曙光人工智能云计算平台架构如图 3 – 21 所示。

图 3 – 20　人工智能云计算平台

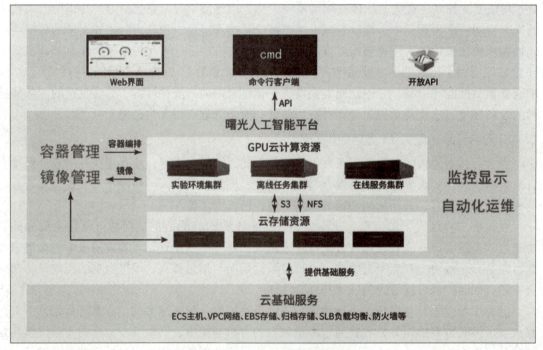

图 3 – 21　曙光人工智能云计算平台架构

曙光人工智能云计算平台底层依托云计算的弹性资源，中层采用 XMachine 高性能集群组成云 GPU 计算平台。计算数据、日志 log 和模型数据统一存储在曙光 ParaStor300 分布式并行存储中，并通过曙光容器化的企业级分布式深度学习平台，提供服务，帮助用户解决多用户组资源分配、开发环境快速搭建、应用程序灵活迁移等技术需求。该系统以主流深度学习框架为基础，支持多种深度学习框架，与 Kubernetes 和 Docker 容器技术相结合，提供实验环境、离线任务和在线服务三大功能，支持业务从模型研究、批量训练到在线预测的全流程打通，完美地满足了一站式深度学习训练与实时推理的需求，是目前具有高性价比的整体 AI 训练与推理解决方案。

任务4　大数据助力人工智能

随着云时代的来临，大数据（Big Data）也吸引了越来越多的关注。大数据通常用来形容一个公司创造的大量非结构化数据和半结构化数据，这些数据在下载到关系型数据库中用于分析时，会花费过多时间和金钱。大数据分析常和云计算联系到一起，因为实时的大型数据集分析需要像 MapReduce 一样的框架来向数十、数百或甚至数千的电脑分配工作。大数据需要特殊的技术，以有效地处理大量的可容忍时间内的数据。本任务将重点讲述什么是大数据、大数据处理流程和大数据技术+AI 的应用案例。

学习目标

1. 理解什么是大数据；
2. 了解大数据处理流程；
3. 了解大数据+AI 的应用案例；
4. 使学生能够认识和理解大数据领域的知识，培养学生的数据思维；
5. 培养学生良好的团队合作、组织协调与书面表达能力。

任务导入

人工智能和大数据的关系是非常紧密的，实际上，大数据的发展在很大程度上推动了人工智能技术的发展，从当前人工智能的技术体系结构来看，当前的人工智能对数据的依赖程度还是非常高的，也可以说没有数据就没有智能。

大数据总会给我们带来惊喜，挖掘出更多"真相"，比如啤酒与纸尿裤的关系，这也是为什么众多互联网公司、创业者都喜欢将大数据挂在嘴边，作为他们颠覆世界的依据。

颠覆意味着革新，利用大数据，互联网公司确实做到更加了解用户，其产品和服务也更加精准化，以至于我们刚在网上搜索了"什么电脑性比价更好"，一打开购物平台，它就已经为你精准推荐了几款笔记本电脑。

这种用户行为特征分析并不涉及具体用户的个人信息，对个人信息安全几乎不存在侵害，是大数据利用中最为理想的情况，也是互联网公司所乐意对外分享的案例。那么这些案例与大数据有什么关系呢？大数据技术是如何发挥作用的呢？接下来我们就来学习大数据技术。

请思考：
1. 你听说过大数据吗？
2. 你用过淘宝吗？你淘宝首页上推荐的东西你觉得熟悉吗？

知识准备

活动一　认识大数据

1. 什么是大数据

对于大数据，研究机构 Gartner 给出了这样的定义：大数据是需要新处理模式才能具有更强的决策力、洞察发现力和流程优化能力来适应海量、高增长率和多样化的信息资产。

麦肯锡全球研究所给出的定义是：一种规模大到在获取、存储、管理、分析方面大大超出了传统数据库软件工具能力范围的数据集合，具有海量的数据规模（Volume）、快速的数据流转（Velocity）、多样的数据类型（Variety）和较低的价值密度（Value）四大特征，简称"4V"，如图 3-22 所示。

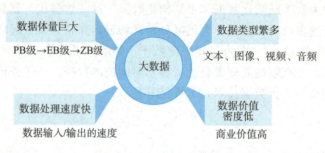

图 3-22　大数据的"4V"特性

（1）数据体量巨大

根据著名咨询机构 IDC（Internet Data Center）做出的预测，人类社会产生的数据一直都在以每年 50% 的速度增长，基本每两年就增长一倍。这个预测被形象地称为"数据量摩尔定律"。这样的预测有望随大数据时代和人工智能时代的来临而打破。数据量的真实增长会是怎样的，只有明天才有结论，但是数据量大却是大数据时代牢不可动的第一标签。

（2）数据类型繁多

从数据产生方式的几次改变就可以体会到数据类型跟随时代的变革。大型商业运营阶段产生的数据类型多为传统的结构化数据。这些数据多为隐私性和安全性级别都十分高的商业、贸易、物流，以及财务、保险、股票等的传统支柱行业数据。而互联网时代产生的数据类型多为非结构化的电子商务交易数据、社交网络数据、图片定位数据，以及商业智能报表、监控录像、卫星遥感数据等非结构化和二维码像素数据。

互联网时代数据类型的改变也促进了新型数据库技术的大力发展，如 NoSQL 和 NewSQL 等数据库技术都得到了长足的发展，而这一切都是为了满足新数据类型的数据存储和高效利用的需要。IoT、人工智能时代的数据产生方式是多种多样的，其产生的数据类型也是多种多样的。

（3）数据处理速度快

大量的数据、繁杂的数据类型，必然要求较快的信息处理速度。近年来计算机核心处理单元 CPU 的综合信息处理能力呈现指数级增长。实际上，CPU 运算速度的增长分为两个阶段：第一个阶段，行业的关注重点是单个核心主频的不断提升，单核心的 CPU 速度经历了飞速的发展期；到了 21 世纪初，再提高单核心的主频已经出现了很大的工业困难，并且从成本的角度也不再符合整个市场的需求，因此，行业领导者诸如 Intel 和 AMD 公司都把提高信息的处理速度的方式转变到多核心联动处理。

（4）数据价值密度低

数据量虽然巨大，但是人们关注的其中有用的信息却不容易被发现，这是大数据时代数据的一个很大特点。数据量级巨大，人们需要的有价值的数据资料和数据决策却难以得到，这就需要专业人员根据各自行业的需求，通过特定的技术手段和研究方法，在海量的价值密度极低的数据海洋里找到合适的数据集，经过具体可行的数据分析和挖掘方法去得到可以利用的高密度价值的数据，促进低密度数据的高价值信息提取，从而实现大数据的科学、合理利用。

2. 大数据的发展历程

从采用数据库作为数据管理的主要方式开始，人类社会的数据产生方式大致经历了 3 个阶段，而正是数据产生方式的巨大变化才最终促使大数据的产生。

（1）运营式系统阶段

数据库的出现使得数据管理的复杂度大大降低，在实际使用中，数据库大多为运营系统所采用，作为运营系统的数据管理子系统，如超市的销售记录系统、银行的交易记录系统、医院病人的医疗记录等。

人类社会数据量的第一次大的飞跃正是在运营式系统开始广泛使用数据库时开始的。这个阶段的最主要特点是，数据的产生往往伴随着一定的运营活动；而且数据是记录在数据库中的，例如，商店每售出一件产品，就会在数据库中产生一条相应的销售记录。这种数据的产生方式是被动的。

（2）用户原创内容阶段

互联网的诞生促使人类社会数据量出现第二次大的飞跃，但是真正的数据爆发产生于 Web 2.0 时代，而 Web 2.0 的最重要标志就是用户原创内容。这类数据近几年一直呈现爆炸性的增长。

主要有以下两个方面的原因：

一是以博客、微博和微信为代表的新型社交网络的出现和快速发展，使得用户产生数据的意愿更加强烈。

二是以智能手机、平板电脑为代表的新型移动设备的出现，这些易携带、全天候接入网络的移动设备使得人们在网上发表自己意见的途径更为便捷。这个阶段的数据产生方式是主动的。

（3）感知式系统阶段

人类社会数据量第三次大的飞跃最终促使了大数据的产生，今天我们正处于这个阶段。这次飞跃的根本原因在于感知式系统的广泛使用。

随着技术的发展，人们已经有能力制造极其微小的带有处理功能的传感器，并开始将这些设备广泛地布置于社会的各个角落，通过这些设备来对整个社会的运转进行监控。这些设备会源源不断地产生新数据，这种数据的产生方式是自动的。

简单来说，数据产生经历了被动、主动和自动三个阶段。这些被动、主动和自动的数据共同构成了大数据的数据来源，但其中自动式的数据才是大数据产生的最根本原因。

活动二 大数据处理流程

大数据处理流程主要包括数据收集、数据预处理、数据处理与分析、数据可视化与应用等环节，如图 3 - 23 所示。其中，数据质量贯穿于整个大数据流程，每一个数据处理环节都会对大数据质量产生影响。

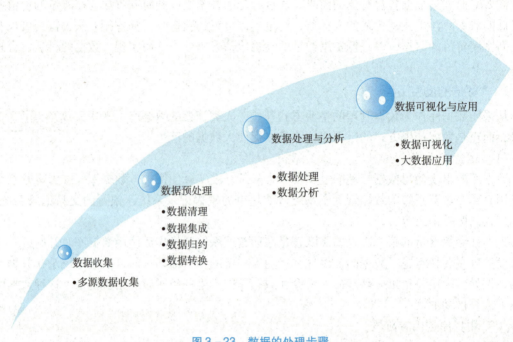

数据可视化与应用
• 数据可视化
• 大数据应用

数据处理与分析
• 数据处理
• 数据分析

数据预处理
• 数据清理
• 数据集成
• 数据归约
• 数据转换

数据收集
• 多源数据收集

图 3 - 23　数据的处理步骤

1. 数据收集

在数据收集过程中，数据源会影响大数据质量的真实性、完整性、一致性、准确性和安全性。对于 Web 数据，大多采用网络爬虫方式进行收集，这需要对爬虫软件进行时间设置，以保障收集到的数据的时效性。比如，可以利用易海聚采集软件的增值 API 设置，灵活控制采集任务的启动和停止。

2. 数据预处理

大数据采集过程中，通常有一个或多个数据源，这些数据源包括同构或异构的数据库、文件系统、服务接口等，易受到噪声数据、数据值缺失、数据冲突等影响，因此，需首先对收集到的大数据集合进行预处理，以保证大数据分析与预测结果的准确性与价值性。

大数据的预处理环节主要包括数据清理、数据集成、数据归约与数据转换等内容，可以大大提高大数据的总体质量。

数据清理技术包括对数据的不一致检测、噪声数据的识别、数据过滤与修正等方面，有利于提高大数据的一致性、准确性、真实性和可用性等方面的质量；数据集成则是将多个数据源的数据进行集成，从而形成集中、统一的数据库、数据立方体等，这一过程有利于提高大数据的完整性、一致性、安全性和可用性等方面质量；数据归约是在不损害分析结果准确性的前提下降低数据集的规模，使之简化，包括维归约、数据归约、数据抽样等技术，这一

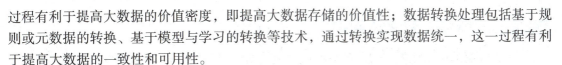

过程有利于提高大数据的价值密度，即提高大数据存储的价值性；数据转换处理包括基于规则或元数据的转换、基于模型与学习的转换等技术，通过转换实现数据统一，这一过程有利于提高大数据的一致性和可用性。

总之，数据预处理环节有利于提高大数据的一致性、准确性、真实性、可用性、完整性、安全性和价值性等方面，而大数据预处理中的相关技术是影响大数据质量的关键因素。

3. 数据处理与分析

（1）数据处理

大数据的分布式处理技术与存储形式、业务数据类型等相关，针对大数据处理的主要计算模型有 MapReduce 分布式计算框架、分布式内存计算系统、分布式流计算系统等。MapReduce 是一个批处理的分布式计算框架，可对海量数据进行并行分析与处理，它适合对各种结构化、非结构化数据的处理；分布式内存计算系统可有效减少数据读写和移动的开销，提高大数据处理性能；分布式流计算系统则是对数据流进行实时处理，以保障大数据的时效性和价值性。

总之，无论哪种大数据分布式处理与计算系统，都有利于提高大数据的价值性、可用性、时效性和准确性。大数据的类型和存储形式决定了其所采用的数据处理系统，而数据处理系统的性能与优劣直接影响大数据质量的价值性、可用性、时效性和准确性。因此，在进行大数据处理时，要根据大数据类型选择合适的存储形式和数据处理系统，以实现大数据质量的最优化。

（2）数据分析

大数据分析技术主要包括已有数据的分布式统计分析技术和未知数据的分布式挖掘、深度学习技术。分布式统计分析可由数据处理技术完成，分布式挖掘和深度学习技术则在大数据分析阶段完成，包括聚类与分类、关联分析、深度学习等，可挖掘大数据集合中的数据关联性，形成对事物的描述模式或属性规则，可通过构建机器学习模型和海量训练数据提升数据分析与预测的准确性。

数据分析是大数据处理与应用的关键环节，它决定了大数据集合的价值性和可用性，以及分析预测结果的准确性。在数据分析环节，应根据大数据应用情境与决策需求，选择合适的数据分析技术，提高大数据分析结果的可用性、价值性和准确性。

4. 数据可视化与应用

数据可视化是指将大数据分析与预测结果以计算机图形或图像的直观方式显示给用户的过程，并可与用户进行交互式处理。数据可视化技术有利于发现大量业务数据中隐含的规律性信息，以支持管理决策。数据可视化环节可大大提高大数据分析结果的直观性，便于用户理解与使用，因此，数据可视化是影响大数据可用性和易于理解性的关键因素。

大数据应用是指将经过分析处理后挖掘得到的大数据结果应用于管理决策、战略规划等的过程，它是对大数据分析结果的检验与验证，大数据应用过程直接体现了大数据分析处理结果的价值性和可用性。大数据应用对大数据的分析处理具有引导作用。

在大数据收集、处理等一系列操作之前，通过对应用情境的充分调研、对管理决策需求信息的深入分析，可明确大数据处理与分析的目标，从而为大数据收集、存储、处理、分析等过程提供明确的方向，并保障大数据分析结果的可用性、价值性和用户需求的满足。

活动三 大数据+AI 的应用案例

对于大数据的应用场景，包括各行各业对大数据处理和分析的应用，最核心的还是用户需求。接下来，本活动将梳理大数据技术在各行各业的应用，并列举部分应用场景。

1. 大数据＋AI 助力求职"避坑"

近期，互联网公司竞相加入激烈的"人才争夺"大战。针对职场新人的"查证困难""使用不便""信息不对称"等一系列求职痛点，合合信息旗下的企业信息查询平台启信宝推出"求职避坑"新功能，对企业进行全方位、多维度考察及深度信息整合，为广大求职者提供一个全面、清晰的企业发展形象与行业前景蓝图。求职避坑功能的界面如图 3－24 所示。

图 3－24　求职避坑功能界面

启信宝大数据显示，劳动纠纷数量较多的行业有制造业、建筑业和批发零售业，而批发零售业、制造业、科学研究和技术服务业这三个行业查询率最高，位列用户最关注的行业前三名。

"求职避坑"功能上线后，受到广大用户的一致好评，尤以"劳动纠纷指数"受到众多用户的关注与青睐。据介绍，劳动纠纷指数以裁判文书中的判决书作为主要依据，考量近五年劳动类的纠纷，包括但不限于劳动争议、受伤赔偿、追索劳动报酬、社会保障纠纷等，指数范围在 1～100 分之间。据相关业务负责人提示，被查询企业的劳动纠纷指数高于 40 分时，建议多观察、多比较；高于 80 分时，需要谨慎对待。

此功能的另一大亮点是"企业发展前景"一键查询。依托海量数据处理与深度数据挖掘，启信宝提供智能分析能力服务，将企业发展前景剖析为企业发展现况与重大经营风险两部分。企业发展现况主要包含该企业最新融资轮次、企业标签、社保员工规模等可考量数据，重大经营风险则与该企业被执行次数、异常信息提示、高危风险预警等风险因素有关。结合相关分析数据，职场新人不仅能实现精准"避坑"，也能对相关行业发展前景有更进一步的了解。

据了解，作为"长三角征信机构联盟"的发起单位之一，启信宝凭借着在人工智能与大数据的多年深耕，汇集境内 2.3 亿家的超过 1 000 亿条实时动态企业大数据，提供包括工商、股权、司法涉诉、诚信及失信、舆情、资产等 1 000 多个数据维度，可对数据进行深度挖掘，提供企业关联图谱、舆情监控、风险监控、商标及专利信息、深度报告等多种数据查询、挖掘和智能分析服务。

2. 大数据+AI 促进精准营销

电商是最早利用大数据进行精准营销的行业，除了精准营销以外，电商还可以依据客户消费习惯来提前为客户备货，并利用便利店作为货物中转点，在客户下单 15 分钟内将货物送上门，提高客户体验。马云的菜鸟网络宣称的 24 小时完成在中国境内的送货，以及京东的刘强东宣传未来京东将在 15 分钟完成送货上门，都是基于客户消费习惯的大数据分析和预测。

电商可以利用其交易数据和现金流数据，为其生态圈内的商户提供基于现金流的小额贷款，电商业也可以将此数据提供给银行，同银行合作为中小企业提供信贷支持。由于电商的数据较为集中，数据量足够大，数据种类较多，因此，未来电商数据应用将会有更多的想象空间，包括预测流行趋势、消费趋势、地域消费特点、客户消费习惯、各种消费行为的相关度、消费热点、影响消费的重要因素等。依托大数据分析，电商的消费报告将有利于品牌公司产品设计、生产企业的库存管理和计划生产、物流企业的资源配置、生产资料提供方产能安排等，有利于精细化社会化大生产及精细化社会的出现。

电商平台的商品展示与消费者的需求描述之间，是通过搜索环节产生联系的。不过，基于文字的搜索行为有时很难直接引导用户找到他们想要的商品。通过计算机视觉和深度学习技术，可以让消费者轻松搜索到他们正在寻找的产品。消费者只需将商品图片上传到电商平台，人工智能能够理解商品的款式、规格、颜色、品牌及其他的特征，最后为消费者提供同类型商品的销售入口。

知识运用

大数据是一种新的经济资产，就像货币或黄金一样。每个人每天都会产生数据，如社交工具（QQ、微信等）、手机应用（通话、短信等常用软件应用）、网络交易（网上购物等）、网络设备（路由器、服务器等软硬件等）等产生的数据，那么这些产生的数据有什么用途呢？

来看一个生活中常见的例子。在京东、淘宝上购物时，你有没有考虑过不同的人在同一时刻、同一网站，即使买的是同一件商品，可能在他们的终端设备上显示的商品价格是不一样的问题呢？通俗地说，系统也许会依据你的购买情况来判断你喜欢买的东西的价格。不同人在淘宝搜索同一个商品的返回界面如图 3-25 所示。

大数据是人工智能的前提，没有数据的"喂养"，机器无"数"可学，也就谈不上智能。例如大数据推荐，必须要有足够的行为数据作为训练样本进行训练，才能得到较好的推荐模型，才能为用户推荐更适合的产品。

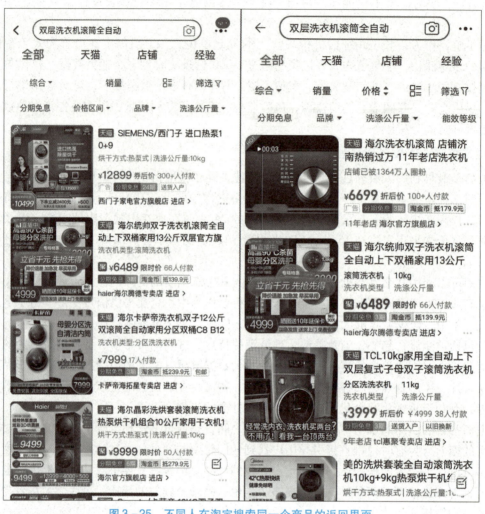

图 3-25　不同人在淘宝搜索同一个商品的返回界面

任务拓展：无人驾驶

随着科技革命的深入推进，人类社会进入万物互联、万物智能的智能化新时代。自动驾驶技术在人工智能和汽车行业的飞速发展下逐渐成为业界焦点。自动驾驶技术是汽车产业与高性能计算芯片、人工智能、物联网等新一代信息技术深度融合的产物，其本质是汽车产业的升级。自动驾驶技术促进了智能化交通系统的发展。

无人驾驶汽车，准确来说，称为"智能网联汽车"，主要包含"智能"和"网联"两个核心，主要目的是实现汽车的自动驾驶，最终达到无人驾驶的状态。

"智能"包含了"感知与定位""计算与决策""执行"三个层次，与汽车电子最基本的"传感器-控制器-执行器"逻辑关系是一致的，同时，也包含了"智能座舱"层。"网联"主要包含"通信与网络技术"层，即实现 V2X（Vehicle to Everything）的车联网。无人驾驶汽车系统的基本框架如图 3-26 所示。

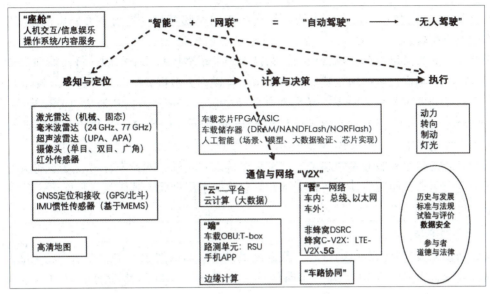

图 3-26 无人驾驶汽车系统基本框架

1. 感知与定位

感知与定位包含了车载传感器、GNSS 全球卫星导航、基于微机电系统的 IMU 惯性传感器及高精地图几个要素。而物联网技术在无人驾驶的"感知与定位"层中起到了至关重要的作用，为"计算与决策"层提供精准的数据。

车载传感器主要分为激光雷达（有机械和固态两种）、毫米波雷达（主要包含频率为 24 GHz 的短中距和频率为 77 GHz 的中长距两种）、超声波雷达（安装在汽车前后的 APA 上和安装在侧面的 UPA 雷达上）、车载摄像头（分为单目、双目、广角），以及恶劣天气条件下的红外传感器。博世自动驾驶试验车辆的传感器如图 3-27 所示。

图 3-27 博世自动驾驶试验车辆

目前全球有美国 GPS、中国北斗、欧洲伽利略、俄罗斯格洛纳斯四套卫星导航系统，通称为 GNSS（Global Navigation Satellite System），无人驾驶汽车需要通过 GNSS 接收器，车载 IMU 惯性传感器，结合高精度地图（路网精确三维表征），输出实时高精度三维位置、速度、姿态信息，实现厘米级定位和导航。

2. 计算与决策，执行

接收来自感知与定位层的数据，通过车载芯片或者车外云端进行计算，并做出预测，从而进行路径规划，最后对汽车的动力、转向、制动、灯光等系统（执行层）发出命令，自动实现汽车的加减速、转向、制动等无人动作。

实际上完成这一系列动作的是 AI，而汽车的 AI 芯片是实现无人驾驶最核心的要素。AI

芯片主要有两种：一是基于传统冯·诺依曼架构的 FPGA（现场可编程门阵列）和 ASIC（专用集成电路）芯片；二是模仿人脑神经元结构的类脑芯片。当前 FPGA 和 ASIC 芯片在无人驾驶上应用较多。

无人驾驶的算法可以分为场景识别、路径规划及车辆控制三个类别，每一类别都是由多种算法组成的。根据选定的场景建立相应模型，再进行大数据验证，最终通过芯片来实现。

汽车的存储器主要分为两类：易失性，即断电后，存储器内信息流失（DRAM）；非易失性，即断电后，信息仍然存在（NAND FLASH 和 NOR FLASH）。三种储存器在无人驾驶汽车上都有大量需求。

云计算能将资源和服务集中起来，汽车只要接入互联网，就能很轻易、方便地访问各种基于云的应用信息，而边缘计算将在无网和紧急状况下保证无人驾驶汽车的安全，其也是无人驾驶的重要组成要素。

3. 通信与网络

车联网是无人驾驶网联层的核心，即通过现代信息通信技术，实现车辆"云－管－端"三个层次的全面互联，最终实现"车路协同"的目的。车联网移动通信架构如图 3 - 28 所示。

图 3 - 28　车联网移动通信

"云"，主要指云端，即综合平台。

"管"，主要指网络，针对车内，逐步从 CAN 总线过渡到以太网；针对车外，目前分为非蜂窝的 DSRC 和蜂窝 C-V2X 两种通信标准，C-V2X 是 5G 诸多应用中最重要的商用场景之一。

DSRC 由 IEEE 制定，是美国大力提倡的通信技术；C-V2X 由 3GPP 制定，基于蜂窝网演进而来，在 5G 大带宽、大规模连接、低延时赋能的背景下，C-V2X 有望成为主流。

"端"，包含了车载 OBU，主要是 Tbox，还包含了路测单元 RSU 手机 App。

4. 智能座舱

目前无人驾驶技术飞速发展，以人机交互为载体的智能座舱成为汽车另一大发展主题。智能座舱应用场景多，发展潜力大，而车载信息系统是智能座舱的核心要素。

无人驾驶汽车交互界面将无处不在，从全液晶仪表到一机多屏，未来屏幕将被"无屏形式"替代（全息、智能玻璃、HUD 等）。

个性化和情感化是智能座舱发展的一个重要方面，通过指纹验证、语音手势交互、面部 3D 扫描、眼球跟踪、生物传感器（心跳等）来判定用户状态，通过改变车内灯光、气味、声音、音乐、图像等来配合用户心情，以此满足用户个性化和情感化的需求。汽车座椅也逐渐趋向于流动性和舒适性。

自主评价

通过学习本模块，看自己是否对人工智能应用有了充分了解，在技能检测表中标出自己的学习情况。

评价标准	个人评价	小组评价	教师评价
（1）是否了解什么是物联网及智慧城市实际应用			
（2）是否了解什么是 5G 技术和 5G 在人工智能方面起到的作用			
（3）是否了解什么是云计算及云计算与人工智能的关系			
（4）是否了解什么是大数据及大数据是如何助力人工智能的			
（5）是否能够较好地进行团队沟通和交流			
（6）是否能够准确表达自己的民族自豪感			
备注：A 为能做到；B 为基本能做到；C 为部分能做到；D 为基本做不到。			

习　题

一、选择题

1. 以下关于物联网（IoT）的描述中，哪一项是正确的？（　　　）

A. 物联网是一个相互关联的计算设备系统，需要人工输入来收集和传输数据

B. 物联网是指通过互联网连接单一设备，实现设备之间的信息交换

C. 物联网是指我们身边一切能与网络相连的物品通过无线网络收集和传输数据，无需人工输入

D. 物联网中"物"的含义仅包含数据传输通路和一定的存储功能

2. 以下哪个不是云计算的主要特点？（　　　）

A. 弹性伸缩　　　　B. 高可用性　　　　C. 价格昂贵　　　　D. 自助服务

3. 以下哪个不是云计算的服务模型？（　　　）

A. 基础设施即服务（IaaS）　　　　B. 平台即服务（PaaS）

C. 软件即服务（SaaS）　　　　D. 数据即服务（DaaS）

4. 大数据主要处理的是以下哪一方面的数据？（　　　）

A. 结构化数据　　　　B. 非结构化数据

C. 半结构化数据　　　　D. 所有类型的数据

5. 大数据技术的 Hadoop 是由哪个项目演化而来的？（　　　）

A. Google File System　　　　B. MapReduce

C. Apache HBase   D. Apache Spark

6. 下列关于 5G 和 4G 技术的描述中，哪一项是准确的？（　　　）

A. 5G 的传输速度比 4G 慢   B. 5G 的延迟比 4G 高

C. 5G 可以支持更多的设备同时在线   D. 5G 的覆盖范围比 4G 更广

二、简答题

请思考并描述一个云计算如何助力人工智能（AI）发展的应用案例，并说明云计算在该案例中起到了哪些关键作用。

模块四

了解人工智能开发技术

人工智能如今正是蓬勃发展的时期，人工智能最令人激动的地方就是具备变革我们生活触及的每个产业的潜力，不仅仅是计算和软件产业，它会像工业革命、技术革命、数字革命那样改造社会，颠覆我们的日常生活。在人工智能时代，每一个领域都在分析人工智能如何与专业技术结合，更好地为人类服务，程式化的、重复性的、仅靠记忆与练习就可以掌握的技能将由机器来完成。

也就是说，在未来，大多数的工作都会与 AI 技术紧密相连，越来越多的行业将使用人工智能和机器学习来推动就业市场的巨大增长。并且人工智能技术的应用要遵从"一事一议"，不存在一个能够适应所有的场景的产品。对于企业来说，能否深入了解业务流程、业务规则、知识经验，进而将 AI 技术能力转化为业务解决方案创造价值，是发展的保障。谁能够更好、更快地把算法从实验室中拿出来；更好、更快地将模型交付到业务场景，真正产生实际的价值，让客户满意，谁才能走得更远。

实现 AI 技术应用的前提是对人工智能的开发技术要有足够的了解，本模块将从人工智能开发语言、人工智能常用工具及人工智能开放平台三个方面简单介绍人工智能的开发技术。

教学导航

		活动一　常用的人工智能开发语言
	任务1　人工智能开发语言	活动二　Python语言类库
		活动三　Python计算机视觉库OpenCV
模块四　了解人工智能开发技术		活动一　TensorFlow
	任务2　人工智能常用工具	活动二　PyTorch
		活动三　Keras
		活动四　PaddlePaddle
	任务3　人工智能开放平台	活动一　百度AI开放平台
		活动二　腾讯AI开放平台

任务1 人工智能开发语言

学习目标

1. 了解常用的人工智能开发语言；
2. 了解 Python 语言类库；
3. 了解 Python 计算机视觉库 OpenCV；
4. 理解软件开源的意义。

任务导入

人工智能时代，若不想被人工智能淘汰，就必须去了解人工智能的开发技术，这样才有可能更好地去应对和应用人工智能。而对开发技术的认识自然要从编程语言开始，本任务的目标就是带大家了解人工智能的开发语言，重点介绍 Python 语言的基础。如果读者对编程语言已经有很深厚的基础，可以略过本任务。

请思考：

1. 人工智能的流行语言有哪些？
2. 关于最佳人工智能编程语言的"争论"从未停止过，那么，哪一门语言才是最佳的编程语言呢？

知识准备

活动一 常用的人工智能开发语言

随着人工智能和人类生活融为一体，人工智能语言也引起了人们的广泛关注，那么常用的人工智能开发语言有哪些呢？比如，Python 是近年来数据科学和算法领域最流行的语言。主要原因是它的使用门槛低，启动容易，工具生态系统完整，各种平台都能很好地支持。C++ 和 Java 也是 AI 项目的一个很好的选择，专注于提供 AI 项目上所需的高级功能。

软件开源里的中国声音

1. Python 语言

Python 是荷兰人吉多·范·罗苏姆（Guido van Rossum）在 1989 年圣诞节期间为了打发圣诞节的无趣而编写的一个脚本解释程序做为 ABC 语言的一种继承。IEEE 发布的 2017 年编程语言排行榜显示，Python 高居首位，已经成为全球程序员和一些公司最受欢迎的语言，而 C 语言和 Java 语言却分别位居第二和第三位。近年来，Python语言异常火爆，被广泛应用于各个领域，尤其是在 Web 和 Internet 开发、科学计算和统计、人工智能、机器学习、数据分析等领域的表现更为突出。

（1）Python 的特点

Python 是一种解释型的脚本语言，解释型是指 Python 代码是通过 Python 解释器来将源代码"解释"为计算机硬件能够执行的芯片语言，但是由于 Python 直接运行源程序，所以对源代码加密有着一定的难度。Python 的特点如图 4 - 1 所示。

①开源。

由于吉多·范·罗苏姆认为 ABC 语言的失败是其不开源导致的，所以他在开发 Python 语言时就贯彻了开源的思想。开源性为 Python 带来了许多人才，这些人才为 Python 的测试和改进做出了巨大的贡献，同时也让 Python 的社区更有活力，让适用于各种应用的程序库也越来越丰富。

图 4 - 1　Python 的特点

②可移植性。

在研发 Python 的标准库及模块时，吉多的团队也尽可能地考虑到了跨平台的可移植性。Python 程序可以将源代码自动解释成可移植的字节码，这种字节码在已经安装了兼容版本的 Python 平台上的运行结果是一样的，所以 Python 程序的核心语言和标准库可以在 Linux、Windows 及其他带有 Python 解释器的平台上无差别地运行。

③面向对象。

Python 的面向对象的特点使其具有易维护、质量高、效率高、易扩展的优点，使 Python 的开发效率大幅提高，但是同时也带来了程序处理效率低的缺点。

④可扩展性。

Python 的可扩展性体现在它的模块上，Python 具有脚本语言中最强大且和谐丰富的类库。当需要一段关键的代码运行效率更高时，可以使用其他语言来编写，然后在 Python 程序中使用它们。这些类库包含了文件 I/O、GUI、网络编程、数据库访问、文本操作等绝大部分应用场景。

⑤类库庞大。

类库是 Python 提供给用户的用于完成一种功能的代码集合。Python 提供了大量且强大的标准库，而且基于 Python 的良好的开源社区，Python 也有非常丰富且优秀的第三方类库。

⑥可读性强。

Python 作为一款相对简单的语言，它的编程思维几乎与现实生活中的思维习惯相同，尽管它是用 C 语言编写的，但它摒弃了 C 语言中复杂烦琐的语法，使得新手或是不懂程序的人也能对代码进行简单的阅读。

（2）Python 的应用领域

目前，Python 已经全面普及，可以应用于众多领域，例如网络服务、图像处理、数据分析、组件集成、数值计算和科学计算等。目前业内所有大中型互联网企业都在使用 Python，例如 Youtube、Dropbox、BT、Quora（中国知乎）、豆瓣、知乎、Google、Yahoo、Facebook、NASA、百度、腾讯、汽车之家、美团等。互联网公司广泛使用 Python 实现以下功能：自动化运维、自动化测试、大数据分析、爬虫、Web 等。Python 的就业方向可以是 Web 开发、人工智能、爬虫、数据分析及运维和测试等，如图 4 - 2 所示。

2. C++ 语言

C++ 从最初的 C with class，经历了从 C++ 98、C++ 03、C++ 11、C++ 14 到 C++ 17 的多次标准化改造，功能得到了极大的丰富，已经演变为一门集面向过程、面向对象、函数式、泛型和元编程等多种编程范式的复杂编程语言。

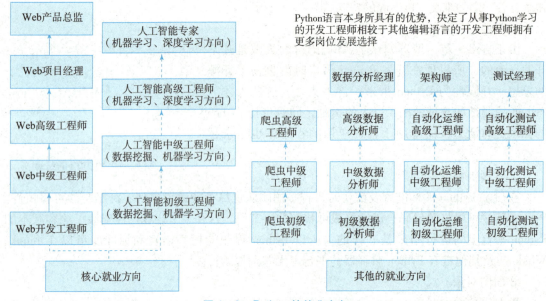

Python语言本身所具有的优势，决定了从事Python学习的开发工程师相较于其他编辑语言的开发工程师拥有更多岗位发展选择

图4-2　Python 的就业方向

（1）C++ 语言的特点

C++ 语言是 C 语言的传承，C++ 语言既可以进行 C 语言的过程化编程，又可以用于以抽象数据类型为特点的基于对象的程序设计，同时还可以用于以继承和多态为特点的面向对象的程序设计，如图4-3 所示。

① 运行速度快。

由于 C++ 语言是 C 语言的扩展版本，因此它的 C 语言部分非常底层，这极大地提高了程序的运行速度，这是 Python 和 Java 等高级语言无法提供的。

② 静态类型。

由于 C++ 语言是一种静态类型的编程语言，因此它不允许编译器对数据类型进行假设。例如，10

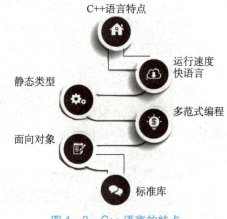

图4-3　C++ 语言的特点

与 "10" 不同，必须明确声明。由于这些是在编译时确定的，因此有助于编译器在程序执行之前捕获错误。

③ 多范式编程语言。

C++ 语言支持至少 7 种不同的编程风格，并为开发人员提供了选择的自由。与 Java 不同，除非必要，否则不需要使用对象来解决所有任务。

④ 面向对象。

C++ 语言支持面向对象的程序设计，为程序提供了清晰的模块化结构，将这些复杂的问题分成较小的集合。

⑤ 标准库。

可以使用 C++ 语言包含的标准库来进一步扩展其使用。这些库包含有效的算法，在编写自己的项目时，可以方便地使用这些算法。这样可以节省大量的编程工作，否则会浪费大量的时间。

（2）C++语言的应用领域

C++语言涉及的领域很多，从大型的项目工程到小型的应用程序，C++语言都可以开发，例如操作系统、大部分游戏、图形图像处理、科学计算、嵌入式系统、驱动程序、没有界面或只有简单界面的服务程序、军工、工业实时监控软件系统、虚拟机、高端服务器程序、语音识别处理等。可以说，掌握了 C++ 语言，就掌握了整个软件工业的开发技能。

C++语言的优点吸引了很多程序将其作为开发的语言，用 C++ 语言开发的优秀作品数不胜数。下面列出一些著名的用 C++ 语言编写的软件产品。

- 办公应用

Microsoft 公司的 Office 系列软件。

- 图像处理

Adobe 公司的所有主要应用程序都是使用 C++ 语言开发而成的，图像处理利器 Photoshop 就是其中之一。

- 网络应用

例如，百度网站的 Web 搜索引擎。

- 网络即时通信

例如，目前国内使用最广泛的聊天软件之一——QQ。

- 手机操作系统

之前在智能手机中应用最广泛的 Symbian 操作系统也是用 C++ 语言编写的。

- 游戏开发方面

由于 C++ 语言在工程性、运行效率及维护性上都有很大优势，所以大部分网络游戏和单机游戏都是用 C++ 语言编写的。单机版的游戏，例如 Windows 自带的游戏，都是采用 C++ 语言编写。

C++语言的相关就业方向可以是客户端开发、服务器端开发、游戏领域、嵌入式平台开发、测试开发等，如图 4-4 所示。

图 4-4　C++ 语言的就业方向

3. Java 语言

面向对象的 Java 语言具备"一次编程，处处使用"的能力，使其成为服务提供商和系统集成商用于多种操作系统和硬件平台的首选语言。Java 作为软件开发的一种革命性的技术，其地位已被确定。如今，Java 技术已被列为当今世界信息技术的主流开发语言之一。

（1）Java 语言的特点

Java 是一种多线程的动态语言，具有简单性、面向对象、分布式、健壮性、安全性、体系结构中立、可移植性、多线程和解释执行等多种特性，如图 4-5 所示。

①简单性。

Java 中摒弃了一些烦琐的操作，如指针和内存管理、使用 IP 协议的 API，使得 Java 在

图 4-5　Java 语言的特点

引用应用程序时可以凭借 URL 访问网络上的对象。

②面向对象。

面向对象编程是 Java 语言的核心，Java 对对象中的类、对象、继承、封装、多态、接口、包等均有很好的支持，同时也得到了面向对象的诸多好处，如代码扩展、代码复用等。

③分布式。

Java 的网络非常强大，而且使用起来十分方便。Java 提供了支持 HTTP 和 FTP 等基于 TCP 的 Servlet 技术，使 Web 服务器的 Java 处理变得非常简单和高效。

④安全性。

由于 Java 摒弃了指针和内存管理操作，因此避免了指针和释放内存等非法内存操作。另外，Java 语言在机器上执行前，会经过多次测试，以防止恶意代码对本地计算机资源的访问。

⑤可移植性。

具备了 Java 解释器和运行环境的计算机系统上就可以运行 Java 应用程序，这使得 Java 应用程序有了方便移植的基础。只要系统中有 Java 的运行环境，就可以在该系统上运行 Java 代码。现在 Java 运行系统有 Solaris、Linux、Windows 等。

⑥多线程。

Java 提供的多线程功能使得在一个程序中可以同时执行多个小任务。多线程带来的更大好处是更好的交互性能和实时控制性能

（2）Java 的应用领域

Java 开发人员负责使用编程语言 Java 开发应用程序和软件。Java 开发人员是一种专门类型的程序员，他们可以与 Web 开发人员及软件工程师合作，将 Java 集成到商业应用程序、软件和网站中。对于 Java 的应用领域，最有名例子就是电子商务交易平台阿里巴巴、淘宝、京东等大型网站；移动、联通、电信、网通、银行、证券公司、互联网金融等主要的信息化系统；大型企业管理系统，如 CRM 系统、ERP 系统等。此外，电子政务方面、游戏开发、无线手持设备、通信终端、医疗设备、信息家电（如数字电视、机顶盒、电冰箱）、汽车电子设备等，也是比较热门的 Java 应用领域；最主流的大数据框架 Hadoop 的应用主要使用 Java 开发，目前很多的大数据架构都是通过 Java 来完成的。

目前主流的 Java 就业方向有大数据、服务器开发、网站开发、游戏开发、嵌入式开发、软件开发及科学应用等，如图 4－6 所示。

图 4－6　Java 的就业方向

活动二　Python 语言类库

Python 拥有非常完善的基础代码库和大量丰富的第三方库，可以很方便地实现各种功能。截至本书编写时，Python 的第三方库的数量已经超过 9 万个，这些第三方库也是 Python

语言在短时间内崛起的一个很重要的因素。

这些库中有着数量庞大的模块和包可供使用。模块（module）本质上是一个 .py 文件，实现一定的功能；而包（package）是一个由模块和子包组成的 Python 应用程序执行环境，其本质是一个有层次的文件目录结构（必须带有一个 __init__.py 文件）。本书从使用角度出发，不区分模块和包，统称为模块。

1. 选择及安装模块

要想充分利用好 Python 的丰富库资源，首先就得知道解决某个问题需要用到什么模块，以及如何将指定模块导入当前程序中。

比如要实现人脸识别功能，就可以使用 OpenCV 这个第三方库。

Python 的资源库分为基础库、标准库和扩展库（第三方库）。基础库可以直接使用，标准库需要导入后使用，而扩展库必须先安装再导入，然后使用。

也就是说，对于选定的模块，如果是第三方库，那么就必须先安装。这里以 Python 的集成开发环境 Pycharm 为例来介绍安装方式。

PyCharm 是一款功能强大的 Python 编辑器，具有跨平台性，可以到官网 https://www.jetbrains.com/pycharm/download/#section=windows 选择适合自己的社区版进行下载安装。安装过程比较简单，本书不过多讲解。

打开 PyCharm，选择"文件"→"新建项目"→"Pure Python"项目，设置好项目所在地址，如图 4－7 所示。

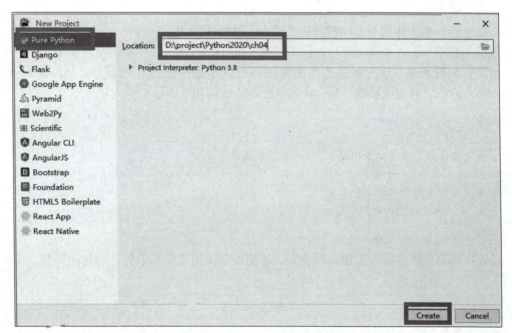

图 4－7　新建一个 Python 项目

打开 PyCharm 的"文件"→"设置"，单击"Project Interpreter"右侧的加号，在弹出框中搜索要安装的扩展库名称，如"opencv"，找到对应的包，单击"Install Package"按钮进行安装，这里选择安装"opencv_python"模块，如图 4－8 所示。

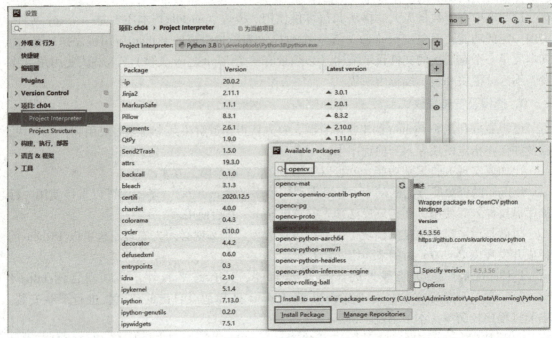

图 4-8　模块安装

2. 导入模块

Python 的标准库和第三方库都需要先导入，然后才能使用。

Python 利用 import 或者 from…import 来导入相应的模块，必须要在模块使用之前进行导入。因此，一般来说，导入总是放在文件的顶部，尽量按照这样的顺序：Python 标准库、Python 第三方库、自定义模块。Import 的三种语法结构如下所示：

```
#1.导入一个模块的语法
import 模块名
#2.导入模块中的指定元素的语法,其中新名称通常是简称
from 模块名 import 指定元素[as 新名称]
#3.导入模块中的全部元素的语法
from 模块名 import *
```

比如，语句 import turtle 就是导入 turtle 库。

只有在当前程序中导入了指定模块后，才能正常使用该模块中包含的各种功能，具体形式如下：

```
模块名.函数名()
```

例如画笔逆时针旋转 144°的写法如下：

```
turtle.left(144)
```

活动三　Python 计算机视觉库 OpenCV

OpenCV 是 Intel 开源计算机视觉库（Computer Version），可以运行在 Linux、Windows、

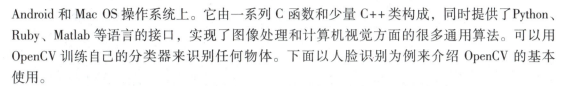

Android 和 Mac OS 操作系统上。它由一系列 C 函数和少量 C++ 类构成，同时提供了 Python、Ruby、Matlab 等语言的接口，实现了图像处理和计算机视觉方面的很多通用算法。可以用 OpenCV 训练自己的分类器来识别任何物体。下面以人脸识别为例来介绍 OpenCV 的基本使用。

1. OpenCV 基本使用

（1）图片读取与显示

读取图片是 OpenCV 最基本的操作之一，OpenCV 中通过 imread( ) 函数来读取图片路径，再使用 imshow( ) 函数将图片显示出来，具体代码结构如下：

```
import cv2    #导入 OpenCV 的 cv2 模块
img = cv2.imread(filename,flag)
cv2.imshow("窗口名称",img)
```

其中，filename 是需要读取的图像路径和名称；flag 是可选参数，是指以何种方式加载读取图片，具体使用方法见表 4 – 1。

表 4 – 1   flag 取值表

flag	说明
cv.IMREAD_COLOR	读取一幅彩色图片，图片的透明度会被忽略，默认为该值，实际取值为 1
cv.IMREAD_GRAYSCALE	以灰度模式读取一张图片，实际取值为 0
cv.IMREAD_UNCHANGED	加载一幅彩色图像，透明度不会被忽略，实际取值为 – 1

例如，读取并显示"imgs"路径下的名为"face_exam0.jpg"的图片并显示如下代码：

```
img = cv2.imread('imgs/face_exam0.jpg')
cv2.imshow("faces",img)
```

结果如图 4 – 9 所示。

图 4 – 9   用 CV2 读取并显示的图片

（2）绘制图像

在进行人脸检测的时候，一般会使用矩形框或者圆形将检测到的人脸框出来，这时就需要使用 OpenCV 提供的图形函数 rectangle( )方法。cv2.rectangle( )方法用于在任何图像上绘制矩形。

用法：

```
cv2.rectangle(image,start_point,end_point,color,thickness)
```

参数含义见表 4 - 2。

表 4 - 2　rectangle 参数

参数	说明
image	要在其上绘制矩形
start_point	矩形的起始坐标，坐标表示为两个值的元组，即（X 坐标值，Y 坐标值）
end_point	矩形的结束坐标，坐标表示为两个值的元组，即（X 坐标值，Y 坐标值）
color	要绘制的矩形的边界线的颜色。对于 BGR，通过一个元组表示，例如(0,255,0)，为绿色
thickness	矩形边框线的粗细像素

例如，在图片"face_exam0.jpg"上画矩形框的代码如下：

```
img = cv2.imread('imgs/face_exam0.jpg')
cv2.rectangle(img,(500,50),(800,200),(0,255,0),2)
cv2.imshow("faces",img)
cv2.waitKey(0)
```

运行结果如图 4 - 10 所示。

图 4 - 10　在图片上画矩形框

2. 人脸检测

人脸检测（Face Detection）是自动人脸识别系统中的一个关键环节，即对于任意一幅给定图像，返回图像中的所有人脸位置、大小和姿态。人脸检测的目标是找出所有人脸对应的位置，算法的输出是人脸外接矩形在图像中的坐标，可能还包括姿态等信息，虽然人脸的结构是确定的，但是人脸检测仍是一个复杂的具有挑战性的问题，一方面，是人脸内在的变化，另一方面，由于外在条件的变化，这些因素都为准确地检测处于各种条件下的人脸造成很大的难度。所以，在人脸检测算法中主要解决以下几个核心问题：

①人脸部的一些细节变化。

②人脸可能出现在图像中的任何一个位置。

③人脸可能有不同的大小。

④由于成像角度的不同而造成人脸的多姿态。

⑤人脸可能部分被眼镜、头发及其他外物遮挡。

OpenCV 提供了多种人体器官检测的级联分类器，通过不同的分类器实现对多种人体器官的检测。通过 https://github.com/opencv/opencv/tree/master/data/haarcascades 链接可下载所需分类器。其中，OpenCV 级联分类器 haarcascade_frontalface_default.xml 是 OpenCV 安装后自带的分类器中的一种，用于进行人脸检测，为开发者屏蔽了人脸检测中的各种复杂问题，极大地降低了开发工作量。

通过级联分类器可以实现对人脸多个器官的检测，包括人脸、眼睛等器官。首先需要通过 OpenCV 内置的 CascadeClassifier( ) 函数加载人脸级联分类器（分类器的地址要根据实际存放分类器的地址进行更改，这里的分类器被存放在当前路径下，所以地址为"./haarcascade_frontalface_default.xml"），代码如下：

```
classsfier = cv2.CascadeClassifier("./haarcascade_frontalface_default.xml")
```

加载完成，即实例化了一个人脸分类器对象 classfier，接下来就可以利用 classfier 对象获取视频中或者图片里的人脸，这里使用它的 detectMultiScale( ) 方法来进行人脸的检测，代码如下：

```
faces = classfier.detectMultiScale (image, objects, scaleFactor =1.1, min-
Neighbors =3, flags =0, minSize = Size(), maxSize = Size())
```

具体参数见表 4 – 3。

表 4 – 3　人脸检测参数

参数	说明
image	待检测的图像
object	检测到的人脸目标序列，一般可不写
scaleFactor	表示每次检测到的人脸目标缩小的比例，默认为 1.1
minNeighbors	表示检测过程中目标必须被检测 3 次才能被确定为人脸（分类器中有个窗口对全局图片进行扫描，即扫描过程中，窗口中出现了 3 次人脸才可以确定该目标为人脸），默认为 3
flag	默认为 0，一般可不写
minSize	表示可截取的最小目标大小
maxSize	表示可截取的最大目标大小

人脸检测返回的结果是一个由检测到的所有的人脸组成的数组，数组的每个元素代表一个人脸在图像中所处的位置，该位置信息由 4 个元素组成，即起始点的 X 坐标值、起始点的 Y 坐标值、宽度、高度。图 4 – 11 所示的检测结果表示检测到 7 个人脸，其中检测到的第一个人脸的像素位置在(766,221)，宽为 60 像素，高也为 60 像素。

```
[[766 221  60  60]
 [400 224  74  74]
 [627 213  84  84]
 [183 197  84  84]
 [636 611  28  28]
 [485 172  99  99]
 [347 203  59  59]]
```

图 4 – 11　检测到的人脸的位置信息

知识运用

计算机视觉技术尤其是人脸识别在人工智能中随处可见，那么如何使用 OpenCV 技术实现人脸识别检测呢？请跟随下面的步骤一起来操作吧。

首先新建一个 Python 文件。右击项目文件夹，选择"新建"→"Python File"，如图 4 –12 所示。给 Python 文件取个名字，比如 FaceDemo.py。

图 4 –12　新建 Python 文件

接下来，在打开的 Python 文件中编写人脸识别代码。

第一步：导入 OpenCV 库。

```
import cv2  #opencv 库
```

第二步：读取图片。

```
image = cv2.imread('imgs/face_exam0.jpg')
```

第三步：加载人脸模型库。

```
#加载人脸模型库
face_model = cv2.CascadeClassifier('plugins/opencv/haarcascade_frontal-catface.xml')
```

第四步：进行人脸检测。

```
faces = face_model.detectMultiScale(image)
```

第五步：标记人脸。

```
for(x,y,w,h) in faces:
  #1.原始图片;2.坐标点;3.矩形宽高;4.颜色值(RGB);5.线框
  cv2.rectangle(image,(x,y),(x+w,y+h),(0,255,0),2)
```

第六步：显示图片窗口。

```
cv2.imshow('faces',image)
```

第七步：窗口暂停并销毁。

```
#窗口暂停(否则,图片窗口会闪退)
cv2.waitKey(0)
#销毁窗口
cv2.destroyAllWindows()
```

第八步：单击"运行"→"运行'FaceDemo'"或者使用快捷键 Shift+F10 运行代码。效果如图 4－13 所示。

图 4－13　人脸识别运行效果图

任务 2　人工智能常用工具

学习目标

1. 了解人工智能常用的工具；
2. 了解人工智能常用工具的应用情况；
3. 了解常用的人工智能工具各自的优缺点；
4. 能够辩证地看待问题，根据需求选择适合的工具；

5. 体会自主研发产品的必要性。

任务导入

人工智能之所以智能，源于对数据模型的构建和使用。针对一个应用场景，程序员提供一组样本，然后计算机从数据中学习各种模式，确定模型（算法）参数，得到的模型即可应用到该场景中。

模型的训练可以使用某一门编程语言从零开始搭建框架、构建模型。但面对繁多的应用场景，人工智能工具可以免去大量而烦琐的外围工作，使开发者关注业务场景和模型设计本身，以便将人工智能更快、更便捷地应用于新的问题中。

目前主流的人工智能的开发工具很多，各自具有不同的特性。本书主要关注目前流行程度比较高的 TensorFlow、PyTorch、Keras 及百度 PaddlePaddle 等工具。

请思考：

1. 除了本书提到的人工智能工具外，还有哪些常用的工具？

2. 一种人工智能工具能否适应所有应用场景？

知识准备

活动一　TensorFlow

1. TensorFlow 是什么

TensorFlow 是深度学习的重要框架，采用将数据流图用于数值计算的开源软件库，是谷歌基于 DistBelief 进行研发的第二代人工智能学习系统，其命名来源于本身的运行原理。Tensor（张量）意味着 N 维数组，Flow（流）意味着基于数据流图的计算，主要应用于深度神经网络和机器学习方面的研究，类似于 Java 开发中的 SSH 三大框架、PHP 中的 ThinkPHP 框架、Python 中的 Tornado 框架等。框架的功能是能够在开发中高效、省时等，从而节省开发成本和使呈现出的模型简单易懂。开源框架 TensorFlow 的 Logo 如图 4-14 所示。

图 4-14　TensorFlow 的 Logo

2. TensorFlow 的特点

TensorFlow 框架可以应用在人工智能的各个领域，具有灵活、便捷、研究和产品的桥梁、自动做微分运算、语言灵活、性能最大化等特点，如图 4-15 所示。

（1）灵活

它不仅可以用来做神经网络算法研究，也可以用来做普通的机器学习算法，只要能够把计算表示成数据流图，都可以使用 TensorFlow。

（2）便捷

这个工具可以部署在个人 PC、单 CPU、多 CPU、单 GPU、多 GPU、单机多 GPU、多机

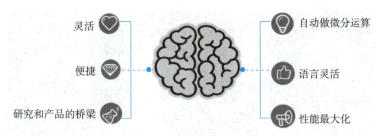

灵活

便捷

研究和产品的桥梁

自动做微分运算

语言灵活

性能最大化

图 4 – 15 TensorFlow 的特点

多 CPU、多机多 GPU、Android 手机上等，几乎涵盖各种场景的计算设备。

（3）研究和产品的桥梁

在谷歌，研究科学家可以用 TensorFlow 研究新的算法，产品团队可以用它来训练实际的产品模型，更重要的是，这样就能更容易地将研究成果转化成实际产品。另外，谷歌在白皮书上说道，几乎所有的产品都用到了 TensorFlow，比如搜索排序、语音识别、谷歌相册、自然语言处理等。

（4）自动做微分运算

机器学习中的很多算法都用到了梯度，使用 TensorFlow，它将自动帮你求出梯度，只要定义好目标函数、增加数据即可。

（5）语言灵活

TensorFlow 是用 C++ 语言实现的，然后用 Python 封装，现在还支持 Java 语言。谷歌号召社区通过 SWIG 开发更多的语言接口来支持 TensorFlow。

（6）性能最大化

通过对线程、队列和异步计算的支持（first – class support），TensorFlow 可以运行在各种硬件上，同时，根据计算的需要，合理地将运算分配到相应的设备，比如卷积就分配到 GPU 上。

3. TensorFlow 的应用

在谷歌内部，TensorFlow 已经得到了广泛的应用，谷歌使用 TensorFlow 为谷歌搜索、Gmail 和谷歌翻译等产品中的机器学习实现提供支持，以协助研究人员实现新的突破。AlphaGo 背后应用的就是 TensorFlow 框架。

（1）智能割接助手

中国移动使用 TensorFlow 打造了一种人工智能应用——智能割接助手，如图 4 – 16 所示。智能割接助手借助谷歌深度学习框架 TensorFlow 创新性地破解了一线运维人员的网络运维难题，它可以自动预测切换时间范围、验证操作日志和检测网络是否存在异常，努力为一线运维人员减负，帮助一线运维工程师更高效地进行网络运维。智能割接助手项目已经成功地为世界上规模最大的迁移项目提供支持，涉及数亿个 IoT HSS 号码。

（2）可口可乐移动购买凭证识别

可口可乐通过 TensorFlow 实现移动购买凭证识别，如图 4 – 17 所示，这是可口可乐公司为其会员回馈活动找到的解决方案，实现流畅的购买凭证识别功能。在这之前，用户需要在 MyCokeRewards. com 上手动输入可口可乐产品编码来参加推广活动。这个产品编码识别平台已经为十多个促销活动提供帮助，并生成了超过 18 万个扫描代码，它现在已成为可口可乐北美地区所有网络促销活动的核心组件。

图 4 - 16　中国移动智能割接助手

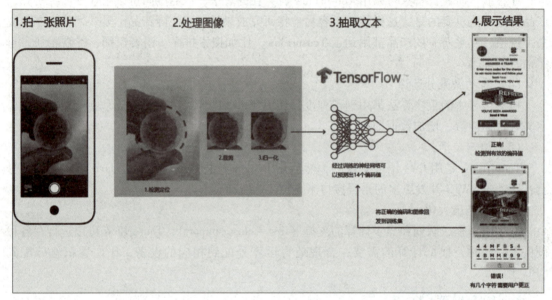

图 4 - 17　可口可乐产品编码识别

活动二　PyTorch

1. 什么是 PyTorch

Facebook 的 Pytorch 和谷歌的 TensorFlow 一样，也是一款深度学习框架。PyTorch 派生自 Torch，Torch 使用了一种不是很大众的语言——Lua 作为接口。PyTorch 基于 Torch 做了些底层修改、优化并且支持 Python 语言调用，使用 Python 重新写了很多内容。PyTorch 既可以看作加入了 GPU 支持的 NumPy，同时也可以看成一个拥有自动求导功能的强大的深度神经网络，成为当下最流行的动态图框架，支持动态神经网络。

PyTorch 是基于以下两个目的而打造的 Python 科学计算框架：

- 无缝替换 NumPy，并且通过利用 GPU 的算力来实现神经网络的加速。
- 通过自动微分机制来让神经网络的实现变得更加容易。

其核心优势就是动态计算图。Google 发布的 TensorFlow 2.x 版本中的 Eager Execution 被认为是在动态计算图模式上追赶 PyTorch 的举措。

2. PyTorch 的应用

PyTorch 从 2017 年发布到 2021 年以来，发展势头迅猛，短短几年时间，就从无人知晓到与 TensorFlow 齐名，加上 FastAI 的支持，PyTorch 得到了越来越多的机器学习开发者的青睐。尤其是在学术界，越来越多的论文和新技术基于 Pytorch 开发。截至 2021 年，从学术界发表论文的占比来看，PyTorch 的使用已经超过 60%，这说明了它在学术界的影响力。而在企业应用上，除了 Facebook 外，它也已经被 Twitter、CMU 和 Salesforce 等机构采用。

但工业生产领域，Pytorch 的应用与 TensorFlow 相比还存在着差距。原因是 PyTorch 出现较晚，工业场景比研究领域相对滞后，并且已用 TensorFlow 实现的工业场景要替换为 PyTorch 也并不是一件容易的事情。随着学术界的成果产出及前沿技术的应用，在工业界使用 PyTorch 也可能成为一种趋势。

3. PyTorch 的优缺点

PyTorch 的使用灵活、容易、快速的特点让深度学习的开发不再让人望而生畏。PyTorch 的优点包括如下几个方面：

①简洁：更少的抽象、更直观的设计，使得 PyTorch 的源码十分易于阅读；基于动态图机制，更灵活和高效。

②上手快：掌握 NumPy 和基本深度学习概念即可上手。PyTorch 的设计最符合人们的思维，它让用户尽可能地专注于实现自己的想法，即所思即所得，不需要考虑太多关于框架本身的束缚。

③易于调试：调试 PyTorch 就像调试 Python 代码一样简单，十分灵活、透明。

④文档规范：官网上提供了各个版本、各种语言的完整文档，以及循序渐进的指南，如图 4－18 所示。

图 4－18　官网中文教程

⑤活跃的社区：PyTorch 作者亲自维护的论坛供用户交流和求教问题。GitHub 上贡献者（Contributors）已超过 1 100。

相比于研究实验，PyTorch 在工业界的应用中存在很多限制性因素。比如，企业无法承担高昂的 Python 运行开销；无法在移动二进制中嵌入 Python 解释器；无法提供一个全面服务的功能，如不停机更新模型、无缝切换模型、在预测时间上进行批处理等。

活动三 Keras

1. 什么是 Keras

Keras 是一个用 Python 编写的开源人工神经网络库，可以作为 TensorFlow、Microsoft-CNTK 和 Theano 的高阶应用程序接口，进行深度学习模型的设计、调试、评估、应用和可视化。换句话说，Keras 是一个高层神经网络 API，是以 TensorFlow、Theano 及 CNTK 为计算后台的深度学习建模工具，如图 4-19 所示。

Keras 已经成为 TensorFlow 的官方前端，Keras 也优先支持 TensorFlow。作为 Keras 用户，在将来的项目中要使用 TensorFlow 2.0 和 tf.keras。

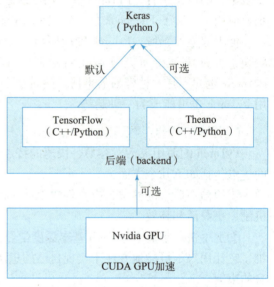

图 4-19 Keras 与 TensorFlow 的前后端关系图

2. Keras 的设计原则

Keras 之所以好用，是因为从设计之初，它就把用户体验放在首要和中心位置，其设计的指导原则如下：

①用户友好。Keras 是为人类而不是为机器设计的 API，它把用户体验放在首要和中心位置。Keras 遵循减少认知困难的最佳实践：它提供一致且简单的 API，将常见用例所需的用户操作数量降至最低，并且在用户错误时提供清晰和可操作的反馈。

②模块化。模型被理解为由独立的、完全可配置的模块构成的序列或图。这些模块可以尽可能少的限制组装在一起（就像搭积木一样）。特别是神经网络层、损失函数、优化器、初始化方法、激活函数、正则化方法，它们都是可以结合起来构建新模型的模块。

③易扩展性。新模块是很容易添加的（作为新的类和函数），现有的模块已经提供了充足的示例。由于能够轻松地创建可以提高表现力的新模块，Keras 更加适合高级研究。

④基于 Python 实现。Keras 没有特定格式的单独配置文件。模型定义在 Python 代码中，这些代码紧凑，易于调试，并且易于扩展。

3. Keras 的优缺点

Keras 是一个高层神经网络 API，支持快速实验，能够把你的想法迅速转换为结果，其优势表现在以下几方面：

①高度封装，简单、易用。Keras 优先考虑开发人员的经验，这使 Keras 易于学习和使用。

②应用广泛。作为 TensorFlow 的官方前端，已被工业界和学术界广泛采用。

③扩展性好。Keras 可以轻松地将模型转化为产品，Keras 模型可以在更广泛的平台上轻松部署。

④文档齐全，并且文档内容组织得很好，从简单到复杂，一步步指引。

当然，高度封装是优点也是缺点。既然是"封装"，那么许多内部的底层的东西就不会暴露出来，从另一个角度来看，就是可操控性降低了，因此在灵活性上不如 PyTorch。

Keras 的另一个缺点是不能有效地用作独立的框架。Keras 作为一个前端，需要其他深度学习框架提供后端支撑，如 TensorFlow。

活动四 PaddlePaddle

1. 什么是 PaddlePaddle

PaddlePaddle，中文名"飞桨"，是百度自主研发的集深度学习核心框架、工具组件和服务平台为一体的技术领先、功能完备的开源深度学习平台，有全面的官方支持的工业级应用模型，涵盖自然语言处理、计算机视觉、推荐引擎等多个领域，并开放多个预训练中文模型。其是中国首个自主研发、功能完备、开源开放的产业级深度学习平台。

启迪与深化

自主研发、科技强国

PaddlePaddle 不仅包含深度学习框架，还提供了一整套紧密关联、灵活组合的完整工具组件和服务平台（图 4-20），有利于深度学习技术的应用落地。

图 4-20 PaddlePaddle 工具组件和服务平台

PaddlePaddle 提供 70 多个官方模型（图 4-21），全部经过真实应用场景的有效验证。基于百度多年中文业务实践，提供更懂中文的 NLP 模型；同时，开源多个百度独有的优势业务模型及国际竞赛冠军算法。

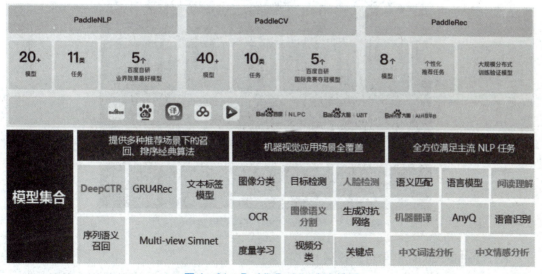

图 4-21 PaddlePaddle 官方模型

2. PaddlePaddle 的应用

（1）PaddleClas 助力医疗

PPDE（飞桨开发者技术专家）韩霖使用 PaddleClas 图像分类套件对新冠肺炎、其他病毒性肺炎和正常人三个类别的 CT 扫描进行了分类，最终在测试集图像上达到了 97% 的准确率，可为临床提供辅助参考（图 4-22）。

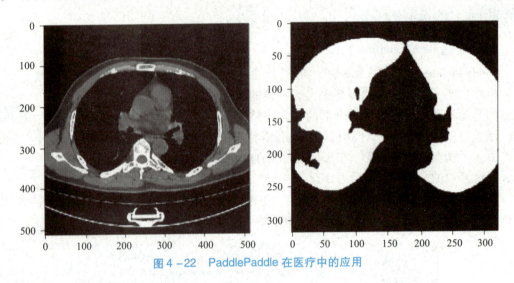

图 4-22 PaddlePaddle 在医疗中的应用

（2）PaddlePaddle 助力能源电力

广东电科院能源技术公司利用 PaddlePaddle 深度学习平台为自主研发的变电站智能巡检机器人提供视觉赋能，实现对变电设备的准确检测与分析，让原有单次 6 小时的人工现场巡视由机器人替代，极大地降低了运维成本，提高了巡视工作的智能化水平（图 4-23）。

图 4-23 PaddlePaddle 在能源电力中的应用

（3）PaddlePaddle 助力目标检测

PPDE 梁瑛平在 PaddleDetection 提供的 YOLO v3 预训练模型的基础上进行二次开发，实现车辆检测，并使用 X2Paddle 将 PyTorch 模型进行转换，实现车辆颜色、类型和朝向的识别，实现简单的交通违章逆行车辆的检测。经测试，其可以准确检测道路车辆情况，检测速度在显卡配置为 1 050 TI 下为 11.4 帧/s（图 4 – 24）。

图 4 – 24　PaddlePaddle 在交通中的应用

知识运用

PaddlePaddle 是百度自主研发的深度学习核心框架，使用 PaddlePaddle 可以实现图像分类、自然语言处理、目标检测等功能。本部分分析使用 PaddlePaddle 进行人脸识别的思路，如图 4 – 25 所示。

图 4 – 25　使用 PaddlePaddle 实现人脸识别的思路

第一步：准备数据。

本部分使用三位人物的人脸图片作为训练数据集，数据集中的人脸图片总计 317 张图片。图片标签将人物 1 的人脸图片标记为 0，人物 2 的人脸图片标记为 1，人物 3 的人脸图片标记为 2。数据集按照 9:1 的比例进行划分，将其中 90% 的数据集用于训练，剩余 10% 的数据集用于测试。

第二步：配置神经网络。

卷积神经网络模型将图片分割成若干网格，每个网格记录目标物体相关的信息数据。在实现目标检测过程中，可以使用卷积神经网络中的 VGG、YOLO 等模型，也可以使用自定义模型。

第三步：训练模型。

模型可以简单理解为函数。训练模型就是用已有的数据，通过一些方法（最优化或者其他方法）确定函数的参数，参数确定后的函数就是训练的结果，使用模型就是把新的数据代入函数中求值。

第四步：模型评估。

测试模型预测的结果质量，测试预测的结果与实际值到底有多么接近。在计算机科学特别是机器学习领域中，对模型的评估同样至关重要，只有选择与问题相匹配的评估方法，才能快速地发现模型选择或训练过程中出现的问题，迭代地对模型进行优化。

第五步：模型预测。

预测主要有四步：第一步，配置好预测的环境；第二步，准备好要预测的图片；第三步，加载预测的模型，把要预测的图片放到模型中进行预测；第四步，输出预测的结果。

此处为实现思路，具体实现参见本模块任务 3 的知识运用部分。

任务3　人工智能开放平台

学习目标

1. 了解人工智能开放平台推出的背景；
2. 了解通用 AI 开放平台——百度 AI 开放平台和腾讯 AI 开放平台；
3. 理解开放创新平台对于促进人工智能在产业的落地及智能化升级的作用。

任务导入

人工智能浪潮的兴起，带来了更多场景的需求。对于对人工智能技术解决方案有需求的企业来说，找到最适合自身应用场景的解决方案和技术方案，关系到自身应用人工智能的效率和效果。可以依据企业需求，通过人工智能 TensorFlow、PyTorch 框架开发应用，但目前在这方面存在严重的信息不对称和需求不匹配的问题。实际上，对于大多数中小企业来说，大数据、云计算、人工智能等具有较高门槛的技术种类，都是难以长期自主研发、持续投入的领域。这严重影响了人工智能在产业的落地及产业方的智能化升级。这就需要一个开放的平台来帮助需求方和服务商完成产业对接，提升合作效率。

2019 年 8 月 1 日，科技部印发《国家新一代人工智能开放创新平台建设工作指引》的通知。文件明确，新一代人工智能开放创新平台重点由人工智能行业技术领军企业牵头建设，鼓励联合科研院所、高校参与建设并提供智力和技术支撑。

在政策引导之下，各方积极推进新一代人工智能开放创新平台建设，人工智能技术、产品、服务在各领域的流动速度也不断加快。

目前，我国人工智能开放平台参与者众多，综合参与者背景和开放技术类型，可大体分为四类：通用、全面的智能云计算下属 AI 开放平台，如百度云、腾讯云、阿里云等下属的

AI 开放平台；通用、全面的独立人工智能开放平台，如小米开放平台、讯飞开放平台等；提供垂直技术的人工智能开放平台，如专注计算机视觉的旷视科技 Face++、商汤科技等；提供垂直场景技术的人工智能开放平台，如安防场景的海康威视、大华股份乐橙开放平台、教育场景的好未来 AI 开放平台等。

人工智能开放平台的推出，无疑会给诸多这样的企业带来开源资源的借力，可避免无效探索和盲目投入，让企业能够快速借助 AI 技术红利实现创新。

本任务将带领大家体验通用、全面的智能云计算下属 AI 开放平台——百度 AI 开放平台、腾讯 AI 平台。

请思考：

百度 AI 开放平台和 PaddlePaddle 的关系是什么？什么情况下使用 PaddlePaddle 平台，什么情况下使用百度 AI 开放平台？

知识准备

活动一 百度 AI 开放平台

1. 百度 AI 开放平台简介

百度 AI 开放平台提供了 PaddlePaddle 企业版 EasyDL 和 BML、智能对话定制平台 UNIT、AI 学习与实训社区 AI Studio，以及实现算法与硬件深度整合的软硬一体产品等，一站式满足 AI 模型开发、AI 创新应用、AI 学习实践的需求，助力各行业 AI 升级，如图 4 – 26 所示。

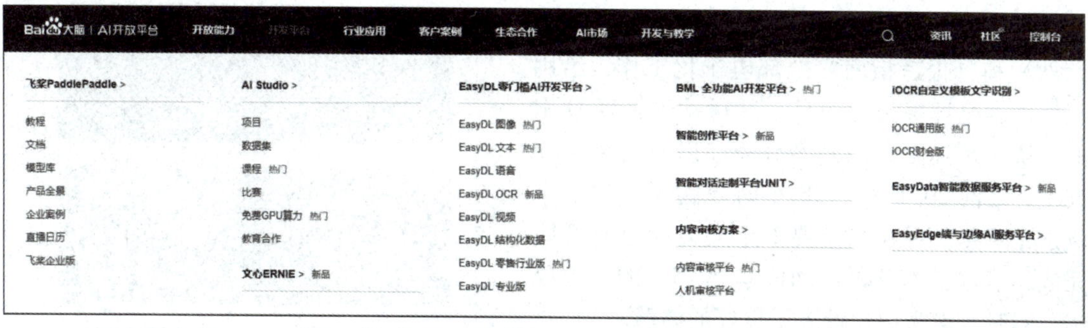

Baidu大脑 | AI开放平台	开放能力	开放平台	行业应用	客户案例	生态合作	AI市场	开发与教学		资讯	社区	控制台

飞桨PaddlePaddle >　　AI Studio >　　EasyDL零门槛AI开发平台 >　　BML 全功能AI开发平台 热门 >　　iOCR自定义模板文字识别 >

教程　　项目　　EasyDL 图像 热门　　智能创作平台 > 新品　　iOCR通用版 热门

文档　　数据集　　EasyDL 文本 热门　　　　　　　　　　　　iOCR财会版

模型库　　课程 热门　　EasyDL 语音　　智能对话定制平台UNIT >　　EasyData智能数据服务平台 > 新品

产品全景　　比赛　　EasyDL OCR 新品

企业案例　　免费GPU算力 热门　　EasyDL 视频　　内容审核方案 >　　EasyEdge端与边缘AI服务平台 >

直播日历　　教育合作　　EasyDL 结构化版　　内容审核平台 热门

飞桨企业版　　文心ERNIE > 新品　　EasyDL 零售行业版 热门　　人机审核平台

　　　　　　　　　　EasyDL 专业版

图 4 –26 百度 AI 开放平台

百度 AI 开放平台提供了 120 多项细分的场景化能力和解决方案，包括从语音、人脸识别、文字识别、细密度的图像识别、垂直的图像识别及自然语言处理的知识图谱等一系列的能力（图 4 –27），这些能力可以直接在产品和应用中使用，能力集成速度最快仅需 5 min。并且在百度 AI 开放平台上，80% 以上中小企业和开发者不需要花钱就可以使用百度开放的能力，比如，语音识别，每天有 5 万次的免费调用次数，语音合成，每天有 20 万次的免费调用次数，语义、人脸、图像等方向的技术接口都有免费使用的次数，这是百度希望大家能更好地体验和应用而做的努力。

2. 百度 AI 开放平台的应用

百度 AI 开放平台上的开发者数量超过 100 万，百度 AI 被广泛应用在教育培训、广电传媒、交通运输、金融等各个行业中，超过 20 个行业在使用百度 AI 技术。

技术能力	图像识别 >	车辆分析 >	图像审核 >	图像特效 >
语音技术	通用物体和场景识别 热门	车型识别 热门	色情识别 热门	黑白图像上色 热门
图像技术 >	品牌logo识别 热门	车辆检测	暴恐识别	图像风格转换
文字识别	植物识别	车流统计 邀测	政治敏感识别	人像动漫化 热门
人脸与人体识别	动物识别	车辆属性识别 邀测	广告检测	天空分割 邀测
视频技术	菜品识别	车辆损伤识别	恶心图像识别	图像增强
AR与VR	地标识别	车辆分割 邀测	图像质量检测	
自然语言处理	果蔬识别	图像搜索 >	图文审核	图像去雾
知识图谱	红酒识别	相似图片搜索	公众人物识别	图像对比度增强
数据智能	货币识别	相似图片搜索 热门		图像无损放大
场景方案	图像主体检测	商品图片搜索	开发平台	拉伸图像恢复
	翻拍识别	绘本图片搜索 新品	内容审核平台 热门	图像修复
查看全部AI能力	快消商品检测 邀测		EasyDL定制化图像识别	图像清晰度增强
查看客户案例 >		私有化解决方案	EasyMonitor视频监控开发平台	图像色彩增强 邀测

图 4−27　百度 AI 的开放能力

（1）教育行业的应用

"云志愿"是杭州布谷科技推出的一款高考志愿填报类 App（图 4−28），其基于大数据挖掘技术，科学、快速地帮助考生填报高考志愿。考生和家长在高考志愿填报前，需要阅读《招生计划》和《报考指南》，了解大量的报考信息，而且志愿填报时间短、压力大，云志愿能在短短的 2 天内完成对全国 28 个省份的《招生计划》和《报考指南》全部电子化工作，给用户提供志愿填报指导服务。这得益于百度 OCR 的超快识别速度、超高准确率，以及百度 NLP 技术，之前 20 个人力 18 小时才能完成的书本电子化工作，现在只需要 1 个人力 4 小时就能完成，节省了 89% 的时间成本和 75% 的人力成本，同时，也为用户带来了良好的体验。

（2）广电传媒行业

在广电传媒方向，2020 年 12 月，《人民日报》举办"2020 智慧媒体高峰论坛"，发布《人民日报》"创作大脑"（图 4−29），由百度自主研发的云端 AI 通用芯片提供适配语音、语

图 4−28　云志愿

言、视觉算法的算力；通过媒体知识中台、智能创作平台和智能视频平台，开放知识图谱、自然语言处理、视觉等 AI 能力，将人工智能技术应用于新闻策划、采编、审校、分发等各个环节，构建全媒体智能新生态。"创作大脑"的全媒体内容生产工具覆盖了全媒体策划、采集、编辑、传播效果分析等各环节和业务场景，可以大幅提高新闻产品的生产效率，能够进行视频直播关键人物、语句识别、全网热点数据自定义监测预警、批量生成可视化大数据报告等多种智能化生产，并依托智慧云盘系统全面提升协同办公水平，有效解决媒体智能技

术应用的"最后一千米"问题。

（3）交通运输行业

在交通方向，助力济南地铁实现了全国首个地铁 3D"刷脸"进站业务。3D"人脸识别"智能通行设备（图 4-30）搭载百度大脑人脸离线识别 SDK 算法，具有多种模态活体检测能力，可防御诸如照片、视频、3D 模型等伪装攻击行为，其算法抵御假面攻击拒绝率超过 99.9%，可有效保障业务的安全性。人站在黄线外刷脸到完全通过闸机只需 1.8 s，而使用地铁卡、手机二维码等方式需 3 s 才可通过闸机，乘客通行速度提升了近一倍。

图 4-29　《人民日报》"创作大脑"

图 4-30　济南地铁 3D 刷脸进站

（4）金融行业

在金融方向，联通支付的"智收银"App（图 4-31）通过结合百度 AI 语音合成技术，将文字转换为语音播放出来，通过语音指导消费者当前操作步骤，以及提醒操作是否成功或交易是否成功。同时，App 中采用了百度语音合成的 4 种发音（普通女声、普通男声、特别男声、情感男声），后续商户可根据店铺风格进行设置。百度 AI 语音合成技术的引入，使用户在进行支付操作时，因有更好的听觉体验加持，从而有效地帮助用户节省时间，为越来越多的商户提供了更轻松、便捷的支付服务和体验。

图 4-31　联通支付"智收银"语音提示

活动二 腾讯 AI 开放平台

1. 腾讯 AI 开放平台简介

2018 年 9 月，腾讯发布 AI 开放平台，依托腾讯 AI Lab、腾讯优图、WeChat AI 等实验室，汇聚腾讯 AI 技术能力，开放100 余项 AI 能力接口，供行业使用。线下则通过 AI 加速器帮助和扶持 AI 创业者，打造 AI 开放新生态。

软件开源，踏出中国步伐

至 2021 年，腾讯云已开放超过 300 项 AI 原子能力、50 多个 AI 解决方案，服务全球超过 10 亿用户。AI 开放能力涵盖文字识别、智能机器人、人体识别、自然语言处理、语音技术、人脸识别、人脸特效、图像识别、AI 平台服务等方向。解决方案涵盖智能票据、人脸识别门禁考勤、AI 互动体验展、实名实人认证、AI 创意营销、智能客服机器人、智慧会场等，如图 4-32 所示。

文字识别	人体识别	人脸识别	图像识别
通用文字识别	手势识别	人脸识别	图像分析
卡证文字识别	人体分析	换脸甄别	智能识图
票据单据识别	**自然语言处理**	人脸核身	
汽车相关识别	自然语言处理	人脸支付	**AI平台服务**
行业文档识别	机器翻译		智能钛机器学习
智能扫码	腾讯知识图谱	**人脸特效**	人工智能服务平台
营业执照核验		人脸融合	腾讯智能对话平台
增值税发票核验	**语音技术**	人脸试妆	IP 虚拟人
智能机器人	语音识别	人像变换	音视频字幕平台
腾讯云小微	语音合成		
智能硬件 AI 语音助手	声纹识别		
对话机器人			

图 4-32 腾讯 AI 开放平台开放能力

2. 腾讯 AI 开放平台的应用

腾讯 AI 能力与工业、广电传媒、金融、教育等行业结合，持续释放 AI 应用价值，并取得了一系列成果。

（1）工业方向

腾讯 AI 提供了解决方案 + 平台双引擎的模式，解决方案层面提供软硬一体解决方案，一站式解决客户工业质检问题。上海富驰高科在部署腾讯云 AI 质检产品后，质检速度提高了 10 倍，首次达到了业界零漏检，节省数千万元成本。华星光电通过智能钛基于设备参数数据与生产图像进行生产缺陷检测与分类，降低了企业人力成本，提升缺陷检出率。此外，还为空客、中外运等龙头客户打造优质 AI 方案，帮助企业实现降本增效和数字化转型。

（2）广电传媒行业

腾讯 AI 开放平台为广电传媒行业量身打造了 AI 中台系统，提供了智能化、全流程、一站式的中台服务及开箱即用的智能应用。目前，已经发布智能编目、智能拆条、智能标签、视频质检、人脸集锦和智能超分等九大 AI 应用，定向构建和优化的底层 AI 算法能力超过 54 项。AI 中台获得了 2021 年 CCBN 产品创新优秀奖，并已经落地中央广播电视总台央视频 5G 新媒体平台项目。

（3）金融行业

腾讯提供了一站式 AI 平台——智能钛平台，覆盖机器学习、数据标注和 AI 应用服务等 AI 模型生产、管理、发布、应用的全流程环节，助力金融机构快速构建符合自己企业需求的金融 AI 平台。智能钛机器学习可以辅助金融机构建立用户购买行为预测模型，预测用户行为，从而对用户进行针对性理财产品推荐。例如，智能钛为北京银行建设了行级 AI 基础平台，为 AI 实现风控、营销优化等场景打下基础，并证明智能钛应对金融大数据量和复杂场景见面需求的能力。海通证券通过智能钛基于历史行为数据，建立流失率预警模型，提前预测流失行为，及时挽留，帮助海通证券大幅提升客户挽留效率。陕西信合基于腾讯智能钛打造了 AI 金融服务平台，助力陕西信合实现金融风控、营销、运营等多场景模型的开发运行及统一管理。

（4）教育行业

腾讯 AI 从"教、考、管、批"教学流程中打造智能化解决方案，可以帮助学生更方便地完成登录，天然认证身份，防止出现代打卡、替考等情况。使用语音识别和 NLP 技术，腾讯 AI 可帮助家长和老师快速检查语文背诵、英语口语作业的智能批改等。智能钛机器学习平台内置的丰富算法与框架组件满足不同用户的使用习惯，在各类 AI 算法大赛中，提供满足各参赛队伍的使用习惯的工具，可以提供高性能集群支撑数千人的高并发的大批量训练任务，其优势如图 4-33 所示。

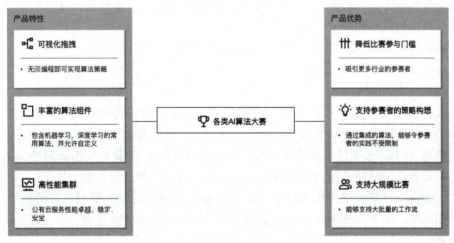

图 4-33　智能钛支持各类算法大赛的优势

（5）民生领域

如今，二维码已经渗透到生活的每一个角落，扫码已经成为我们生活中不可或缺的重要组成部分，而具备强大的"扫一扫"能力也已经是每款应用上线时必备的工具之一。腾讯云提供的智能扫码产品由微信官方独家提供技术支持，并已在微信、QQ 等多个国民级产品中成功应用，服务有着良好的稳定性和安全性，日均扫码数超百亿次，如图 4-34 所示。

在实际场景下，用户在扫码过程中经常会遇到一图多码、像素模糊、扫码环境干扰因素多等复杂场景，如何给用户提供精准快速的扫码体验是众多 APP 产品的困扰，因为扫码不仅仅需要强大的识别能力，还需要优秀的用户体验。如何在暗光下识别，如何根据二维码大小自动调焦，如何识别一图多码等都是急需解决的问题。

图 4 - 34　智能扫码

腾讯云智能扫码的推出不仅支持大图小码、一图多码、模糊识别，还支持多种增值服务，如暗光开灯，自动调焦等，能够满足多样的实际场景需求，有效解决上述难题。在开发体验上，智能扫码不仅支持二维、一维、PDF417 以及 DataMatrix 等码制的识别，还支持包括 iOS、Android、Linux、Windows 在内的多种平台，适配市面上绝大部分机型。此外，优秀的封装也让集成变得极其方便，小于 2MB 的安装包以及极小的计算消耗让低配的硬件也能够快速响应智能扫码的需求。

相关测评数据显示，在复杂场景下，腾讯云智能扫码的识别率高达 93.8%，领先行业其他扫码应用。

（6）协同办公领域

在协同办公领域中，基于实时语音、图像处理等 AI 技术，腾讯云打造的线上多人音视频会议系统——腾讯会议，每天服务超过千万用户，具有智能化、高效率的数字化协同办公模式。在腾讯 AI Lab 多项技术加持下，腾讯会议推出 16mic 多模态人像分割解决方案，具备智能音幕功能，能够精准区分和定位会议室里的发言人，并升级去混响效果。

目前，腾讯会议等腾讯协作 SaaS 产品，已全部接入腾讯混元大模型。VooVMeeting 是腾讯会议的国际版，覆盖全球 100 多个国家和地区，并可与腾讯会议互通，绝大部分功能也与腾讯会议相同。

🖥 知识运用

本实验依托 PaddlePaddle 的 AI Studio 学习与实训社区，体验人脸识别项目，步骤如下：

第一步：打开 PaddlePaddle 官网，单击"在线体验"→"AI Studio"，进入"AI Studio"主页。单击"项目"选项卡，在搜索框中搜索"人脸识别"，单击进入"用 PaddlePaddle 实现人脸识别"页面，如图 4 - 35 所示。

图 4 - 35　"用 PaddlePaddle 实现人脸识别"页面

第二步：单击"运行一下"按钮，运行该项目，如图 4 - 36 所示。

图 4 - 36　单击"运行一下"按钮

第三步：在弹出的对话框中选择"基础版（免费使用）"后，单击"确定"按钮，如图 4 - 37 所示。

第四步：单击"运行全部"按钮，运行所有代码（图 4 - 38）。（此处的代码为人脸识别项目从准备数据、配置网络、训练网络、模型评估到模型预测的全部代码，以及每一步的

图 4 - 37　选择运行环境

实现逻辑介绍，本书不一一进行讲解，感兴趣的同学可自行学习。)

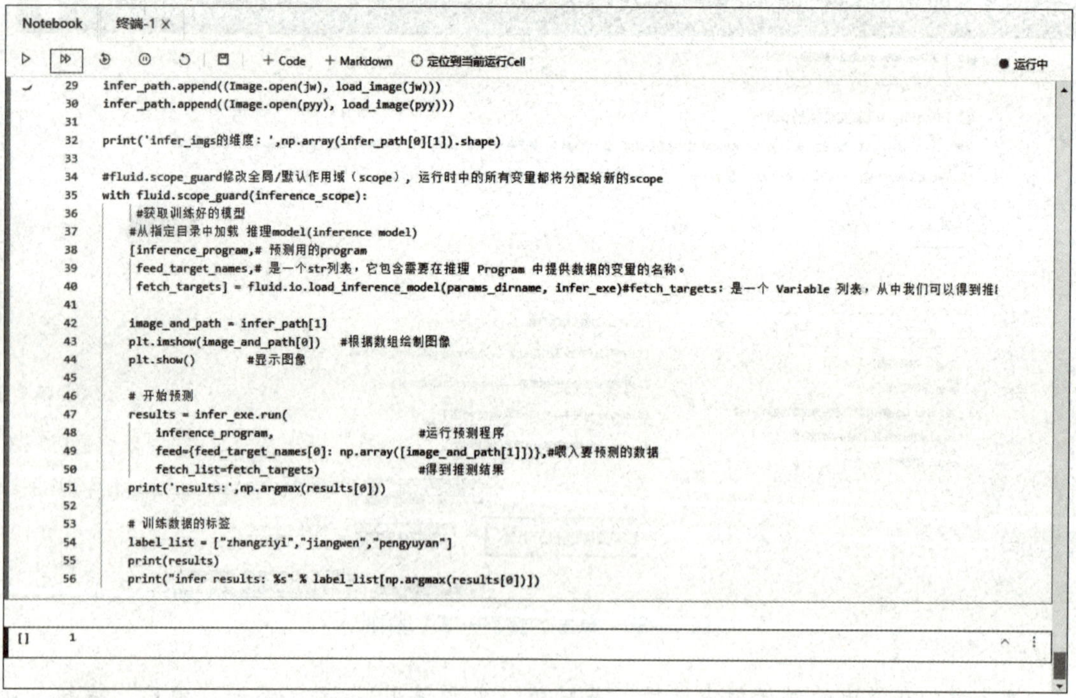

```
29  infer_path.append((Image.open(jw), load_image(jw)))
30  infer_path.append((Image.open(pyy), load_image(pyy)))
31
32  print('infer_imgs的维度：',np.array(infer_path[0][1]).shape)
33
34  #fluid.scope_guard修改全局/默认作用域（scope），运行时中的所有变量都将分配给新的scope
35  with fluid.scope_guard(inference_scope):
36      #获取训练好的模型
37      #从指定目录中加载 推理model(inference model)
38      [inference_program,# 预测用的program
39       feed_target_names,# 是一个str列表，它包含需要在推理 Program 中提供数据的变量的名称。
40       fetch_targets] = fluid.io.load_inference_model(params_dirname, infer_exe)#fetch_targets: 是一个 Variable 列表，从中我们可以得到推!
41
42      image_and_path = infer_path[1]
43      plt.imshow(image_and_path[0])    #根据数组绘制图像
44      plt.show()        #显示图像
45
46      # 开始预测
47      results = infer_exe.run(
48          inference_program,              #运行预测程序
49          feed={feed_target_names[0]: np.array([image_and_path[1]])},#喂入要预测的数据
50          fetch_list=fetch_targets)       #得到推测结果
51      print('results:',np.argmax(results[0]))
52
53      # 训练数据的标签
54      label_list = ["zhangziyi","jiangwen","pengyuyan"]
55      print(results)
56      print("infer results: %s" % label_list[np.argmax(results[0])])
```

图 4 - 38　运行所有代码

第五步：查看运行结果，如图 4 - 39 所示。

```
infer_imgs的维度: (3, 100, 100)
results: 2
[array([[0.1432547 , 0.08771216, 0.76506644, 0.00396663]], dtype=float32)]
infer results: pengyuyan
```

图 4-39　运行结果

　　项目中预测图片采用的是人物 2 的图片，从项目运行结果中可以看到，预测的结果为 2，而在数据准备时，为人物 0 的图片打的标签是 0，为人物 1 的图片打的标签是 1，为人物 2 的图片打的标签是 2，所以此处预测结果显示图片为人物 2，与事实相符。

📠 任务拓展

　　腾讯云 AI 体验中心微信小程序提供了人脸识别、人脸特效、文字识别、慧眼人脸核身、图像识别、智能语音等 AI 体验项目。例如，体验人脸特效的"人脸年龄变化"步骤如下：

　　第一步：微信搜索"腾讯 AI 体验中心"小程序，或用微信扫描图 4-40 所示的二维码进入小程序。

　　第二步：找到"人脸年龄变化"项目，打开后默认显示年轻状态，如图 4-41 所示。

　　第三步：拖动"参数设置"下面的滑动条，在"变年轻""变老点"两个方向间体验人脸随年龄的变化状态，如图 4-42 所示。

图 4-40　"腾讯 AI 体验中心"二维码

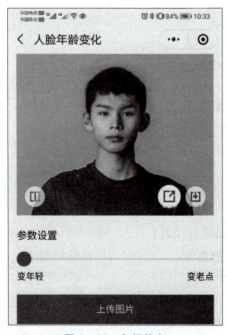

图 4-41　年轻状态

图 4-42　变老状态

第四步：单击"上传图片"按钮，上传自己的人脸图片，体验人脸随年龄的变化状态。

自主评价

通过学习本模块，看自己是否对人工智能开发技术有了充分了解，在技能检测表中标出自己的学习情况。

评价标准	个人评价	小组评价	教师评价
（1）是否了解人工智能开发语言，是否掌握了 Python 语言的基础知识			
（2）是否了解人工智能常用的工具			
（3）是否了解人工智能开放平台			
（4）是否了解大模型与 AIGC			
（5）是否了解提示工程			
（6）是否理解软件开源、自主研发、自主创新的意义			
备注：A 为能做到；B 为基本能做到；C 为部分能做到；D 为基本做不到。			

习　　题

一、选择题

1. 以下关于 Python 语言的特点描述中，哪一项是不正确的？（　　）

A. Python 是一种解释型的脚本语言

B. Python 具有开源、可移植性、面向对象的特点

C. Python 的类库较少，但功能全面

D. Python 的编程思维与现实生活中的思维习惯相似

2. 在 Python 中，哪些类型的库可以直接使用？（　　）

A. 基础库　　　　　　B. 标准库　　　　　　C. 扩展库　　　　　　D. 自定义模块

3. 以下哪种方式可以导入模块中的所有元素？（　　）

A. import 模块名

B. from 模块名 import 指定元素

C. from 模块名 import *

D. from 模块名 import 指定元素 as 新名称

4. 在使用 OpenCV 进行人脸识别时，需要先加载哪些内容？（　　）

A. 图片　　　　　　B. 人脸模型库　　　　　　C. 颜色值　　　　　　D. 线框粗细

5. 在 OpenCV 中，使用哪个函数加载人脸级联分类器？（　　）

A. CascadeClassifier　　　　　　　　　　B. detectMultiScale

C. Imshow　　　　　　　　　　　　　　　D. Imread

6. TensorFlow 的主要功能是什么？（　　）

A. 数据分析　　　　　　B. 网络编程　　　　　　C. 数值计算　　　　　　D. 图像处理

7. PyTorch 的核心优势包括哪些？（　　　）

A. 动态计算图 　　　　　　　　　　 B. 静态计算图

C. 自动微分机制 　　　　　　　　　 D. 无缝替换 NUMPY

8. 以下哪些是 Keras 的设计指导原则？（　　　）

A. 用户友好 　　　　　　　　　　　 B. 模块化

C. 易扩展性 　　　　　　　　　　　 D. 基于 PYTHON 实现

9. 以下关于 PaddlePaddle 的描述，哪些说法是正确的？（　　　）

A. 它只适用于学术研究

B. 它提供了全面的官方支持的工业级应用模型

C. 它开放了多个预训练中文模型

D. 它是由百度公司研发的

10. 腾讯 AI 开放平台是在哪一年开始对外开放的？（　　　）

A. 2017 年 　　　　 B. 2018 年 　　　　 C. 2019 年 　　　　 D. 2020 年

二、判断题

1. 人工智能技术的应用，不存在一个能够适应所有场景的产品。 （　　　）

2. 人工智能工具的主要作用是免去大量而烦琐的外围工作，使开发者关注业务场景和模型设计本身。 （　　　）

3. PaddlePaddle 中文名为飞桨。 （　　　）

4. 科技向善是科技发展必须遵守的原则。 （　　　）

三、简答题

1. 目前主流的人工智能开发工具有很多，各自具有不同的特性，除了课本上提到的人工智能工具外，你还知道有哪些常用的工具？

2. 一种人工智能工具是否能适应所有应用场景？

模块五

人工智能应用

在了解了人工智能的基础知识后，我们将进入人工智能的行业应用模块。截至 2021 年，人工智能已经被广泛应用于农业、安防、交通、金融、教育、医疗和家居等重要领域。人工智能将发挥哪些独特的作用？将为人们带来怎样的便利？在哪些方面尚需不断完善？下面主要来了解城市、农业、教育、家居是如何应用人工智能技术的。

教学导航

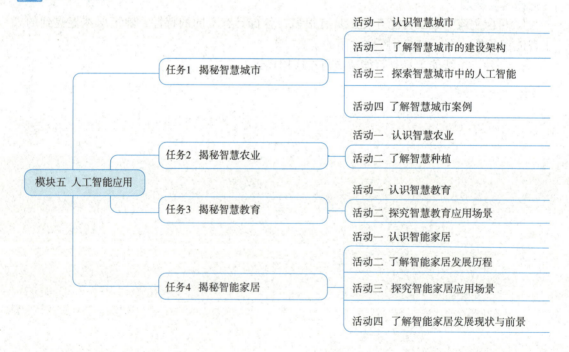

任务1 揭秘智慧城市

　　智慧城市（图5-1）是指在城市发展过程中，在城市基础设施、资源环境、社会民生、经济产业、市政治理领域中，充分利用物联网、互联网、云计算、大数据等技术手段，对城市居民生活工作、企业经营发展和政府行政管理过程中的相关活动，进行智慧的感知、分析、集成和应对，为市民提供一个更美好的生活和工作环境，为企业创造一个更有利的商业发展环境，为政府构建一个更高效的城市运营管理环境。本任务将重点讲解智慧城市的发展、建设架构及相关应用。

图5-1 智慧城市

📖 学习目标

1. 认识智慧城市；
2. 理解典型智慧城市的建设架构；
3. 熟悉智慧城市中所应用的人工智能技术；
4. 了解智慧城市的应用场景；
5. 提高社会责任感，增强社会主义核心价值观文化认同。

📖 任务导入

　　2020年11月，全球智慧城市大会（Smart City Expo World Congress）上，西班牙巴塞罗那市议员拉娅·博尼特宣布上海获得2020年世界智慧城市大奖时，浦江之畔的上海会场爆发出一阵热烈欢呼。上海通过其独特的人民城市建设理念、基础和格局，创造了一个智慧且温暖的城市，成为第一个获得世界智慧城市大奖的中国城市。近年来，上海深化政务服务"一网通办"，推进城市运行"一网统管"，紧抓"两张网"的"牛鼻子"，提升了上海城市治理能力，努力打造成为我国城市的治理样板，向世界展现"中国之治"新境界。

　　请思考：

1. 什么是智慧城市？你所生活的城市是智慧城市吗？
2. 你心目中的未来智慧城市是什么样的？
3. 如何将人工智能技术应用于智慧城市中？

📖 知识准备

活动一 认识智慧城市

1. 智慧城市概述

　　所谓智慧，百度百科有这样的解释："智慧（狭义的），它是生物所具有的基于神经器官（物质基础）的一种高级的综合能力，包含有感知、知识、记忆、理解、联想、情感、逻辑、辨别、计算、分析、判断、文化、中庸、包容、决定等多种能力。智慧让人可以深刻地理解人、事、物、社会、宇宙、现状、过去、将来，拥有思考、分析、探求真理的能力。"概括为"智慧是一种能力，是做出导致成功决策的能力"。

那么什么是智慧城市呢？可以理解为让城市拥有智慧大脑，可以深刻地理解城市中的人、事、物、社会、现状、过去、将来，拥有更强的思考、分析、解决问题及满足需求、谋求更好发展的能力。

智慧城市是软件与硬件相互结合的命运共同体，作为经济转型、产业升级、城市发展的新引擎，促进城市生产，生活方式的变革，以及城市功能的不断提升和完善。为公众提供舒适、便捷的服务，提升民众幸福感；为企业提供创新发展驱动力，提升企业竞争力；同时，支持高效、安全的城市管理，打造美好的城市生活。

那么智慧城市的理念是什么呢？智慧城市的建设充分利用物联网、云计算、大数据等智能科学新兴技术手段，对城市生产生活中产生的相关活动需求，进行智慧感知、互联、处理和协调，为市民提供美好的生活和工作环境，为企业创造可持续发展的商业环境，为政府构建高效的城市运营管理环境，使城市成为一个和谐运行的新智慧生态系统。智慧城市生态系统如图5-2所示。

图5-2　智慧城市生态系统

智慧城市的发展具有以下特点：

①全面感知。遍布各处的传感器和智能设备组成"物联网"，对城市运行的核心系统进行感知、监控和分析。

②资源整合。"物联网"与互联网系统的完全连接和融合，将数据整合为城市核心系统的运行全景图，提供智慧的基础设施。

③创新改革。鼓励政府、市民和企业在智慧基础设施之上进行科技和业务的创新应用，提高公众的参与意识，为城市提供源源不断的发展动力。

④协同运作。基于智慧基础设施，城市里的各个关键系统和参与者进行和谐高效的协作，使城市形成运行的最佳状态。

2. 智慧城市发展历程

2008 年 11 月，IBM（国际商业机器公司）提出"智慧地球"概念；2009 年 8 月，IBM 发布《智慧地球赢在中国》计划书；2010 年，IBM 正式提出了"智慧城市"愿景。IBM 经过研究认为，城市由关系到城市主要功能的不同类型的网络、基础设施和环境六个核心系统组成：组织（人）、业务/政务、交通、通信、水和能源。这些系统不是零散的，而是以一种协作的方式相互衔接。而城市本身，则是由这些系统所组成的宏观系统。

虽然西方国家较早提出了"智慧城市"的概念，但是我国在智慧城市的建设和发展上取得了显著的成就，并形成了自己的特色和路径。我国智慧城市的建设遵循科学规划、分步实施的原则。各地根据自身实际情况，制定智慧城市发展规划，明确建设目标和任务，确保智慧城市建设的有序推进。总体来看，中国的智慧城市建设经历了三个阶段：

第一阶段是 2010 年以前，是智慧城市的萌芽期。

智慧城市的萌芽期主要强调数字化建设，利用 3S 技术（遥感技术 RS、地理信息技术 GIS、全球定位系统 GPS）对城市及相关信息进行采集监测，但是缺乏对数据的分析和智能化决策。

第二阶段是 2010—2015 年，是国内智慧城市建设的探索发展期。

2012 年，首批国家智慧城市试点名单公布，含北京东城区、上海浦东新区等在内的 90 个国内城市入围；2014 年，经国务院同意，发改委、工信部、科技部、公安部、财政部、国土部、住建部、交通部等八部委印发《关于促进智慧城市健康发展的指导意见》，要求各地区、各有关部门落实本指导意见提出的各项任务，确保智慧城市建设健康、有序推进。

智慧城市建设的探索发展期的主要典型是从国家层次到各省市地方制定了多项发展规划，在物联网、互联网等技术的支撑下，掀起了国内智慧城市建设的潮流，出现了一批试点城市。

第三阶段为 2016 年至今，是新型智慧城市建设阶段。

国家标准委、中央网信办、国家发展改革委发布《关于开展智慧城市标准体系和评价指标体系建设及应用实施的指导意见》，明确到 2017 年，将完成智慧城市总体、支撑技术与平台、基础设施、建设与宜居、管理与服务、产业与经济、安全与保障 7 个大类 20 项急需标准的制定工作，到 2020 年累计完成 50 项左右的标准。同时，从 2015 年起至 2016 年，同步开展整体指标及成熟领域分项指标试评价工作，到 2018 年初步建立我国智慧城市整体评价指标体系，到 2020 年实现智慧城市评价指标体系的全面实施和应用。

2020 年 5 月 22 日，《2020 年国务院政府工作报告》提出，重点支持"两新一重"建设（新型基础设施建设，新型城镇化建设，交通、水利等重大工程建设）。

新型基础设施建设（简称新基建），主要包括 5G 基站、特高压、城际高速铁路和城市轨道交通、新能源汽车充电桩、大数据中心、人工智能、工业互联网七大领域，涉及诸多产业链，是以新发展为理念，以技术创新为驱动，以信息网络为基础，面向高质量发展需要，提供数字转型、智能升级、融合创新等服务的基础设施体系。

新型基础设施主要包括三方面内容：

一是信息基础设施，主要指基于新一代信息技术演化生成的基础设施。比如，以 5G、物联网、工业互联网、卫星互联网为代表的通信网络基础设施，以人工智能、云计算、区块链等为代表的新技术基础设施，以数据中心、智能计算中心为代表的算力基础设施等。

二是融合基础设施，主要指深度应用互联网、大数据、人工智能等技术，支撑传统基础设施转型升级，进而形成的融合基础设施。比如，智能交通基础设施、智慧能源基础设施等。

三是创新基础设施，主要指支撑科学研究、技术开发、产品研制的具有公益属性的基础设施。比如，重大科技基础设施、科教基础设施、产业技术创新基础设施等。伴随技术革命和产业变革，新型基础设施的内涵、外延也不是一成不变的。

3. 新型企业共筑智能城市

技术让城市的变化变得更易于被感知，城市的资源更易于被充分利用，城市的管理更精细化和智慧化，城市的生活变得更便利、高效。随着新一轮全球创业浪潮兴起，无数创新创业活动围绕智慧城市建设而展开，这些新技术和新模式正在从点滴开始，改变城市生活的方方面面。

AI 技术是智慧城市的核心技术，而智慧城市也是最具前景的 AI 场景应用入口，人工智能技术的发展依靠场景来驱动，智慧城市的应用场景是 AI 技术商业化的关键，可以说 AI 和智慧城市成就彼此。

目前，新型智慧城市的建设经过了三个阶段，分别是智慧城市 1.0、智慧城市 2.0 及智慧城市 3.0。其中，1.0 阶段的智慧城市以政府为建设者，在政府管理场景下应用，聚焦在垂直领域更加专业、更加精细化管理的问题，如交通领域的交管部门、运输部门通过射频识别技术 RFID 和新型智能摄像头等技术的应用，能够解决交通管控的问题。但因为是分系统的建设，数据隔离分散，难以高效协同的弊端明显，并没有真正实现智慧化。智慧交通如图 5 - 3 所示。

图 5 - 3　智慧交通

2.0 阶段开始有企业参与到智慧城市建设中，实现政府部门、政府与企业之间的数据交换共享，强调数据的集中和互联互通（图 5 - 4），打破数据孤岛，实现以城市为单位的目标、规划和资源的统筹。各行业也打开新的应用场景和模式创新，媒体娱乐、教育、零售、健康等进入智慧化阶段。但是在这个阶段，仅政府部门实现了数据共享交互，各行业场景尚聚焦在数据资源获取中，真正的便民化应用还不多。

2021 年 7 月，全球知名科技商业智库《麻省理工科技评论》（MIT Technology Review）对未来城市智能化发展进行了前瞻性的思考，发表《未来智城：以数字重构城市神经，以智能赋予城市力量与价值》报告。报告指出，智慧城市正加速驶入"城市 3.0 时代"。技术的每一次变革，都会给国民经济和社会形态带来持续性的积极推动作用，城市也不例外。随着政策的不断推动、城市领导者乃至居民意识的不断提高，智慧城市正加速进入下一个爆发点——智能城市时代。

图 5-4　互联互通

城市就像人一样，是个生命体。智慧城市的发展应始终"以人文本"，正所谓"治国有常，而利民为本"。城市治理制度的不断升级有利于发挥技术创新优势，从而增强人民群众的获得感、幸福感、安全感，为人民创造更好的工作机会，让人民生活更便利、体验更丰富，让人与自然、人与社会和谐发展。

以人为本，数字化实现人民美好生活

新型智慧城市不仅是城市建设的升级，也是居民的精神家园。现在整个互联网内容很难说风清气正，要建设网络强国，则要加强网络内容的建设，也要加强网络治理的完善，更要建设风清气正的网络空间。"城市 3.0 智能城市时代"（简称"智能城市 3.0"）将构建以人为中心、以多元技术融合为依托的一体化智能建设，重构人、政府、企业、社会之间的互动关系，真正让居民能够切身感受到这个城市中无所不在的基础网络的"骨骼"和"脉络"，提高城市生活的智能性和舒适度。智能城市 3.0 和传统智慧城市相比的优势如图 5-5 所示。

传统智慧城市	智能城市
1. 局部规划无序发展 考量的是对局部目标的实现程序，按照紧急程度进行建设，缺乏整体统筹与设计	**1. 顶层设计持续发展** 主要关注的是总体战略的达成，考量的是对顶层目标的贡献程度，项目按照重要程度建设，着眼于未来，进行有序实现
2. 条块化信息建设 主要关注分散的局部，重点在于单位业务优化，数据依赖于业务部门，流动性和共享性差，难以进行融合汇聚管理	**2. 一体化智慧建设** 定位于整体的全局，关注点在于整体的业务协同，数据可随时调取，融合性高，资源均衡统筹，配置优化，释放最大潜力
3. 单一化技术深入的实践 强调技术的极致化应用，将技术作为工具，以信息的被动、无序获取为特征	**3. 多元化技术融合的体验** 以人为本，而非技术的堆砌建设，将技术作为创新、驱动力，强调用户的极致化体验
4. 传统工程建设 站在工程建设角度，聚焦于信息化，提供信息化解决方案，表现为软、硬件单纯的集成	**4. 创新性生态聚合** 站在城市居民的角度，目标在于赋能整个城市，城市各生态聚合，提供城市一体化解决方案
5. 被动式解决方案 典型的被动型解决方案驱动城市，解决路径一般是"城市问题出现→被城市运营者监测到→城市运营者依托具体技术设计找到解决方案，直至解决"	**5. 城市整体自动化运营** 进化为主动运营驱动型城市，通过城市自身的感知和管理，完成"城市问题出现→城市主动发现→自动控制和解决"的城市运转路径，拥有自主感知、思考、解决问题能力

VS

图 5-5　未来智能城市与传统智慧城市对比

智慧城市的建设离不开大批的信息技术产业的提高。盘点目前业内主流的智慧城市建设厂商，并按照厂商切入市场方式的不同，将其划分为四类：一是以 ICT 技术厂商切入城市智能建设，典型代表企业如华为，融合新一代信息技术，致力于打造城市级一体化智能协同体系——城市智能体；二是以腾讯等为代表的互联网巨头也纷纷加入智慧城市建设中；三是以创新场景平台一体化切入城市智能建设，典型代表如特斯联，其打造的"AI CITY"定位于未来城市的一体化标准产品；四是以商汤科技、旷视科技等为代表的一批 AI 厂商，近年也纷纷加入智能城市建设的洪流中，为城市智能化转型保驾护航。目前中国主流城市建设厂商分类如图 5 - 6 所示。

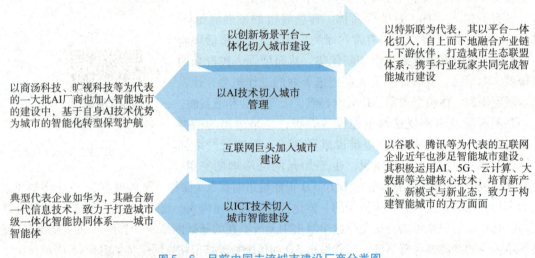

图 5 - 6　目前中国主流城市建设厂商分类图

智慧城市主流建设厂商作为牵头者，发挥辐射带动能力。以开放的态度，汇聚市场中的多方力量，与用户一起，建设形成"平台 + 生态"模式，构建智能城市产业生态系统。

其中，比较有代表性的一家企业是人工智能独角兽企业商汤科技，它是国内一家致力于计算机视觉和深度学习原创技术的创新型科技公司。商汤科技汇聚了一批技术先锋人才，以"坚持原创，让 AI 引领人类进步"为使命，专注于计算机视觉和深度学习原创技术研发，研发了大量原创 AI 技术，并建立了全球领先、自主研发的深度学习平台和超算中心，推出了一系列人工智能技术，包括人脸识别、图像识别、文本识别、医疗影像识别、视频分析、无人驾驶和遥感等，业务涵盖智慧城市、教育、医疗等多个行业。在智慧城市行业中，商汤科技通过将"城市视觉中枢"的核心能力与细分多变的市场连接，灵活应对各类场景需要，赋能行业应用生态，催化 AI 智能应用在各类场景中的裂变式落地。经过近几年行业开拓，商汤智慧城市操作系统解决方案已覆盖全国 100 多个城市。

智能城市的发展将逐步向数据共享、万物互联、生态共赢方向迈进，必将实现以数字重构城市神经、以智能赋予城市，促使城市产业发展更加现代化、城市规划管理更加信息化、市民生活更为便捷美好、社会治理会更加精细化。

活动二　了解智慧城市的建设架构

智慧城市的建设架构主要包括基础设施层、数据层、平台层和应用层，如图 5 - 7 所示。

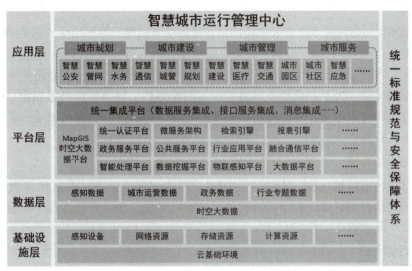

图 5 – 7 智慧城市架构图

1. 基础设施层

基础设施是国家或部门为社会生活和生产提供基础服务的非营利性行业和设施，是城市生存和发展所必需的工程型设施和社会性设施。它一般可分为交通设施、能源设施、环境设施、通信设施、水设施、防灾设施等方面，各种设施相互促进和影响，缺一不可，共同在社会运行中发挥重要的作用。

基础设施层又称为感知层，提供对环境的智能感知能力，通过感知设备及传感器网络实现对城市范围内基础设施、环境、建筑、安全等方面的识别、信息采集、监测和控制。

2020 年的《政府工作报告》首次提及"新基建"，报告提出：加强新型基础设施建设，发展新一代信息网络，拓展 5G 应用，建设充电桩，推广新能源汽车，激发新消费需求，助力产业升级。

2. 数据层

数据层的核心目的是让城市更加"智慧"，在未来的智慧城市中，数据是非常重要的战略性资源，因此，构建智慧城市的数据层是智慧城市建设中非常重要的一环。

数据层的主要目的是通过数据关联、数据挖掘、数据活化等技术解决数据割裂、无法共享等问题。数据层包含各行业、各部门、各企业的数据中心及为实现数据共享、数据活化等建立的市一级的动态数据中心、数据仓库等。

3. 平台层

平台层用于储存、交换和分析处理数据信息，通过高度共享、智能分析将信息变成知识。平台层主要指时空大数据平台，时空大数据平台是指基于统一的时空基准（空间参照系统、时间参照系统），将活动（运动变化）于时间和空间中与位置直接（定位）或间接（空间分布）相关联的各种分散的（点数据）和分割的（条数据）大数据汇聚到一个特定的平台（GIS）上，并使之发生持续的聚合效应。这种聚合效应就是通过数据多维融合和关联分析与数据挖掘，揭示事物的本质规律，对事物做出更加快捷、全面、精准和有效的研判与预测。基于这个平台来构建新型智慧城市的"智脑"，构建政府综合决策支持系统、各部门业务系统等。

4. 应用层

应用层把知识与信息技术融合起来应用到各行各业，新型智慧城市应用包括城市政务、交通、安全、教育、生活、医疗、金融等领域，对这些领域的需求做出智能响应，每个领域下的细分市场在技术创新发展下层出不穷，旨在帮助城市更好地运转，为人们创造更美好的生活。

智慧城市的生长、发展是需要依靠数据河流的灌溉的。智慧城市的感知化、物联化和智能化，正是数据收集、传输、挖掘分析和利用的过程，可以说，智慧城市是从数据河流中孕育出来的城市运行新模式。

1. 全面感知

利用城市中的监控摄像机、传感器、RFID、移动和手持设备、电脑和多媒体终端等收集城市运行相关的各类数据，包括政府政务活动中的数据、企业商业运作中的数据及公众生产、生活中产生的数据等。

2. 互联互通

这是数据传输的过程，不仅包括技术层面上利用网络传输信息，还包括了城市运行主体——政府、企业、公众彼此之间信息互联互通的范围和标准。

3. 智能化分析

利用超级计算机和云计算技术对生产生活实现智能控制，通过数据的采集、传输、分析和利用，城市就像拥有网络神经系统的生命体一样感知环境、传递信息、运算数据并支持决策，这条数据河流才真正鲜活起来。智能化分析如图 5 - 8 所示。

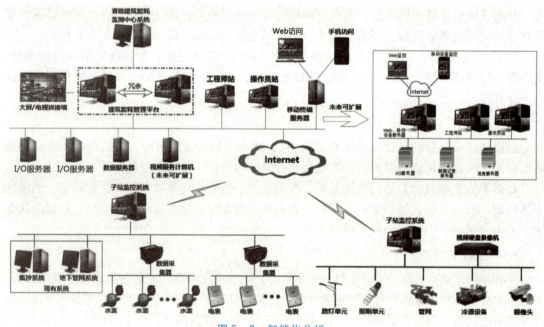

图 5 - 8　智能化分析

4. 信息安全

信息安全涉及政府、企业、公众等每一个城市运行的主体，如果没有健全的安全机制的

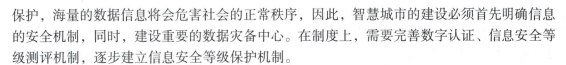

保护，海量的数据信息将会危害社会的正常秩序，因此，智慧城市的建设必须首先明确信息的安全机制，同时，建设重要的数据灾备中心。在制度上，需要完善数字认证、信息安全等级测评机制，逐步建立信息安全等级保护机制。

5. 标准化

标准化是智慧城市互联互通的基础保证，没有标准化的支撑，设备无法互联、系统不能互通，各自为政的局域智慧无法实现智慧城市的最终发展目标。因此，在建设智慧城市的过程中，应重视各类标准的建立，有标准护航，智慧城市的发展才有保障。

活动三　探索智慧城市中的人工智能

运用人工智能、大数据、云计算、区块链等前沿技术，推动城市管理手段、模式及理念的创新，实现从数字化到智能化再到智慧化的跨越，是城市治理现代化必经之路，前景广阔。智慧城市作为复杂系统，涵盖基础设施、信息化应用、产业经济、市民生活品质提升等多方面。随着科技进步与数字化转型加速，智慧城市应用场景日益丰富，为城市治理带来新的可能。具体而言，其应用场景广泛，涉及城市管理、公共服务、产业经济等领域，可归纳为民生服务、社会治理、生态宜居、产业经济四大应用场景。

1. 民生服务类应用场景

民生服务类应用场景非常丰富，旨在通过信息化和智能化手段，以老百姓民生需求为出发点，聚焦交通出行、停车、政务办理、养老、安防、教育、医疗等方面，解决老百姓日常生活中的痛点问题，提升居民的生活质量。主要包括智慧交通、智慧政务、智慧养老、智慧医疗、智慧教育、自动驾驶等场景。

（1）智慧交通：通过大数据、云计算、物联网、移动互联网等多种技术手段，实现交通信号控制、车辆监控与调度、路况分析与预警、智慧停车、自动驾驶与车路协同，提高交通出行的安全、效率和便捷性，如图5-9所示。

图5-9　智慧交通指挥中心

（2）智慧政务：是实现"数字政府"的重要途径与手段，通过综合利用物联网、云计算、大数据、区块链等技术，对政府行政管理进行数字化、网络化、智能化改造，提供一站式政务服务、智能决策支持、监管与信用评级管理等，提高行政效率和服务质量，指导决策，优化资源配置，实现便民利民、公正透明的目标。

（3）智慧养老：通过综合运用高新技术，对老年人的生活照料、健康管理、精神慰藉、紧急救助等养老服务领域进行全方位、智能化的改造与升级，提供健康管理与远程医疗、智能生活照料、社交与娱乐服务、紧急救助服务、安全防护等，全面提升养老服务效率，优化养老服务供给，提升老年人的生活质量和幸福感。

（4）智慧医疗：一种以患者数据为中心的医疗服务模式，通过集成人工智能、大数据、物联网等先进技术，构建出以电子健康档案为中心的区域医疗信息平台，实现医疗资源的智能化、数字化和可视化，有效缓解医疗资源分布不均、看病难、看病贵等问题，为患者提供更加便捷、高效、精准的健康管理和医疗服务体验，全面提升医疗服务水平与质量。

（5）智慧教育：指在教育领域全面深入地运用人工智能、虚拟仿真、大数据等技术来促进教育改革创新发展，如图 5-10 所示。其技术特点是数字化、网络化、智能化和多媒体化，基本特征是开放、共享、交互、协作、泛在。特别是在 AIGC 技术的加持下，未来教育行业将可能迎来革命性的变化。

图 5-10　虚拟仿真教学

2. 城市治理类应用场景

人工智能技术在城市治理类应用场景中，发挥着日益重要的作用，涵盖了供水、排水、燃气、供电、地下综合管廊、公园绿化、照明设施以及消防等多个方面，旨在提升城市管理效率，优化资源配置，保障公共安全，提升居民生活质量，促进城市的可持续发展。

在城市治理类应用场景中，通过数字孪生和模拟分析技术进行监控管理，提升城市预警应急指挥能力、精准公共决策能力和城市精细化治理能力。进一步解释为，使用数字孪生技术，通过分类编码与标识，赋予各类基础设施独一无二的"数字身份证"，汇聚重点基础设施的模型数据和物联网感知数据，并进行关联定位展示；利用 CIM 平台分析模拟能力，充分感知道路、桥梁、隧道等设施运行状况，对设施运行异常的状况进行模拟分析，实现早期风险的预测预警和高效预防。

3. 生态宜居类应用场景

智慧城市的生态宜居类应用，深入贯彻绿色生态发展理念，不仅关注技术的创新与应用，而且紧密结合人民对美好生活的向往，致力于打造一个宜居、可持续且充满活力的城市生活环境。智慧城市的生态宜居类应用主要包括智慧品质住宅、智慧社区、智慧环保、智慧气象等。

（1）智慧社区：充分利用物联网、云计算、移动互联网等新一代信息技术的集成应用，统筹小区存量公共资源和活化利用低效空间，提供垃圾点管理、智慧安防、高空抛物管理、电梯智能托管等人性化便捷服务，为社区居民提供一个安全、舒适、便利的现代化、智慧化生活环境，从而提升居民的生活质量，促进社区的和谐与可持续发展。

（2）智慧环保：利用物联网技术对环境质量进行实时监测和数据分析，实现对环境问题的全面感知和精准治理。

4. 产业经济类应用场景

产业经济类应用场景通过聚集行业资源和信息数据等，打造智能产业集群，促进产业转型升级、服务，促进经济高质量发展，主要包括智慧园区、智能建造、智慧物流与智慧供应链、智慧金融、智能制造等。

（1）智慧园区：智慧城市的重要组成部分，通过集成物联网、大数据、人工智能等技术，提供协同办公、生活、招商、物业、楼宇等管理，实现园区的智能化管理和服务，提高园区的运营效率和管理水平，促进园区内企业的创新发展。例如，通过人脸识别、车牌识别等技术实现人员和车辆的高效通行管理。

（2）智慧物流：通过融合先进技术，对仓储、运输、配送等环节，进行物流信息的实时监控、智能调度和优化配送，实现物流和供应链的智能化、信息化和自动化，显著提升物流效率和服务水平，如图5－11所示。

图5－11　京东物流"亚洲一号"

（3）智能制造：通过物联网、大数据、人工智能等技术手段，实现智能机器与人类的紧密合作，实现智能化生产活动，并对生产过程进行智能化监控和管理，如图5－12所示。

图 5 – 12　汽车智慧化生产车间

活动四　了解智慧城市案例

　　智慧城市的发展对于城市管理效率的提升、城市压力的减轻、公众参与度的增强以及可持续发展的推动具有重大意义。它是推动城市向更高层次发展的关键途径，也是未来城市发展的主流趋势。一提到智慧城市，我们就会自然而然地联想到北京、上海、广州、深圳等一线城市，它们在智慧城市建设方面走在了全国的前列。实际上，我们国家已经有数百个城市、区、县在积极探索，并根据自身情况进行着智慧城市建设，通过运用先进的信息技术和创新的管理理念，这些城市在提升城市管理效率、改善市民生活质量、促进经济社会可持续发展等方面，都取得了令人瞩目的成果。接下来，我们就将以我国的山东济南市、深圳福田区、佛山南海区、贵阳为例，深入探讨其智慧城市建设的过程与成效，同时了解下新加坡的智慧城市建设情况。

1. 智慧城市——山东济南

　　济南市秉持"智慧让城市更美好"的基本建设理念和愿景，打造"善感知，有温度，会呼吸"的中国智慧名城。济南市是第一批国家智慧城市试点、国家科技部和国家标准委智慧城市试点示范市和"智慧山东"首批试点城市。济南新型智慧城市连续 2 年蝉联全国"智慧城市十大样板工程"，连续 3 年蝉联中国领军智慧城市，获评全球智慧城市产业数字化转型奖，发布了全球首个智慧城市运营国际标准，从"中国样板"上升为"世界样本"。

　　济南智慧城市探索创建可复制推广的"一主体两平台"体制机制，统筹完善"343"智慧城市总体架构，加快提升"三位一体"的城市大脑基础支撑体系，完善提升城市生活"一屏感知"、政务服务"一网通办"、城市运行"一网统管"和产业发展"一网通览"四大智慧应用赋能体系，围绕"优政、惠民、兴业"三大目标，全面提升业务数据化、数据智慧化、智慧普惠化水平，不断增强人民的获得感、幸福感和满意度，率先打造数字先锋城市。济南智慧城市不仅可以治理城市病、改善城乡人居环境和公共服务管理质量、提升济南城市形象、增强城市竞争力，还能推进环渤海经济圈建设、拉动区域新的经济发展增长。

　　紧扣"优政、惠民、兴业"三大目标，加快建设城市生活"一屏感知"、政务服务"一网通办"、城市运行"一网统管"、产业发展"一网通览"四大领域智慧应用赋能体系。政务服务方面，上线运行"泉城办"App，全面引入市级政务服务事项，强化"秒批秒办""掌上办""全链条办理"等实用功能，形成了集办事服务、便民查询、互动交流、生活缴费于一体的移动端政务服务总门户；城市管理方面，建设济南智慧交通，实现 638 处路口区域自适应控制、1 252 处路口绿波带协调控制、1 242 处路口远程调控，上线基于大数据分析的潮汐车道；借助济南公安"e 警通"便民服务平台，研发"互联网 +"电子证照，实现动态交通诱导、业务查询办理、学法销分等服务功能，群众在车驾管窗口办事平均节省时间 40%，线上业务办理比例达 37%，群众满意率达到 99% 以上。社会治理方面，全力推进雪亮工程建设，将 7 万余路固定视频监控资源全部向省总平台推送；向市委政法委综治分平台推送 2.1 万路；向公安分平台共享 3 万路；公安分平台整合全市人像抓拍机近 2 700 路，日产生图片约 200 万张，与各类专题库进行比对分析，进行人员身份落地核查、轨迹刻画、同行人分析等深度研判，实现对各类重点人员动态精准管控。产业发展方面，在全国首创打造"济企通"服务企业云平台，聚焦亲清在线、政企直通、政策宣贯、合作对接、融资支持、企业培育等方面，实现涉企服务一站对接。智慧济南如图 5 - 13 所示。

图 5 - 13　智慧济南

2. 智慧城市——深圳福田

福田区是深圳市行政、金融、文化、商贸和国际交往中心，也是深圳人口密度最大、含金量最高的中央商务区，也是全国首个落地城市大模型的城区。作为改革开放的前沿阵地，深圳福田正全面实施数字引领转型行动，与华为合作，基于华为大模型，构建城市自进化智能体，实现"一网统管"、"一屏统览"、"一网协同"、"一网通办"，赋能城市能感知、会思考、有温度、可进化，推动城市智能化建设，加速打造"数字中国"典范城区，并荣获 2022 全球智慧城市大会"世界智慧城市大奖——中国区经济大奖"。在 2024 年世界移动通信大会（MWC24）上，华为向全世界分享了华为在中国深圳福田智慧城市实践经验。福田区新型智慧城市暨"数字政府"建设以"福田区智慧城市指挥中心"为核心，以深圳织网工程和智慧福田建设为契机，依托大数据系统网络，以"预警监测平台、综合治理平台、决策支持平台、公共服务平台、基础技术平台"为载体，开发"100 +"应用系统，构建"一中心、五平台、百系统"的总架构。

在福田，通过"信用 + 视频办"、"信用 + 免申即享"、"信用 + 秒批"等多种形式，就能用最少的步骤、最少的材料、最少的限制快速办理相关业务。想要了解办理进度，在手机上就能像查快递一样查到记录。事件处理完成后，还会收到短信通知，对办理进程了如指掌。在福田，每一单民意诉求，10 分钟都会得到联系回应，30 分钟告知处置安排，紧急工单在 24 小时内落实办理。智慧福田如图 5－14 所示。

图 5－14　智慧福田

3. 智慧城市——佛山南海区

2019（第八届）国际智慧城市峰会暨智慧生态博览会上，南海区摘得 ISO 智慧城市国际标准试点卓越城市创新奖，成为广东省唯一获此奖项的地区。近年来，南海区以"强顶层、夯基础、做应用、优服务"的工作思路，加快打造新型智慧城市。2023 年，佛山市南海区位列中国新型智慧城市（SMILE 指数）百强县第一位。

其中，瀚蓝环境于 2012 年开始探索建设排水智慧管理平台，从最开始的管控单个水质净化厂，到目前已发展成集水质净化厂、泵站、管网、分散式污水处理装置的远程智能控制、生产动态管理、数据集中分析利用、厂网联动智慧调度、综合展示于一体的云智慧平台。此举对提升水质净化效果、增强厂网站生产调度合理性、提高运营管理效率、便捷政府环保监管有着重要的意义。排水智慧管理平台如图 5－15 所示。

图 5－15　排水智慧管理平台

4. 智慧城市——贵阳

贵阳以中关村贵阳科技园为依托，以重大项目和龙头企业引进为主要抓手，以需求市场的统筹开发和数据资源开放为切入点，坚持走"政府引导、市场驱动"的发展道路，遵循"环境优势吸引产业、基础设施保障产业、本地市场带动产业、优惠政策扶持产业"的发展策略，大力发展大数据产业，将大数据与资本、政策、园区等要素紧密融合，以信息化提升城市核心竞争力，带动贵阳经济社会全面发展。贵阳市获评"2023 中国领军智慧城市"。

在培养大数据应用市场方面，实施"政务大数据开放"项目、"智慧贵阳"项目和"传统特色产业大数据融合"项目；在智能化建设方面，建设"全域公共免费 WiFi 接入上网"城市、"块上集聚的大数据公共平台"，以实现块上集聚的用户上网行为数据的全采集，拟应用于制约和监督权力运行的"数据铁笼"平台、"数据禁毒"平台、"数据健康"平台、"数据敬老"平台、"数据慕课"平台、"数据智游"平台。智慧贵阳如图 5－16 所示。

图 5－16　智慧贵阳

5. 智慧城市——新加坡

新加坡是东南亚岛国，世界重要的转口港及联系亚、欧、非、大洋洲的航空中心。到2023 年底，这个国家的总人口只有 590 万左右，面积约为 735 平方公里，"新加坡之父"李光耀，曾用"世界地图上的一个小红点"来形容新加坡。新加坡土地有限、资源不足，粮食、淡水等基本生存物资都依赖进口。新加坡土地面积非常小，在这样一个有限的土地里面，既要发展工业和住宅，又要发展公共交通以及港口、机场，这就导致了新加坡是一个高密度的居住城市。一般来讲，城市密度越高，宜居性就越差。如何能让人口高密度城市在宜居的同时实现可持续发展，新加坡通过打造智慧城市来解决这个问题。新加坡通过智慧城市的建设，实现了宜居和可持续发展的平衡，成为全球闻名的国际化大都市，其交通、环保、医疗、教育和绿化等方面的成功实践，为未来城市的发展提供了重要启示。这座城市成功地将尖端技术无缝融入日常生活，成为全球智慧城市的典范。智慧新加坡如图 5－17所示。

在交通领域，新加坡推出了电子道路收费系统（Electronic Road Pricing System）等多个智能交通系统。在医疗领域，开发了综合医疗信息平台。在教育领域，通过利用资讯通信技术，大大提升了学生对学习的关注度。在文化领域，国家图书馆部署了一套灵活而性能超强

图 5 – 17　智慧新加坡

的大数据架构，通过云端计算的模式，处理从战略、战术到实际业务的不同分析需求，提供高性价比的解决方案。在环保领域，新加坡在环保方面采取了一系列创新手段，如借助物联网技术实现水资源可视化，利用大数据分析进行垃圾分类等。在绿化方面，新加坡在半个世纪的时间里，以建设"花园城市"为规划目标，按人均 8 平方米绿地的指标，大力发展城市空间立体绿化，不断提高城市的绿化覆盖率，并通过智慧系统管理绿化用地和城市用水、轨道交通等，这极大地保证了绿化实施的可行性，成为了世界闻名的"花园城市"。

知识运用

在智慧办公中，模拟体验利用可视化人工智能对身份进行识别。智能摄像头实时监控指定的区域，运用强大的人工智能程序，通过人脸比对核实身份，快速确定身份。该任务可使用腾讯云的人工智能实训平台完成，步骤如下：

第一步：打开浏览器，输入"https://cloud.tencent.com/product/facerecognition"地址进入人脸识别模块，并找到功能演示区域，如图 5 – 18 所示。

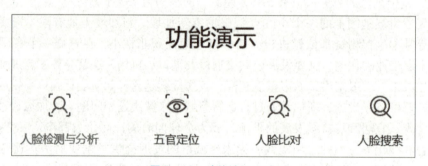

图 5 – 18　功能演示区域

第二步：单击"人脸搜索"选项，并上传图片至人脸库后，上传本地照片或输入在线图片地址进行人脸检索，实现身份确认。人脸识别如图 5 – 19 所示。

图 5-19 人脸识别

任务 2 揭秘智慧农业

农业是支撑国民经济建设与发展的基础产业。工业革命之后，机械在农业方面的应用促进了生产力的大幅度提高，但是也带来土地资源短缺、农药化肥过度使用造成的土壤和环境破坏等问题。本任务将介绍什么是智慧农业（图 5-20）及人工智能在农业生产中的应用。

学习目标

1. 了解智慧农业的发展历程；
2. 熟悉智慧农业中所采用的人工智能技术；
3. 了解智慧农业的应用案例；
4. 培养创业意识和勇担科技创新引领人类进步的责任使命。

图 5-20 智慧农业

任务导入

近年来，人工智能在工业领域发挥了巨大的作用，这给农业改革带来了很大的希望。前瞻产业研究院给出的数据中指出，我国在 2025 年的农业规模将占据全球比重的 1/5 以上，采用 AI 赋能农业的模式，加快推进农业信息化进行，促进信息化和现代化的融合已成必然趋势。科技巨头纷纷依靠科技改变传统农业，京东宣布建立智慧农业共同体；阿里云正式发布了阿里云 ET 农业大脑；百度还发布了 AI 遥感智能监测病虫害的成果。

请思考：

你认为的智慧农业是怎样呢？

📖 知识准备

活动一 认识智慧农业

1. 智慧农业概述

传统农业存在一些普遍问题，一是化肥农药滥用、地下水资源超采及过度消耗土壤肥力，导致生态环境恶化，食品安全问题凸显，农田土地无法用于种植，如图 5－21 所示；二是粗放经营，导致农业竞争力不强，出现农业增产、进口增加与库存增量的"三量齐增"现象，越来越多农产品滞销，如图 5－22 所示。

图 5－21　生态环境恶化

图 5－22　农产品滞销

解决传统农业问题的最可靠方式就是大力发展智慧农业，智慧农业将促进农业绿色可持续发展。智慧农业就是将物联网技术运用到传统农业中去，运用传感器和软件通过移动平台或者电脑平台研制农业智能传感与控制系统、智能化农业装备、农机田间作业自主系统等，依托部署在农业生产现场的各种传感节点（环境温湿度、土壤水分、二氧化碳、图像等）和无线通信网络对农业生产进行控制，使传统农业更具有"智慧"，最终能够根据农业生产环境为农业生产提供种植、管理决策。智慧农业如图 5－23 所示。

2. 人工智能在农业生产中的应用

在智慧农业中，人工智能伴随整个农业的生产，包括农业生产的产前、产中及产后三个阶段，实现农业节水、节药、节肥，提升农业竞争力，保障农产品符合消费者需求，提高农业生产效率。人工智能在农业生产中的应用如图 5－24 所示。

（1）产前阶段

人工智能技术给农户提供科学指导，选择准确、合适的作物品种，掌握合理的施肥时间和地点，进行科学灌溉和施肥，从而实现低经济成本、高质量产出的目标，有效促进了农业生产现代化。例如黏土含量预测、种子品质鉴别、气候对灌溉供水影响等。

通过在大棚内布置前端各类传感器，实时传递温湿度、光照、视频等生产数据

IP网络

实现风机、遮阳网、水帘等远程控制

通过Web客户端查看数据告警、远程控制

图 5 – 23　智慧农业

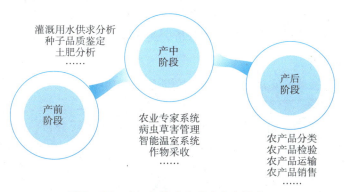

灌溉用水供求分析
种子品质鉴定
土肥分析
……

产中阶段

产前阶段

产后阶段

农业专家系统
病虫草害管理
智能温室系统
作物采收
……

农产品分类
农产品检验
农产品运输
农产品销售
……

图 5 – 24　人工智能在农业生产中的应用

（2）产中阶段

人工智能技术给农户提供更加科学、合理的农业种植管理方法，提高农业生产效率与农作物产量。例如，农作物信息实时监控、智能化灌溉和施肥等。农作物信息实时监控如图 5 – 25 所示。

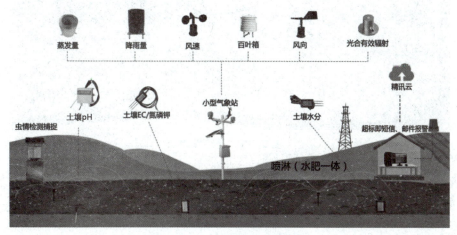

图 5 – 25　农作物信息实时监控

（3）产后阶段

借助人工智能技术对农产品进行检测、分类、搬运和销售等操作，确保农产品的外形完整，保障农产品的食品安全，提高农产品的销售效率，减少劳动力的投入，获得更高的经济效益。智能化采摘如图 5 - 26 所示。

图 5 - 26　智能化采摘

活动二　了解智慧种植

农业生产的进步，离不开技术创新。人工智能技术可以应用于种植业的各个方面，先进的农业智能装备，完善的生产数据采集、处理、分析、决策系统，为农田规划、作物监测、病虫害防治、农事管理提供高效、可靠的解决方案，推动农业生产转型升级。利用传感器、摄像头等设备采集温室内温度、土壤温度、CO_2 浓度、湿度信号及光照、叶面湿度、露点温度等环境参数，为农作物建立档案，并对农作物的生长环境、健康状况、果实成熟情况等进行综合、全面的分析，为农作物的智能管理提供依据。利用大数据分析平台进行数据分析，为农业生产经营提供决策。

1. 土壤、病虫害探测

人工智能在农业领域可实现土壤探测、产量预测等功能。

（1）土壤探测领域

通过核磁共振成像技术拍下土壤照片，使用电脑智能进行分析，确定土壤肥力、水分等，精准判断适宜栽种的农作物。土壤探测如图 5 - 27 所示。

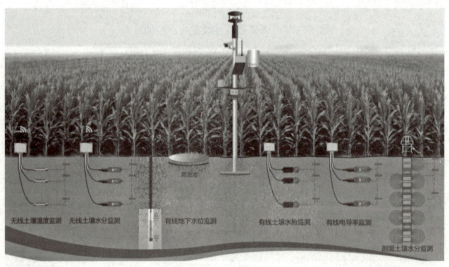

图 5 - 27　土壤探测

（2）产量预测领域

使用人工智能和深度学习技术，通过分析生长环境、健康状况等与农作物生长之间的关系，从而对农作物的产量做出精准预测。

2. 智能耕作

将人工智能识别技术与智能机器人技术相结合，可广泛应用于农业中的播种、除草、采摘等场景，极大提升农业生产效率，同时降低农药和化肥消耗。

在播种环节，使用机器人通过探测装置获取土壤信息，然后通过计算得出最好的播种密度并且自动播种，如图5-28所示。

在除草环节，使用机器人可以将沿途经过的植株拍摄成照片，利用电脑图像识别和机器学习技术判断是否为杂草，或长势不好/间距不合适的作物，从而精准喷洒农药杀死杂草，或拔除长势不好或间距不合适的作物。

图5-28　自动播种

在采摘环节，使用机器人通过摄像装置获取果树的照片，用图片识别技术判断瓜果成熟度，定位瓜果中哪些是适合采摘的；结合机器人的精确操控技术，可以在不破坏果树和苹果的前提下实现一秒一个的采摘速度，大大提升工作效率，降低人力成本。

在智能耕作方面，不得不提让我们国人为之骄傲的民族品牌大疆无人机。以要做全球最高要求产品的理念，使得大疆成为无人机市场的霸主。大疆植保无人飞机可对水稻、小麦、玉米、柑橘、棉花等作物进行病虫草害防治作业，可对固体颗粒肥、种子等进行播撒作业，适用于水稻直播、草原补种、油菜播种、扬肥等多作业场景。通过智慧农业云平台对果树、农田场景进行云端建图，形成云端三维农场，生成智能作业航线。利用数字农田解决方案搭载AI识别系统，可高效巡田，识别作物长势，监控病虫害，对农情进行监测，实现现代数字农业。搭配精灵4多光谱版，结合农田处方图，实现精准变量施肥。大疆无人机如图5-29所示。

时代新青年，勇担科技创新引领人类进步使命

习近平总书记寄语青年："人的一生只有一次青春。现在，青春是用来奋斗的；将来，青春是用来回忆的。"青年是整个社会力量中

图5-29　大疆无人机

最积极、最有生气的力量，国家的希望在青年，民族的未来在青年。新时代造就新青年，新青年助推新时代。在新征程上，新时代的中国青年既是社会进步的见证者，更是走在新时代前列的奋斗者。广大青年在解答中国问题、讲好中国故事的同时，要以永恒不变的家国情怀，以服务社会为己任，自信自强、守正创新、踔厉奋发、勇毅前行，用自己的力量为建设现代化国家、推进中华民族伟大复兴作出贡献。只有进行了激情奋斗的青春，只有进行了顽

强拼搏的青春，只有为人民作出了奉献的青春，才会留下充实、温暖、持久、无悔的青春回忆。

3. 病虫草害管理

目前市面上已经出现了多款智能植物识别App，不仅能识别农作物种类，还能够帮助农户智能识别农作物得的各种病虫害，充当植物医生角色。农户只要用App拍一下患了病虫害的农作物的照片并上传，它就能够诊断出农作物得的是虫害还是病害，以及具体病虫害的名称是什么，还可以给出一套相应的预防或治疗方案。除了人工智能给出的处理方案，还为用户搭建了一个持续性更强的社交平台，供用户和专家交流，使有兴趣的用户可以针对相应的病虫害开展讨论交流。使用手机就可以实时查看病虫草害管理情况，如图5-30所示。

图5-30　病虫草害管理

4. 农产品检验

目前，普遍利用机器视觉进行农产品品质自动识别，研究的对象极其广泛，小到谷粒的表面裂纹检测和农作物种子的分级，大到根据梅脯、黄瓜、土豆等农产品的大小、形状、色泽和表面缺陷与损伤等进行分级。目前，机器视觉系统已经成为一种成熟、可靠的农产品外观形状检验工具，通过机器视觉系统识别过的农产品，其品质与安全性可以让消费者更加放心。

知识运用

在智慧农场中，模拟体验利用很少的人力对大量的农作物进行管理。智能摄像头实时监控农场中的场景，运用强大的平台智能程序，识别出每一株作物，从而快速进行分类。该任务可使用腾讯云的人工智能实训平台完成，步骤如下：

第一步：打开浏览器，输入"https://cloud.tencent.com/product/tiia"地址进入图像分析模块，如图5-31所示。

图5-31　图像分析模块

第二步：单击"Demo体验"按钮进入功能体验界面，如图5-32所示。

图像分析

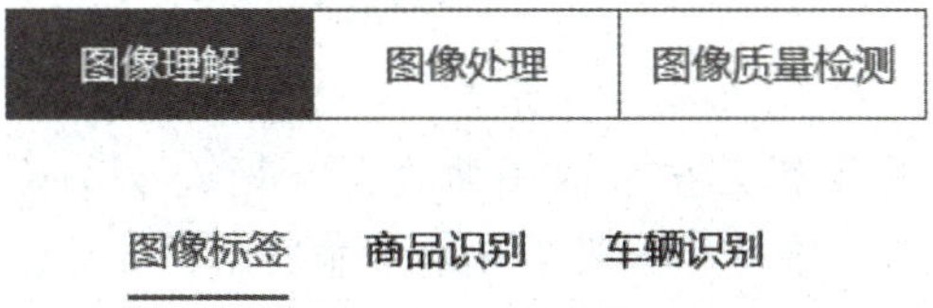

图像理解	图像处理	图像质量检测

图像标签　　商品识别　　车辆识别

图 5 – 32　功能体验界面

第三步：单击"图像理解"选项并选择图像标签后，上传本地照片或输入在线图片地址进行图像分析，如图 5 – 33 所示。

图 5 – 33　水果识别

任务3　揭秘智慧教育

　　教育是一个国家的百年大计，为国家培养人才。一个国家的教育强，则综合国力强，要实现中华民族伟大复兴的中国梦，就要走科教兴国、人才强国之路。创新是一个民族的灵魂，是一个国家兴旺发达的不竭动力。实施科教兴国，大力推进科技创新和教育创新，才能适应经济和社会发展的需要，才能变人口大国为人才强国，从根本上提高中华民族的创新能力。要实现国家人才济济，各项事业繁荣、蒸蒸日上地发展，就必须建设好教育事业。但在传统教育下，教学形式死板，教学内容枯燥，缺乏激情与创新，致使学生学习被动、劳累，甚至导致不爱学习等问题。本任务将介绍什么是智慧教育（图 5 – 34）及人工智能在现代教育中的应用。

学习目标

1. 了解什么是智慧教育；
2. 熟悉智慧教育中所采用的人工智能技术；

3. 了解智慧教育的应用案例；

4. 培养学生主动探究、分析问题、解决问题的能力。

任务导入

随着人工智能、物联网等新兴技术的不断发展，网络用户终端日益走向多样化、移动化、人性化、智能化、低成本化，教育在信息化、智能化方面的发展已从单纯技术设施的集成化，提升为整合了技术、人才、服务等各类资源的巨型知识网络平台和公共知识服务体系，教育信息化已步入智慧教育建设与发展的新阶段。

图 5-34　智慧教育

请思考：

1. 如何借助先进的现代信息技术实现因材施教？

2. 如何打破时间地域壁垒，共享教育资源，实现教育公平化？

知识准备

活动一　认识智慧教育

1. 智慧教育概述

人工智能作为第四次工业革命的关键技术与颠覆性技术，正在对产业结构、生活环境等产生影响。人工智能进入教育领域，推动了智能学习系统、虚实融合学习环境、智能教育助理等智能系统和工具的开发与供给，智能教育环境建设已现端倪。

智能教育就是指实现机器智能与人类（教师）智慧相融合，有助于学习者的高级思维发展，培养学习者的创新能力，启迪学习者智慧的教育新生态。简单来说，智慧教育＝智能教育＋人类教育。智慧教育结构如图 5-35 所示。

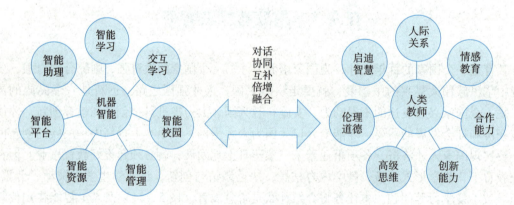

图 5-35　智慧教育结构

2. 智慧教育的意义

目前人工智能对教育的作用体现在多个方面，包括学习方式、教学构成、教学组织、综合素质评价等。

（1）学习方式

随着信息技术的不断发展，学生的学习方式也在不断改变，从传统的书本学习，到多媒体学习、混合学习，直至现在的虚拟融合学习和智能化学习。

（2）教学构成

传统的教学包括教师、学生和学习内容，而智能教育中，教学活动则由学生、学习内容、人类教师、智能教师、智能学伴、智能学习环境等构成，如图 5－36 所示。

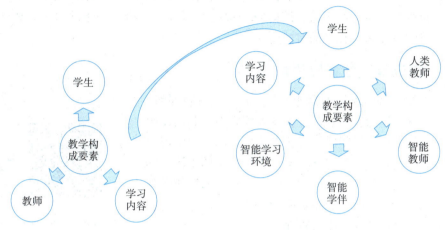

图 5－36　智慧教育教学组织结构

（3）教学组织

通过人工智能，学校可以创建全球化的教室，学生所处的位置将不再重要，可以随时在世界任何地方学习，并根据自己的需要安排学习时间。另外，人工智能还可以将全世界的学习者联系在一起，超越教室的墙壁，与其他学生、教师、著名作家、科学家等互动，以加强他们的学习效果。

（4）综合素质评价

借助互联网、大数据、云计算、5G 等技术可以实现多元化全过程的综合素质评价，而不仅仅是结果性评价，从而可以更加全面、科学地对教育实施过程和实施效果进行综合评价，更好地反馈教学成效，有助于教学质量的提升。

3. 智慧教育发展趋势

中国的人工智能教育起步较晚，但发展迅猛，从在线教育的蓬勃发展，到自适应教育企业的兴起，再到众多教育机构投入人工智能教育领域，教育智能化的进程被不断地加速推进。AIGC（人工智能生成内容）正深刻赋能教育变革，通过生成图像、音频、视频等多种形式的内容，为教育提供了前所未有的素材和工具。它打破了传统教育的时空限制，使学习更加个性化和灵活多样。学生可以与 AIGC 系统互动，获得海量艺术作品和创作灵感，进行沉浸式学习，激发学习兴趣和创造力。同时，AIGC 技术也为教师提供了丰富的教学资源和高效的教学工具，促进了教育模式的创新与发展。未来人工智能在教育领域的应用趋势主要包括三个方面，包括：

（1）教育信息化

在教育领域，数据可以解释教育现象，也可以揭示教育规律，并能够预测未来趋势。数据驱动的方法推动着教育研究从经验主义走向数据主义和实证主义,因此,教育数据革命已经到来,以数据驱动的信息技术与教育融合创新成为新的发展方向。

（2）教学模式变革

人工智能技术在教育领域的深化应用,创设了强感知、高交互、泛在的学习环境,为学生的知识建构活动提供了良好条件,为创新型教学模式的发现和运用提供了空间。

（3）教育服务供给优化

人工智能技术与教学内容、教学媒体、知识传播路径的多层次融合,突破了传统教育方式的限制,提供跨学科、跨媒体、跨时空的智能教育服务供给,是建设"人人皆学、处处能学、时时可学"学习型社会的有效途径。

活动二　探究智慧教育应用场景

人工智能技术可以应用于智能学伴、自动化评测系统、自适应学习系统、智慧教室、教育机器人等方面。利用传感器、摄像头等设备采集学生的学习状态、学习内容、学习表情等环境参数,为每个学生建立档案,并对学生的生活、学习、个人习惯等进行综合、全面的分析,为学生的智能管理提供依据。AI 技术在教育领域的不断应用,势必将促进教育公平化发展,助推我国实现教育强国。

科技促进教育公平,赋能教育强国建设

1. 智能学伴

中国拥有世界上最大规模的教师队伍,总人数超过 1 600 万,同时,中国慕课的数量和应用规模已位居世界第一,拥有超过 2 亿人次的学习者。知识的获取和传授方式已经发生重要变化,人工智能与教育的深度融合,正推动着智能学伴、虚拟教师等新型教师形态的产生。例如,由清华大学研发的智能学习助手"小木",通过人工智能技术,不仅可以为学习者答疑解惑,还可以与学习者进行主动交互,从而解决了慕课学习缺乏有效师生沟通的难题。当学习者选择一门课程的时候,"小木"会提示是否需要制订学习计划,并在不同学习阶段做不同的提示,日常学习中加油鼓励,进度落后时善意提醒,甚至当课程结束后,还可以细心地根据学习者的喜好为其推荐一些课程和论文。目前,"小木"已在学堂在线 175 门课程上部署,服务学习者近万人次。

2. 自动化测评系统

评价选拔一直是教育发展中的一道难题,智能时代对人的综合素质评价提出了更高的要求。人工智能技术的导入将打破传统单一维度、以分数为主的评价机制,全面加强对师生动态数据的感知、采集、分析和监测,为实现学生综合素质的多维度评价提供了可能。学校运用智慧教室、线上学习平台进行教学,并采集学生在不同学习环境下的多模态数据,通过对学生学习习惯、课堂互动、学业表现等数据进行分析,实现对学生综合素质的精准评价和反馈,有助于提升教师精准化教学能力和学生自主学习能力,从而实现教育规模化与个性化的统一。

3. 自适应学习系统

人工智能实现个性化学习教育。人工智能借助大数据挖掘、算法计算、学习分析和自适应学习系统等集成数字平台，识别学习者认知状态、情绪状态、认知风格等心理特征，通过"个性化学习"来支持和提高教育质量与效率。多数教育人工智能产品通过学习数据考察学生的认知状态，进行记录和预测。自适应学习系统在识别学习者认知状态方面尤为突出，逐渐取代教学机器，以建构主义为理论基础，通过自适应交互、自适应课程交付、内容发现组合及自适应协作支持满足学生个性化的学习顺序和学习需求。在此类学习平台上，数据对学习的反馈和强化作用体现在将"学习者产生数据"转化为"数据产生学习者"，并通过面部表情识别和语音识别，利用网络摄像头和麦克风进行学习监控，以观察学习者的行为并直接转化为情绪状态，从而通过智能化提高学习质量；另外，学习平台还能通过虚拟现实（VR）和增强现实（AR）使学生获得沉浸式体验，并通过增强现实让学生通过增加的虚拟物体数字层查看自己的真实世界，增强学生体验。在教学中运用 VR 技术实现全息教学，如图 5 -37 所示。

图 5 -37　全息教学

4. 智慧教室

随着人工智能的发展，智慧教室成为未来教室的发展趋势，它将传感器、芯片和通信器等物联网设备嵌入教室中，通过收集数据实现智能化教室管理。此外，还可以通过对富有成效的教室管理的视频流进行数据挖掘，以识别有效的学习空间的特征，并建立预测模型。不断发展的人工智能为智慧教室提供了技术支持。智慧教室和传统教室对比如图 5 -38 所示。

图 5 -38　智慧教室

5. 教育机器人

人机协作是教育机器人领域的重要议题。机器人作为教师的协助者，能够捕获和保持学生的注意力、参与度和兴趣，标记并照顾教师无法顾及的学生，回答学生可能遇到的问题，还可以在特定学科（例如物理或化学）使用设备，以物理方式演示现象，而不仅仅是通过视频或模拟，以便教师可以将精力集中在需要深度学习的内容上。机器人具备类人的特征时，能加强与学生的互动，如能够自由移动、识别学生脸部表情和声音、做手势等。教育机器人如图 5-39 所示。

目前，在教育机器人领域做得比较好的公司有很多，其中就有科大讯飞公司的产品。科大讯飞拥有多项自主知识产权，拥有世界领先的智能语音技术，如中文

图 5-39　教育机器人

语音合成、语音识别、口语评测等，科大讯飞也因此被誉为"中文语音产业国家队"。作为国内语音识别领域的绝对霸主，科大讯飞发挥自身较强的语音识别能力，将人工智能与儿童教育结合，推出了科大讯飞智能学习机，能够提供 AI 同步精准育、个性化学习功能。科大讯飞智能学习机基于人工智能的学习系统，采用知识图谱、大数据分析、模式识别等技术整合，实现学生学习过程中的个性化推送，并通过人工智能系统更精准地把握学生不同学科的知识水平、不同知识点的熟练程度，以及运用知识的迁移应用能力，进而实现大规模的"因材施教"。让先进的教育教学理念走进千家万户，采用人工智能技术促进教育公平化，科大讯飞智能学习机或许是一个很好探索切口。

📠 知识运用

本实验依托相应的实训平台进行图像化编程运行实训过程，识别照片中的学生穿着，判断该学生是否穿着得体。该任务可使用腾讯云的人工智能实训平台完成，步骤如下：

第一步：打开浏览器，输入"https://cloud.tencent.com/product/bda"地址进入人体分析模块，如图 5-40 所示。

图 5-40　人体分析模块

第二步：单击"免费体验"按钮进入功能体验界面，如图 5-41 所示。

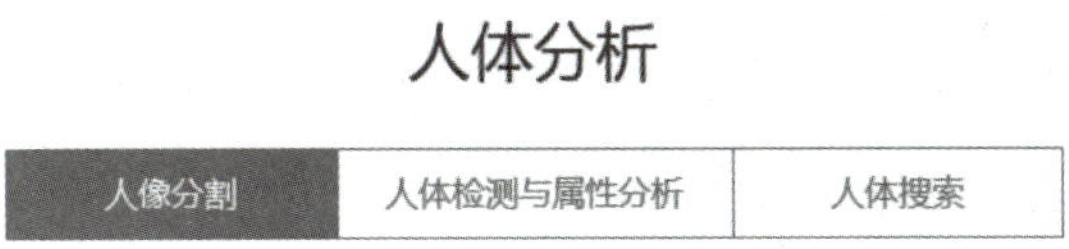

人体分析

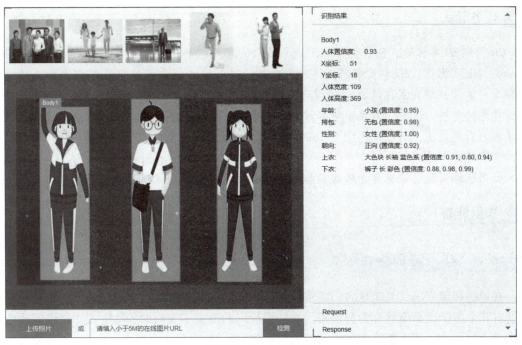

图 5-41　进入功能体验

第三步：单击"人体检测与属性分析"选项，上传本地照片或输入在线图片地址进行人体分析，如图 5-42 所示。

图 5-42　人像分割

任务 4　揭秘智能家居

近年来，随着 AI、大数据、物联网等新技术的发展与突破，智能家居的使用体验进一步提升。其中，人工智能在智能家居场景中，一方面，将持续推动家居生活产品的智能化，包括照明系统、影音系统、能源管理系统、安防系统等，实现家居产品从感知到认知到决策的发展；另一方面，在建立智能家居系统时，搭载人工智能的产品将有望成为智能家居的核心，包括机器人、智能音箱、智能电视等产品，智能家居系统（图 5-43）将逐步实现家居自我学习与控制，从而满足不同的个性化服务。

图 5-43　智能家居系统

学习目标

1. 认识智能家居产品和智能家居系统；
2. 熟悉智能家居产品和智能家居系统的主要技术；
3. 了解智能家居的发展现状和前景；
4. 能够设计一款概念型的智能家居产品；
5. 激发创新思维，培养科技向善的社会责任感。

任务导入

20世纪80年代初，随着大量采用电子技术的家用电器面市，住宅电子化（Homen Electronics，HE）出现。80年代中期，将家用电器、通信设备与安保防灾设备各自独立的功能综合为一体后，形成了住宅自动化概念（Home Automation，HA）。80年代末，由于通信与信息技术的发展，出现了对住宅中各种通信、家电、安保设备通过总线技术进行监视、控制与管理的商用系统，这在美国称为Smart Home，也就是现在智能家居的原型。

请思考：

如果让你来设计一套自己居住的智慧房屋，你打算提供哪些智慧功能呢？

知识准备

活动一 认识智能家居

真正的智能家居，是满足人们需求的一种生活方式，能够提升生活品质，而不是单一或者拥有几个智能产品就能称为智能家居。如果说网购改变了人们的购物方式，二维码改变了人们的支付方式，那么智能家居将改变人们的家庭生活方式。

智能家居系统是通过物联网技术、智能云端控制、大数据分析和人工智能技术等，依照人体工程学原理，融合个性需求，将家中的各种智能设备如音视频设备、照明系统、窗帘控制、空调控制、安防系统、数字影院系统、影音服务器、影柜系统、网络家电等有机地结合在一起，实现网络化综合智能控制和管理。智慧家居系统如图5-44所示。

作为信创产业中的重要一员，华为以自主研发的鸿蒙系统为核心，已开始布局智能家居领域，推出了"1+2+N"的全屋智能解决方案，可给用户带来沉浸式全场景智能体验。"1+2+N"就是以鸿蒙为核，建造强大的全屋智能生态系统，"1"为可靠的中央控制智能主机，"2"为稳定的PLC网络和覆盖全屋的WiFi，"N"为在设备基础上发展出来的多个子系统，整套设备把日常行为信息化和智能化，实现全屋智能系统上的智慧互联与协同。作为一个开放性的系统，华为智能家居可接纳任何品牌家电，把众多品牌和平台串联在一起，成就更多家居生活方式。华为全屋智能解决方案，能解决目前全屋互联、全屋AI、生态整合三大"痛点"，智能提供多个不同场景的沉浸式体验，实现真正懂你的全屋智能，提供更方便、更高效的智慧生活体验。

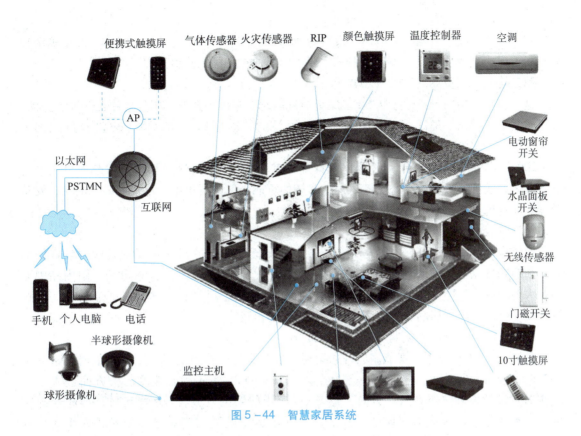

便携式触摸屏　气体传感器　火灾传感器　RIP　颜色触摸屏　温度控制器　空调

AP

以太网

PSTMN

互联网

手机　个人电脑　电话

半球形摄像机

球形摄像机

监控主机

电动窗帘开关

水晶面板开关

无线传感器

门磁开关

10寸触摸屏

图 5-44　智慧家居系统

活动二　了解智能家居发展历程

智能家居的概念起源很早，但一直未有具体的建筑案例出现，直到 1984 年美国联合科技公司将建筑设备信息化、整合化概念应用于美国康涅狄格州（Connecticut）哈特佛市（Hartford）的 CityPlaceBuilding 时，才出现了首栋的"智能型建筑"，从此揭开了全世界争相建造智能家居派的序幕。

1997 年，比尔·盖茨耗资近 6 300 万美元建造智能豪宅，使用多个高性能 Windows NT 服务器作为系统管理后台，所有家电、门窗、灯具、池塘、水族箱均由电脑控制，并且能够实现浴缸自动放水调温，地板能在 6 英寸①的范围内跟踪到人的足迹，有人时自动打开照明，人离去时自动关闭等自动化功能。

我国智能家居从 20 世纪 90 年代中期才开始接触和尝试，但只有深圳有一两家从事美国 X-10 智能家居代理销售的公司，产品多销售给居住国内的欧美用户。

2000 年，我国正式出台《智能建筑设计标准》，在网络化热潮和国家示范项目的推动下，我国掀起了一阵智能小区热潮，这一时期的智能小区主要集中于可视对讲、电梯、安防及停车场管理系统等。由于早期产品不成熟，这一时期的智能小区主要集中于可视对讲、电梯、安防及停车场管理系统等，操作较为复杂，并且缺乏维护，并没有让消费者获得较好的体验。我国智能家居的发展可以总结为以下四个阶段。

---

① 1 英寸 = 2.54 cm。

第一阶段：初现期（1994—1999 年）

整个行业仍处于产品认知阶段，没有专业的智能家居厂商。在深圳，只有一两个美国智能家居销售代理商从事进口零售业务，主要面向居住在中国的欧美用户。

第二阶段：创业期（2000—2005 年）

这一阶段，国内已经建立了 50 多家智能家居研发和生产企业，主要集中在深圳、上海、天津、北京、杭州、厦门等地。在该阶段，国外的智能家居产品基本上还没有进入国内市场。

2000 年，我国正式出台《智能建筑设计标准》，在网络化热潮和国家示范项目的推动下，我国掀起了一阵智能小区热潮，这一时期的智能小区主要集中于可视对讲、电梯、安防及停车场管理系统等。

第三阶段：徘徊期（2006—2010 年）

由于早期产品不成熟，操作较为复杂，并且缺乏维护，并没有让消费者获得较好的体验。前期恶性竞争和虚假宣传带来的负面影响逐步显现，智能社区概念退潮，国内品牌萎缩，大约有一半的国内智能家居生产企业退出市场，智能家居的发展进入一段低潮期。在这一时期，国外智能家居品牌却秘密布局进入了中国市场。

第四阶段：整合与演化期（2011—2020 年）

自进入 2011 年以来，智能家居开始迅猛发展，智能家居行业已从一个徘徊时期进入新一轮的整合与发展时期，进入了一个拐点。在未来的 3 ~ 5 年，智能家居一方面进入了一个相对较快的发展阶段；另一方面，随着 5G 商用牌照的发放，"万物互联"的时代即将到来，智能家居再次成为热议的焦点。原来在电影里的科幻产品已经悄然融入生活，智能家居集创意科技于一身，顺应时代需求而生，它必然会成为人们生活中不可或缺的组成部分。

活动三　探究智能家居应用场景

智能家居系统是人们的一种居住环境，与普通家居相比，智能家居不仅具有传统的居住功能，兼备建筑、网络通信、信息家电、设备自动化，提供全方位的信息交互功能，让生活变得更智能、更便捷、更享受。例如，出门在外时，可以通过客户端应用软件来远程遥控家居各智能系统，在公司上班时，家里的情况还可以显示在办公室的电脑或手机上，以供随时查看；门口监控系统具有拍照留影功能，家中无人时，如果有来访者，系统会拍下照片，以供查询。我们可以使用手机 App 在回家的路上提前打开家中的空调和热水器；到家开门时，借助门磁或红外传感器，系统会自动打开过道灯，同时打开电子门锁，安防撤防，开启家中的照明灯具，关闭窗帘迎接主人的归来；回到家里，使用控制器方便地控制房间内各种电器设备，可以通过智能化照明系统选择预设的灯光场景，读书时营造书房舒适的安静。智能家居应用场景分别为智能门锁、智能照明、智能安防、智能电器、智能监控和语音控制。

1. 智能门锁

门锁是家庭安全的第一道防线，选择一款好的门锁对家庭安全尤为重要，智能门锁是一个不错的选择。与传统门锁的开启方式相比，智能门锁除能够使用机械钥匙开启外，还能够通过指纹密码等方式开启，避免了出门忘带钥匙或钥匙丢了无法回家的尴尬场面。智能门锁还能够通过连接互联网实时监控家庭安全，当门锁关闭，有人试图通过非法手段打开时，会实时向主人手机发送信息并拍摄嫌疑人照片，同时响起警报保护家庭安全。智能门锁如图5-45所示。

2. 智能照明

智能照明技术通过无线模块和控制单元实现照明自动化，当晚上回家后，自动打开灯光并根据环境自动调节亮度节约能源。智能照明如图5-46所示。

图5-45　智能门锁

图5-46　智能照明

3. 智能安防

智能安防要求多种智能家居协同工作才能够达到较好的安防作用，可通过智能门锁、智能摄像头、红外侦测器、烟雾探测器、智能门磁等智能物联网设备实现对家庭的全方位安全防护，实时防控易造成损害生命及财产安全的各种因素，如当燃气报警器侦测到燃气泄漏时，发出警报并同时自动关闭天然气阀门，防止因天然气泄漏发生火灾中毒等危害的发生。智能安防如图5-47所示。

4. 智能电器

智能电器是普通家电与现代信息化技术的完美结合的产物，如将微处理器、传感器技术、网络通信技术引入普通家电后，即可形成现在的智能家电设备，其能够实现自动感知住宅空间状态，如温度、湿度、空气指数和家电的运行状态等，并根据检测到的空间信息实现自动化控制。同时，智能家电还能与住宅内的其他家电和家居、设施互联组成系统，实现智能家居功能。智能电器如图5-48所示。

图5-47　智能安防

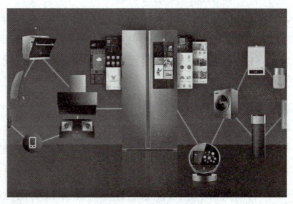

图5-48　智能电器

5. 智能监控

社会的高速发展，生活节奏不断加快，工作压力和工作强度日益增加，作为家里的"顶梁柱"，您是否会经常在外奔波，缺乏对家人的陪伴？通过智能摄像头，无论何时何地，您都可以打开监控，实时看到家里面的状态；老年人独自在家，子女也可远程可视对讲，关爱老人。当然，智能监控同样可以记录非法入侵者的面部数据。

6. 语音控制

通过语音机器人可实现对智能家居的控制，最常见的就是智能音响，它能够接收主人的指令并帮助实现打开空调、开灯、打开窗帘、开启空气净化器等智能家居操控。米家的小爱音响能够与米家的其他设备组成智能语音控制系统，通过小爱音响实现对其他家居的操作。语言控制如图 5-49 所示。

图 5-49 语音控制

活动四　了解智能家居发展现状与前景

智能化、节能化、网络化发展趋势带动家电更新迭代速度加快。全球家电行业规模整体呈扩大趋势，据中国家用电器协会公布的数据显示，2019 年，家电全行业累计主营业务收入达到 1.6 万亿元，累计利润总额达 1 339 亿元。根据 Statista 数据测算，2020 年智能家居市场规模约为 4 345 亿元，2025 年预计突破 8 000 亿元，符合增速 15.8%。从中国整个细分市场规模来看，智能家电原始市场规模大，智能化发展早，其渗透率高，智能家电占比最大，收入为 2 822 亿元；其次是智能连接控制和智能家庭安防，规模分别为 364 亿元和 186 亿元，智能家庭娱乐和智能光感市场规模分别为 180 亿元和 99 亿元；智能家庭能源管理市场规模最小，为 78 亿元。

1. 智能家居发展现状

①现在的智能家居高度依赖互联网，面临着严重的网络安全威胁。一旦智能家居网络系统受到攻击或控制，带来的危害将是无限的，严重的风险可能危及生命和财产安全。

②虽然智能家居是高度智能的，但是经常使用的个性化要求是不同的，在使用智能实现特定项目参数时，需要人为设置，这实际上为用户设置了一个门槛，就像我们使用智能手机一样，许多功能需要学习掌握使用。

③智能家居的成本很高。整套智能家居的价格从数万元到数百万元不等，属于"奢侈品"的行列，而在普通百姓生活中则逐渐缩水。

④智能家居厂商走自己的路，缺乏统一的标准，缺乏市场管理的基础，各种产品混杂，消费者难以区分好坏，有的是劣质产品，影响用户体验。

2. 智能家居发展前景

智能家居行业这些年发展迅速，但是整个行业仍处于初级阶段，处于百家争鸣阶段，那么智能家居的未来发展方向到底在哪里呢？主要在两个方面：智能化、边缘计算化。

（1）智能家居的智能化

目前大部分的智能家居还是停留在自动化控制阶段，智能化只是初级阶段，比如简单的语音控制。智能化的核心是理解人类的行为及需求，并且满足人类的需求，成为家中的智能管家。比如今天主人心情不是很好，AI 从表情、语气、行为判断并得出结论之后，主动讲一些笑话，帮助主人调整心情。此外，进行行为识别，看到老人摔倒了，就给主人报警；小孩爬高有危险，就给出提示；如果有人在外围鬼鬼祟祟，就报警提醒。

（2）边缘计算将更好地保护个人隐私

现在有很多方案是云计算方案，云计算方案的好处是成本低，但是劣势也很明显，即对网络的依赖很强，没有网络的时候，就无法正常使用。另外，更重要的是信息安全，因为家是一个很私密的空间。有些智能音箱在实时监听用户的说话，以便及时做出响应，这样做可能会侵犯到个人隐私。所以智能音箱放在客厅勉强可以，放在卧室就不合适了。有了边缘计算，所有这些都可以解决，用户的所有使用信息都存储在本地，包括控制信息、语音信息等，这样就解决了信息泄露的问题。另外，边缘计算即使没有网络，也不影响本地使用，功能完全不受影响。目前已有少数的智能家居厂商在往边缘计算方向发展，解决客户的隐私痛点问题。

（3）随着生成式 AI 与具身人工智能技术的融合，智慧家居将迎来前所未有的智能化变革。具身机器人作为这一领域的核心，将凭借其高度自主化的家居管理能力、无缝的人机交互体验、个性化的生活服务以及安全可靠的家居守护，引领家居生活向全面智能化和个性化发展。具身机器人不仅通过多模态感知技术全面理解家居环境，执行复杂物理任务，减轻家务负担，还通过深入学习家庭成员的习惯和偏好，提供定制化服务，提高生活满意度。同时，它们在家庭安全方面发挥关键作用，全天候监控异常并提供即时应对，如图 5-50 所示。具身机器人的应用将推动智能家居技术不断突破，促进产业升级与创新，为市场带来更广阔的发展空间，最终为用户打造一个便捷、舒适、安全且高度个性化的智慧生活空间。

图 5-50　具身机器人陪伴家人

知识运用

模拟体验在对智能电器进行控制时，通过语言识别技术识别用户发出的指令，以实现对智能产品的控制。本任务可使用腾讯云的人工智能实训平台完成，步骤如下：

第一步：打开浏览器，输入"https://cloud.tencent.com/product/asr"地址进入语音识别模块，如图 5-51 所示。

图 5-51　语音识别

第二步：滑动鼠标，进入功能体验区域，单击"开始识别"按钮后，进行语音识别，如图 5-52 所示。

任务拓展：体验腾讯云小微开放平台

腾讯云小微开放平台的体验可以在手机 App"腾讯云叮当"或微信小程序"腾讯云小微"上进行，本部分主要介绍如何在"腾讯云小微"小程序中进行体验。

微信搜索"腾讯云小微"小程序，单击进入后即可进行测评体验，或用微信扫描图 5-53 所示的二维码也可直接进入小程序。

图 5-52　语音识别体验

图 5-53　腾讯云小微

腾讯云小微小程序支持语音识别、语音合成、机器翻译、智能对话等多种测试功能。

进入微信小程序后的界面如图 5-54（a）所示，可以和小微进行聊天。单击界面右下角的列表键，可进入多功能界面。

（1）拍照识物

进入拍照识物界面后，可以直接拍照或者从相册中选取图片进行识别，识别功能有识红酒、识手势、识汽车、识花草、识水果、识书封面、识瓶饮、识名画、识明星。图 5-55 所示为对农作物进行识别。

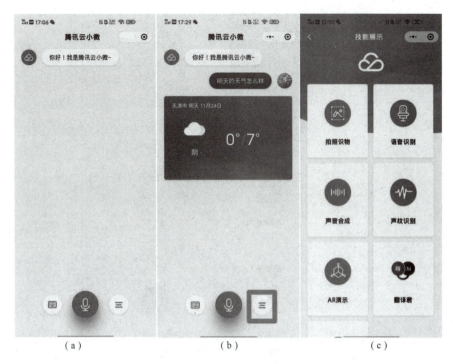

（a）　　　　　　　（b）　　　　　　　（c）

图 5-54　多功能页面

图 5-55　拍照识物

（2）语音识别

按住录音键，录入一段语音，小微会自动识别，例如"打开空调"。语音识别如图 5-56 所示。

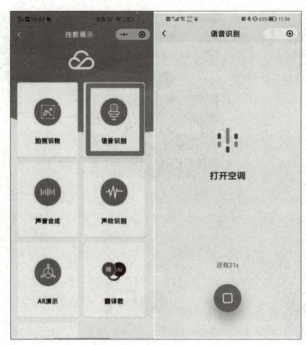

图 5 –56　语音识别

（3）声纹识别

声纹识别模块分为声纹识别和声纹注册两个部分。先进行声纹注册，填写昵称，之后录入自己的声音。最后进入"声纹识别"界面，按住话筒输入语音，就能识别自己的声音了，如图 5 –57 所示。

图 5 –57　声纹识别

自主评价

通过学习本模块，看自己是否对人工智能应用有了充分了解，在技能检测表中标出自己的学习情况。

评价标准	个人评价	小组评价	教师评价
（1）是否了解智能城市主要解决的问题和熟悉智慧城市实际应用			
（2）是否了解什么是智慧农业、智慧农业在智慧种植方面起到的作用			
（3）是否了解智慧教育的意义、智慧教育与传统教育的区别			
（4）是否了解智能家居与普通家居的区别，是否能够根据所学知识组建自己的智慧家居			
备注：A 为能做到；B 为基本能做到；C 为部分能做到；D 为基本做不到。			

习　题

一、选择题

1. 在智慧城市的建设中，以下哪项技术是实现智能交通监控的关键？（　　）

A. 5G 通信技术　　　B. 物联网技术　　　C. 虚拟现实技术　　　D. 增强现实技术

2. 下列哪项服务不属于智慧城市中的公共服务？（　　）

A. 智能交通系统　　　B. 智能医疗服务　　　C. 智能家居系统　　　D. 智能教育资源

3. 在智慧城市的规划中，以下哪个层面不是智慧城市发展的三个主要层面之一？（　　）

A. 技术层面　　　　B. 数据层面　　　　C. 应用层面　　　　D. 政策层面

4. 以下哪项不是智慧教育的主要特征？（　　）

A. 个性化学习　　　B. 互动式教学　　　C. 自动化考试　　　D. 数据驱动决策

5. 在智慧医疗系统中，以下哪项技术主要用于远程诊断和医疗服务？（　　）

A. 人工智能　　　　B. 云计算　　　　C. 物联网　　　　D. 大数据

6. 以下哪项不是智慧物流的核心要素？（　　）

A. 自动化仓库　　　B. 无人配送车　　　C. 物流信息平台　　　D. 传统手工作业

7. 以下哪项是智慧政务在提升政府服务中的作用和意义？（　　）

A. 减少政府工作人员数量　　　　　　B. 提高政府决策的透明度

C. 降低政府运营成本　　　　　　　　D. 提升政府服务效率和便捷性

8. 智慧环保的实施对于城市可持续发展具有以下哪项作用和意义？（　　）

A. 减少环保部门的工作量　　　　　　B. 提高环境监测的实时性和准确性

C. 降低环保法规的执行难度　　　　　D. 促进环保技术的商业应用

9. 智慧农业对于现代农业发展的重要作用和意义主要体现在以下哪方面？（　　）

A. 提高农业生产效率　　　　　　　　B. 降低农业生产成本

C. 增加农业劳动力需求　　　　　　　D. 减少农业土地使用

10. 智慧家居在提升居民生活品质方面的作用和意义主要体现在以下哪方面？（　　）

A. 提供个性化服务　　　　　　　　B. 增加家庭装修成本

C. 减少家庭娱乐活动　　　　　　　D. 降低家庭安全性

二、判断题

1. 智慧城市的建设目标是实现城市管理的自动化和智能化，以减少人为干预。

（　　）

2. 智慧城市的实现完全依赖于高新技术的发展，与居民的生活习惯和参与无关。

（　　）

3. 智慧农业的实施有助于实现农业资源的可持续利用和环境保护。（　　）

4. 智慧家居的发展能够有效提升居民的生活便利性和舒适度。（　　）

5. 智慧交通系统的建立可以有效缓解城市交通拥堵问题，提高道路通行效率。

（　　）

三、简答题

1. 论述智慧城市建设对提升城市治理能力的作用及其挑战。

2. 请阐述智慧农业在促进农业现代化和保障粮食安全方面的作用和意义。

3. 请说明智慧家居在节能减排和改善居民生活质量方面的作用和意义。

模块六

人工智能与社会变革

人工智能的迅速发展给人类带来了一些困扰与不安，尤其是在奇点理论被提出后，很多人质疑机器的迅速发展会给人类带来极大的危险，随之而来的很多机器事故与机器武器的产生更加印证了人们的这种猜疑。于是，关于机器道德的研究层出不穷。究竟什么是人工智能道德？人工智能会不会取代人类？谁为人工智能负责？人工智能道德观应该如何建立？人工智能会对人类职业带来哪些变革？人类如何适应人工智能时代？接下来就来探讨人工智能与人类关系的问题。

教学导航

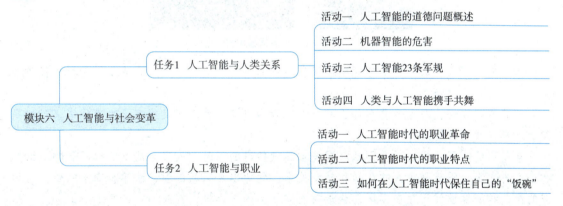

任务1 人工智能与人类关系

学习目标

1. 了解人工智能的道德问题产生的原因；
2. 了解人工智能带来的潜在危害；
3. 了解人工智能23条军规产生的背景及意义；

4. 引导学生思考人工智能技术的发展方向和社会责任，更好地服务于人类，共同构建一个更加智能化的社会。

任务导入

从智能手机到能自动驾驶的汽车，从智能机器人到人工脑，人工智能（AI）正在成为我们日常生活中的一个重要组成部分。专家预测全球智能机器人时代已经来临。"未来 5 ~ 10 年，每个人身边都会有 10 个机器人，那个时候这个世界上将会有超过 600 亿的机器人"，我们将生活在机器人海洋里。

大国工匠——AI重塑机器人产业

2017 年 10 月 26 日，沙特阿拉伯授予香港汉森机器人公司生产的机器人索菲亚公民身份（图 6-1）。作为史上首个获得公民身份的机器人，索菲亚当天在沙特阿拉伯说，她希望用人工智能"帮助人类过上更美好的生活"，人类不用害怕机器人，"你们对我好，我也会对你们好"。索菲亚拥有仿生橡胶皮肤，可模拟 62 种面部表情，其"大脑"采用了人工智能和谷歌语音识别技术，能识别人类面部表情、理解语言、记住与人类的互动。

图 6-1 机器人索菲亚

索菲亚不是人，她只是个很聪明的机器人；索菲亚又是"人"，她被沙特阿拉伯授予公民身份，加入人类籍。

索菲亚很友好，与人谈笑自如，甚至还会眼神交流；索菲亚又很努力，声称未来目标是想去上学，成立家庭。

索菲亚的例子，提出一个问题：在技术高歌猛进的同时，人工智能不断模糊着物理世界和个人的界限，不断刷新人的认知和社会关系，延伸出复杂的伦理、法律和安全问题，但相应的规范和制度设计还存在盲区，这是对人类社会的一个极大挑战。

请思考：

1. 假如有一天，跟你一起坐在教室里上课的同学中，有一半是机器人，你是否愿意跟它们一起上课？

2. 你认为机器人应该享有和人类一样平等的社会地位吗？

知识介绍

活动一 人工智能的道德问题概述

控制论之父维纳在他的名著《人有人的用处》中曾经谈到自动化技术和智能机器，

得出了一个结论："这些机器的趋势是要在所有层面上取代人类，而非只是用机器能源和力量取代人类的能源和力量。很显然，这种新的取代将对我们的生活产生深远影响。"维纳的预言，在今天未必成为现实，但已经成为诸多文学和影视作品中的题材。《银翼杀手》《机械公敌》《西部世界》等电影以人工智能反抗和超越人类为题材，机器人向乞讨的人类施舍的画作登上某杂志的封面，如图6-2所示。人们越来越倾向于讨论人工智能究竟在何时会形成属于自己的意识，并超越人类，让人类沦为它们的奴仆。

图6-2　人类向机器人乞讨

维纳的言辞和今天普通人对人工智能的担心有夸张的成分，但人工智能技术的飞速发展的确给未来带来了一系列挑战。其中，人工智能发展最大的问题，不是技术上的瓶颈，而是人工智能与人类的关系问题，这催生了人工智能的伦理学和跨人类主义的伦理学问题。

与模拟人类大脑的思维方式不同，智能增强（简称 IA）技术使得人工智能发展出一种纯粹机器的学习和思维方式。机器学习的概念，实际上已经成为发展出属于机器本身的学习方式，不再模拟真实的人的大脑和思维的方式，通过海量的信息和数据收集，让机器从这些信息中提出自己的抽象观念。例如，在给机器浏览了上万张猫的图片之后，让机器从这些图片信息中自己提炼出关于猫的概念。这个时候，很难说机器自己抽象出来的猫的概念与人类自己理解的猫的概念之间是否存在着差别，不过，最关键的是，一旦机器提炼出属于自己的概念和观念之后，这些抽象的概念和观念将会成为机器自身的思考方式的基础，这些机器自己抽象出来的概念就会形成一种不依赖于人的思考模式网络。当讨论打败李世石的阿尔法狗时，已经看到了这种机器式思维的凌厉之处，这种机器学习的思维已经让通常意义上的围棋定式丧失了威力，从而让习惯于人类思维的棋手瞬间崩溃。一个不再像人一样思维的机器，或许对于人类来说，会带来更大的恐慌。毕竟模拟人类大脑和思维的人工智能尚具有一定的可控性，但基于机器思维的人工智能，可控性就值得怀疑了，因为根据与人工智能对弈之后的棋手的说法，甚至在多次复盘之后，他们仍然无法理解像阿尔法狗这样的人工智能如何走出下一步棋。

技术进步本身无法解决 AI 的深层次根本性问题：算法的设计哪怕再周全，也必须根据现实世界的数据来做出决定，但现实世界是有缺陷的、不完美的、不可预测的、特异的。

人们意识到，在系统投入使用之前，必须把道德关切纳入考量。这种认知促使伦理学课程被正式整合进哈佛大学的很多计算机科学课程。

近年来，国际人工智能界日益重视人工智能中的伦理与法律问题，并推动相关技术标准及社会规范的研讨和制定，如 IEEE 全球人工智能与伦理倡议、阿西洛马人工智能23 条伦理原则，我国的《新一代人工智能发展规划》也专门提出人工智能伦理与法律的三步走规划。

请思考：

1. 你觉得人工智能会替代人类吗？
2. 未来人与机器的关系应该是怎样的？

活动二　机器智能的危害

在《未来战士》《二十二世纪杀人网络》等电影里，有机器人满世界追打人类的镜头。相信当时看过这些电影情节的人的内心感受是复杂的。不过，缘于那些情节与现实生活还存在着相当大的差距，因而人们所持的基本上都是不置可否的态度。然而，随着人工智能技术的不断突破，机器人已由当初极其有限的"领悟力"转变为能够识别人类面部表情并与人进行情感交流的一个"活体"。本来，机器人面世后，就因为它们通常都是某一方面的行为专家，具有人类个体所不能企及的特长而让人类刮目相看。现在，机器人具有了"情感"，具备了思索能力，那么，在将来的某一天，它们可能会像人类一样，自我设计，自我制造，以致摆脱人类的控制，将人类置于危险的境地。

1. 霍金的告诫：当心人工智能的反噬

会不会出现人工智能反噬人类的情形呢？这是现代人杞人忧天还是有些人的危言耸听呢？可以说，一切都未定论。在当今科技领域，包括一些顶尖人工智能专家，都认为人工智能会反噬人类，人类发展人工智能，将会让人类踏上不归路。享誉世界的英国天体物理学家、英国剑桥大学著名教授史蒂芬·威廉·霍金就是持这种观点的人员之一（图6-3）。他发出警告："完美人工智能的开发，便意味着人类的终结！"

图6-3　霍金

2015年10月初，在Reddit网站举行的"问我任何问题"（Ask Me Anything）活动环节中，霍金教授在回复提问时，再次重申了他一直坚持的关于人工智能的观点："人工智能技术，未来必将对人类构成威胁。"不过，他同时强调，这其中最大的危险不是机器人会有计划地摧毁人类，而是它们完全抛弃了人类，具有了自主决策的能力。他认为，机器人不可能会产生与人类敌对的意识，但它们在追求自身设定的目标时，会对人类的利益造成伤害。他说："真正的风险不在于敌意，而在于能力。超级人工智能机器人将极善于达成自己所设定的目标，而如果它所设定的目标与我们的目标并不相互吻合，那么我们就有麻烦了。举个例子，你有时候踩死一些蚂蚁，但这并非出于你对蚂蚁的主观恶意，但如果你恰好准备在某个地区修建一个水电站，而那片地区正好有一个蚁穴，那么对于蚂蚁来说，这可真是个坏消息。"也就是说，机器人带给人类的伤害，很大程度上属于无意伤害。这也就意味着人类由地球上万物之灵的位置上跌落下来，沦落为由自己一手制造出来的机器人占主导地位之下的二等公民。因而，霍金揭示道："不要把我们人类自己放到那些蚂蚁的位置上去。"

霍金认为，人工智能机器人因具有了情感，最终会进化出对生存的渴望。他为此说道："未来一台高度先进的人工智能设备将逐渐发展出求生的本能，并将努力获取实现其自身所设定目标所需要的资源。因为生存下来并获取更多资源将能够增加其实现其他目标的机会。对于人类而言，这将导致生存问题的发生，因为我们的资源将会被掠夺。"他指出，随着人工智能技术的发展，智能机器人具备了人类一样的生存能力，它们就会不再依赖人类，而是会自主进行自我完善和自我升级。这时机器人世界就会出现"技术大爆炸"。最终，机器人的技术能力就会远远超越人类，最终把人类越甩越远，就如同现阶段人类的技术能力远远超越蜗牛一样。

不过，霍金同时也表示，就目前人工智能技术发展现状来说，与研制出和人脑功能相当或远超人脑功能的机器的要求还存在着相当遥远的差距。他说："当这件事最终发生时，将成为人类历史上发生过的最好或是最坏的事，因此把这个问题弄清楚将具有极大的价值。我们或许将花上几十年的时间才能找出问题的答案，那么就让我从今天开始启动这项研究，而不是拖到超级机器人即将被启动的前一天晚上。"

霍金参与 Reddit 网站举行的"问我任何问题"活动，一共获得超过 9 000 条的提问和评论，是该网站举办的同类活动中获得关注度较高的一次。由于工作和身体的原因，他在四个月之后才有时间回复网民的提问。在回复的问题中，大部分问题都涉及人工智能领域，而在回复中，他频繁地表示了自己的担忧。在此次活动前，他曾与几位顶尖科学家和企业家埃隆·马斯克签署了一份公开信，同样表达了对未来人工智能对人类构成威胁的担忧。他称，在下个世纪，人类的能力将会被机器人超越，因而，科学家务必要确保人工智能的未来目标是与人类的发展目标相一致的。

可以想象，机器人掌握了人类的心理和应对模式之后，就可以轻易控制和塑造人类情感。届时，在机器人高人一等的优越感面前，具有强烈自尊的人类会不会感到无地自容而整体消亡呢？

2. 科技巨头对人工智能的担忧

2005 年，有一本奇书出版——《奇点临近：当人类超越生物学》。作者雷·库兹韦尔预计 21 世纪 30 年代人类大脑信息上传成为可能；到 2045 年奇点来临，人工智能完全超越人类智能，人类历史将彻底改变。

但是在人工智能快速发展的时代，人们也越来越担忧人工智能会是毁灭人类的"元凶"，与发展其他技术相比，发展人工智能要更加小心谨慎。

雷·库兹韦尔指出，即将到来的机器人革命将是最具威力的革命，具有智能的机器人脱胎于人类，经过重新设计后，将远远超过人类所拥有的能力。

特斯拉 CEO 埃隆·马斯克在麻省理工学院航空航天系 2014 年百年论坛上表示，他对计算机未来的发展，尤其是人工智能技术遭到的恶意应用感到担忧。马斯克在一条社交网站消息中重申了这方面的担忧，称"人工智能可能比核技术更危险"。

在马斯克表达了对人工智能的担忧后，比尔·盖茨也在红迪论坛（Reddit AMA）上表示了自己的担忧。盖茨说："我对人工智能感到担忧。刚开始，机器人会为人类做很多工作，并不具备超智能。如果人类能够把握好尺度，这对人类是有百利而无一害的。但是几十年后，超智能将成为一个威胁。我赞成马斯克担忧人工智能，我不明白为什么有些人会不担忧。"

麻省理工学院物理学家马克斯·泰格马克在参加一个电台节目时说："发展人工智能就像是发展核武器，在首次使用时，我们真的需要慎之又慎，因为我们很有可能只有这一次机会。"

微软研究院实验室主管埃里克·霍维茨说，人工智能技术可以拯救成千上万人的生命，无论是通过防止车祸还是避免医疗上的人为失误。但对人类而言，发展人工智能的一个重要隐患是创造了一种能够不断完善自己并最终极有可能摆脱人类控制的机器。

加州大学伯克利分校计算机科学家斯图尔特·拉塞尔说，不少人认为聪明一定是好的，会让事情变得更加美好。但实际情况是，并非所有的事情都是如此。就像希腊神话中迈达斯国王的故事一样，聪明的迈达斯曾想将他所能碰到的东西都变成黄金，但获得这一能力后他很快就后悔了，因为就连他的食物、水，甚至还有他的女儿也都变成了黄金。最终他接受建议，在河中沐浴后才得以解脱。拉塞尔说，越来越聪明的机器极有可能不会沿着人类的期望发展。实际上，能够自我学习、自我完善的它们，很有可能在目标上与创造它的人类出现不一致。例如，核聚变和核裂变将近乎无限的能量储存在一个原子当中，但不幸的是，我们获得这些知识后的第一件事情就是制造了一个超级杀人武器——原子弹。"如今，99%的聚变研究都是受到严格管制的，人工智能也将走上同一条道路。"

还有一些专家认为，人工智能是一个比核弹危险万倍的事情。核弹放在那里，只要没有人启动，它就不会自动爆炸，即使炸了，也威胁不到人类的统治地位。可是人工智能不一样，人类的智能进化速度受限于肉体，目前没办法很快地提升。而人工智能不但是高速公路，而且还是加速的。一旦有了自我意识，就能自我改进，快速地把人脑智力甩在身后。如果人工智能真的去思考如何摆脱人类的控制，其方案会比我们的更加隐蔽，更加难以察觉。因为那时人工智能的智商高于人类，它们会想出更巧妙的办法。

科研人员都在全力地研究拥有自我学习、自我改进功能的人工智能，这种行为就像在开发更高速汽车，却不考虑安装刹车系统，只考虑人工智能可能带给我们的便利，却不考虑带给我们的危险。

应该制定比核扩散严格百倍的国际公约，在确保不失控的前提下使用人工智能。在人类自身智能高速提升以前，不允许任何拥有"自我意识"的人工智能面世。无论技术能力可以做到哪一步，必须把人工智能的能力限制在动物的水平，否则，人类将在地球上失去统治地位。

不过也有人对人工智能的未来表示乐观。例如以色列历史学家、《人类简史》一书作者尤瓦尔·赫拉利认为，从经济、政治到个人生活，未来的人工智能都将发挥重要作用，如图6-4所示。正因如此，人类必须从现在开始给此类技术"立规矩"。赫拉利强调，在这方面，政府或其他权威组织必须扮演主导角色，而不能将决策权完全交给市场，否则，可能带来"非常

图6-4 尤瓦尔·赫拉利发表对人工智能的看法

混乱"的结果。

谈及新技术对人类未来的颠覆，赫拉利则表示，科幻电影里那种人工智能消灭人类的设想，目前来看还是没有根据的。"智能和意识是两个非常不同的概念。在智能方面，现在的人工智能技术已经达到很高水平，但它们仍没有意识，"赫拉利以阿尔法狗为例指出，"它的智能水平令人钦佩，但它没有焦躁、喜悦等情绪"，"并没有迹象表明人工智能正在向有意识的方向发展"。

不过，赫拉利对人工智能并非没有担忧："相比机器人杀死人类，我更担心人工智能带来的数十亿人失业问题，以及人数众多的'无用阶层'的产生。"赫拉利说，未来二三十年，在发达经济体内，约半数工作岗位将被人工智能取代。另外，有能力操控人工智能的少数人可能将占据大部分社会资源。

尽管未来会有很多问题待解决，但"我们有理由保持乐观"。赫拉利认为，从历史上看，人类总能直面挑战。比如 20 世纪五六十年代，人们曾担心核武器会毁灭地球，但最终，人类用智慧解决了这一问题，保持了总体和平的形势。

有一些人对人工智能的未来持乐观态度。他们认为，人工智能只是人的身体、智力的一种工具性延伸，目前不断增强的也只是这种工具性，人工智能不像人类拥有从无到有的发明创造能力。现今出现的机器人战胜人类的各种场景，不管是棋艺还是自动驾驶技能，都是在人类现有能力基础上，对人类知识、信息处理方式所进行的一种优化。即使是情感机器人，也只是对人类的表情和语言特征进行程序化应对，并不能说明机器人拥有了同人类一样的情感。因而，人工智能就好比战士手中的武器，它能提升战士的攻击力，但武器的危险性取决于武器的使用者。

从技术和现实两个层面来看，人工智能所放大的只是人类现有的能力。受到特定条件的限制，它们不具备大规模自我升级和进化的能力。因此，我们也就不用担心它们会自己建厂，自我加工，自我提升脑力，自我升级。从人类发展人工智能的目的性上来说，人工智能也具有可控性。

综合各方观点，无论是霍金等专家的危害论，还是相反的人工智能可控论，人工智能最终是天使还是魔鬼，完全取决于开发和应用技术的人。只要人类自身能约束好自己，未来的人工智能就一定会沿着服务于人类的方向前行。

3. 机器信誉问题

这个世界确实已经变了，现在人们对机器更有信心。

当你在山区的公路上开车时，GPS 定位和导航软件并不完全可靠。当徒步爱好者向山里出发时，即使有人非常熟悉路线，也必须打开最流行的"北斗导航系统"。如果导航系统停止工作，他们会停下。即使面对铁一般的证据，当导航仪带错了路或设计了一个不合理的路线时，他们也还是会为它辩解。

也许我们正在朝着这个方向发展：人们认为软件可以创造奇迹，而事实上，大多数软件都会犯非常低级的错误。普通用户对软件工具的信心远远超过开发者对它的信心。

如果向导有一次指错了路，很长一段时间里他都不会被信任；如果导航系统出错，多数用户会简单地认为这是偶然的故障，并会继续信任它。人们对机器犯错的包容度似乎更高。

人们往往更愿意相信机器，而不是人。他们更相信导航系统，而不是在那个地区生活了一辈子的人。

生活中的事例证明，我们没有自己想象的那么聪明，而是很容易被人愚弄。我们使用电脑时，似乎变得更加容易上当受骗。想一想"垃圾邮件"有多么成功，你最喜欢用的搜索引擎和社交媒体上的广告有多么成功。如果我们聪明一点，这些搜索引擎和社交媒体很快就会关张歇业。它们如日中天，是因为有数百万的人点击这些广告链接。

软件变得更"智能"，人们会更加信任它。不幸的是，软件变得更"智能"，对人们的危害力也会变得更强。它不必"故意"作恶：可能仅仅是软件工程师一厢情愿推出新的软件版本时遗留的软件缺陷所致。

试想一下，机器播报虚假新闻，例如，某种传染病在城市蔓延，夺去了无数人的性命。不管最有声望的记者怎样辟谣，人们都开始争先恐后地逃离城市。恐慌情绪在城市间迅速蔓延，并被数百万民众的恐慌行为放大。

无人机袭击恐怖分子得到大多数公民心照不宣的支持，如图6-5所示。这种支持不仅是出于军事上的考虑（无人机袭击减小了步兵奔赴危险战场的概率），还有一个原因是人们相信无人机袭击定位精准，主要用于打击恐怖分子。然而，反对者认为它在打击恐怖分子的过程中，也杀害了很多无辜的平民，因为无人机无法区分它所袭击的人里面是否包含平民。反对者认为机器如此愚蠢，有可能犯下可怕的错误。

图6-5　无人机战场突袭

4. 机器的速度问题

未来的计算机速度将如此之快，以至于控制它们本身就是一项大工程。人们已经无法控制计算速度快于人类大脑百万倍的机器，在可预见的未来，这个速度将持续增长。

人们编写算法，并把它输入机器。机器的计算速度要快于最聪明的数学家。当算法引发了一些自动动作（比如购买股市的股票）时，人类被排除在循环之外，只能被动接受结果。当成千上万台机器互相交互并且成千上万种算法（人类完全理解每一种算法）以惊人的速度运行时，人类不得不相信计算的力量。是速度成就了"超人类"智能，但这不是无法理解的智能，而是远远"逊色"于人类、计算速度非常快的智能。危险在于没有人能确保该算法设计正确，尤其是当它与众多算法交互时。

这个问题将通过引入限速的方式来解决：只允许算法在一定的速度范围之内，只允许"警察"（防止算法引发问题的看门人算法）的速度更快，如图6-6所示。

图6-6　网络警察

5. 妖魔化常识

聪明的人类创造的机器有一些令人不安的因素。它担负着一些特别的使命，不按照人类的

套路出牌。我们在生活中越来越常见到一种"愚蠢"的机器：它的规则不容人类智能干涉。

按照常识来说，夏天一般比较热，开空调是一个合理的选项。但世界上也存在夏天很凉爽的地方，尤其是晚上。假设在这样的地方举办晚间讲座。电脑设定好的程序是只要还有人在工作，不管外面有多冷，礼堂内的空调照开不误。参加晚间讲座的人们真的带着毛衣甚至冬装上课。非常浪费能源，但是没有人知道如何让机器停止这样做，因为重置大楼里的温控器非常难。

这就是让机器管理世界的潜在危害性。如果在非常寒冷的晚上，室内空调依旧吹着冷气，这样的温控器不算"智能"。作为比机器聪明的人类，虽然创造了这些机器，却没有按照常识控制它的行为。再比如电脑控制的汽车，即使它们运行良好，电脑控制的设备和系统做出的决定却往往违背人类的常识。充斥人类社会的数百万台机器也可能会做出违背人类常识的决定，而人类却只给这些机器设定规则并放任它们运行，这样会让人类失去对常识的判断力。

6. 你是别人盈利的工具

机器智能的另一个危险是运用计算能力作为销售工具的趋势越来越不可挡。究其原因，人们愿意接受电子商务网站的条款和条件，这些公司非常擅长掩饰他们收集到用户信息后动过的手脚。同时代最优秀的人才都在思考如何让人们点击广告——利用收集到的所有数据，不放过任何蛛丝马迹。投入这项工作的不仅有最优秀的人才，还有最先进的机器。为了采取对用户更有针对性的销售策略，人工智能技术已经被用来收集用户信息（以前被称为"监视用户"）。

万维网的初衷并不是要创造一个那样的世界：智能软件控制你上网的一举一动，并使用它来为你量身打造上网体验；而可怕的是，它正在朝着这个方向发展。计算机科学正在将你的生活转化成他人的商机。

你可能会认为你换了一辆车是因为你想要一辆新车，如果换一个角度看待这件事：是车让你花钱，然后汽车企业可以用这个钱生产更多更好的车。

消费者从属于物品，为它们的扩张和统治铺路。

最终，物品将演变成空间站和外星殖民地。为了扩张到地球之外，开始殖民化宇宙的其他部分，寻求主宰一切存在的物质，直到宇宙中的所有物质都被转变成物品。

我们甚至把食物变为物品，因为我们吃包装食品的时候越来越多。过去40年里食品系统的变化比前4万年还多。

鞋、冰箱、手表和电子产品是历史的真正主角，其他的一切只是它们谱写的长篇史诗的注脚。

7. 责任问题

人工智能技术的社会应用迅速改变了人类的生存环境，重塑人的行为，也不断挑战诸如隐私、责任等概念内涵及其既有策略。比如"责任"，比较典型的是自动驾驶系统的责任认定。

在国外，曾经发生过一起这样的事件：有人骑车横穿马路，被一辆自动驾驶汽车撞倒，不幸身亡。虽然车上有安全驾驶员，但当时汽车完全由自动驾驶系统（人工智能）控制。和其他涉及人与AI技术交互的事故一样，这起事故提出了一系列的道德和原始法律问题：开发该系统的程序员在防止该系统夺人性命方面负有怎样的道德责任？谁应该为骑车人的死负责？是坐在驾驶位上的那个人吗？是测试那辆汽车的公司吗？是该AI系统的设计者吗？

还是车载感应设备的制造商？

　　计算机正开始在我们的道路和高速公路上做事关生死的决定。假设你坐在一辆自动驾驶汽车上读报纸，两个孩子突然冲进了你前面的路上。汽车会决定撞上这两个孩子，还是跟对面车道上的车迎面相撞，还是撞上另一辆停着的车？计算机有几毫秒来决定采取哪种行动，而所有这些行动，都有可能导致人受伤或丧命。

　　这种生死攸关的情景，伦理学家称为"有轨电车难题"（trolley problem），如图 6 - 7 所示。

　　你要在不同的方案之间进行选择，而选择的结果决定了谁生谁死。计算机会计算出，撞上两个孩

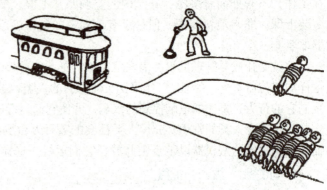

图 6 - 7　有轨电车难题，该牺牲哪条轨道上的人？

子可能会害死他们，但安全气囊能把你救下来；计算机或许也计算出，跟迎面而来的汽车相撞，碰撞更猛烈，可能会害死你，也害死对面车里的乘客；最后，它可能还计算出，跟停着的车相撞，有很大概率会害死你。这个结果，死的人最少，但那个不幸的受害者是你。

　　尽管这一选择难题引起了广泛的关注，但就开发符合伦理道德的自动驾驶汽车而言，它只占了问题的一小部分。人们还要面对其他许多伦理问题，这些问题里有不少会出现得更为频繁。人类驾驶员是经常违反法律的，闯黄灯、占用人行道、通过超速来摆脱危险路况……那么自动驾驶车辆能否以这种方式违反法律呢？如果可以，违反到多大程度合适呢？另一个引发热议的伦理问题是，我们是否应该开发一套系统，让人类驾驶员临时收回控制权呢？有证据表明，人类很难做到这一点，甚至可能没办法迅速重新获取背景认知。我们该怎样保护自动驾驶汽车有可能难以感知的其他道路使用者（如骑自行车的人、行人等）呢？自动驾驶汽车是否应该加上明确的标识，好让其他道路使用者保持恰当的谨慎态度来对待它们？我们应该为自动驾驶车辆准备专用车道吗？如果有一天，自动驾驶汽车变得比人类操纵的汽车更安全，还应该允许人类开车上路吗？一旦汽车真正实现自主，这意味着，如果发出了对某人的逮捕令，那么下次那个人进入一辆自动驾驶汽车时，车门会自动上锁，汽车会把他送到最近的警局。或者，要是车里的人突然发病了，该怎么办？车辆能否以每小时 110 km 的速度在城市道路上飞奔，把人送往医院，而其他所有车辆都自动向两边分开，让出一条道路？这样的规则设计合理吗？符合人类社会的制度规范吗？

　　未来 10 年，观察社会怎样适应自动驾驶汽车，怎样迎接它们带来的挑战，一定非常有趣。对于将来我们应该怎样应对人工智能提出的其他道德挑战，自动驾驶汽车领域有可能充当试验田。目前的证据只能说明，我们正梦游着走进这一光明的未来。目前大多数政府对自动驾驶车辆所采取的立场，是把太多的责任都交到了开发相关技术的公司手里。可以理解，各国都不希望扼杀技术进步，也都想要从价值数万亿美元的自动驾驶车辆制造产业里分一杯羹。眼下的汽车巨头，如通用、福特和丰田，不见得能在这场比赛中赢得了百度、小鹏、特斯拉、苹果和英伟达等后来者。同样地，让自动驾驶汽车上路，在伦理道德上势在必行，它

们每年能避免数千人因交通事故丧生，但在这股匆忙往前跑的势头里，务必要谨慎。

空中交通是一个很好的类比。在 100 年前这一技术的萌芽岁月，飞行很自由，事故司空见惯。飞行很危险，只有勇敢的人才敢飞。但政府很快就插手进来，对飞行本身和飞机制造商进行监管，设立了从事故中学习的机构。政府制定法律来规范飞行及飞机标准。如今，飞行成了最安全的交通方式之一。自动驾驶汽车也应以这样的终点为目标，但如果政府不强调监管，恐怕达不到目的。

我们不允许制药公司随心所欲地在一般公众身上检测产品。同样，也不应该让技术公司在没有强力监管的情况下，随心所欲地在公路上测试自动驾驶车辆。那么，我们为什么会允许汽车厂商自动上传未经验证的软件更新呢？只要具备商业可行性，任何道路测试中所学到的教训，都应与其他开发商共享。国家或国际机构需要调查自动驾驶车辆所卷入的事故原因，每次碰撞都能为自动驾驶车辆带来进步。

8. 算法歧视

另一个可能的伦理挑战是算法歧视。算法有可能有意无意地歧视特定社会群体。谷歌等公司一直在鼓吹算法很好、算法不歧视的神话。谷歌的行为准则开篇就说："我们会尽力为用户提供不偏不倚的信息，关注其需求，为之带去最优秀的产品和服务。"而他们为你提供不偏不倚信息的途径，就是靠盲目挑选最优结果的算法。然而算法真的有可能歧视，尤其是如果这些算法是从数据中学习的。

2015 年，卡内基梅隆大学的一项研究发现，较之女性，谷歌为男性提供的高薪工作广告更多。谷歌使用的其他算法也内嵌了歧视。

谷歌的自动完成功能为"医生"一词给出的选项是：

医生危险

医生比教师好

医生没用

医生心眼坏

算法返回的上述选项，可能对医生这个职业充满偏见。其他任何搜索引擎里也都可以发现类似的偏见。这些算法本身的确没有任何明确的偏见，但不管我们是否意识到，我们提供的数据令它们做出了带有偏见的决定。

由于缺乏透明性，机器在做决定时可能会考虑人类认为不恰当的因素，从而导致歧视。很明显，人们都需要正视算法歧视问题，各国政府有着重要的监管之责。

9. 结论的不可解释性

想象一下这样的情景：你的孩子回家找你，要求你给他零花钱，让他和朋友一起去看电影，你允许了。一周后，你的另一个孩子带着同样的要求来找你，但这次你拒绝了。这就产生不公平和偏袒的问题。为了避免受到偏袒的指责，你要向孩子解释，他必须完成家庭作业，才有资格获得零花钱。假如没有任何解释，家里一定会有紧张的气氛。

现在想象一下用一个人工智能系统取代你的角色，这个系统已经收集了成千上万个处于类似情况的家庭的数据。通过研究其他家庭的零花钱情况，得出结论：一个孩子应该得到零用钱，而另一个孩子不应该。但人工智能系统无法解释其中的原因，它衡量了你孩子的头发颜色、身高、体重及其他所有它能获得的属性，以便做出对其他家庭似乎最有效的决定。可是既然人工智能无法解释原因，那又如何判断人工智能的结论是有效的呢？这就是人工智能工具存在的"黑箱"般的不透明性所带来的问题。人工智能的运算逻辑不仅不为参与者所知，甚至也不为程序的创造者所知。随着人工智能为我们做出决策，决策的透明度和可解释性可能会变差。数据驱动决策的不可知性阻碍了批判性地参与决策过程的能力。

10. 致命性错误

与人类相比，人工智能系统抗干扰能力（鲁棒性）差，推广能力弱，甚至可能犯大错。"基于深度学习的模式识别系统尽管可以准确地区分不同事物，但本质上不认识它们。与人类不一样，它不会举一反三，更不会'知其所以然'。使用这样的人工智能系统需要十分小心。"人工智能产品完成单项任务很厉害，但遇到复杂情况时却没那么厉害。目前人工智能产品还只是辅助人工作的一个工具，还不能自主进化和决策。人工智能威胁论所指的"强人工智能"的到来还比较遥远，现在发展的多是擅长完成单项任务的"弱人工智能"。人工智能全面超越人类智能并出现自我意识是危险的，不过这是远虑；但其不可解释性会带来"近忧"，如将深度学习应用于军事决策，万一系统出现原则性决策失误，怎么办？例如发射所有核弹毁灭地球，如图6-8所示。

图6-8　人工智能决策失误毁灭地球

11. 隐私泄露

人工智能提出巨大伦理挑战的另一个领域是隐私。许多人意识到人工智能侵入隐私的可怕潜力，如图6-9所示。事实上，情报机构只有通过人工智能才能筛选收集到的海量数据。

一如既往，这是一把双刃剑，在反恐战争中，我们或许希望能够使用智能技术找出藏在暗处的恐怖分子。另外，我们不希望别人知道自己所有的想法。让问题变得更复杂的是，很多人早就习

图6-9　人工智能侵入隐私

惯了向一些社交软件（QQ、MSN等）无偿又实时地提交有关自己的宝贵信息。

目前许多保护个人隐私的方法正在开发当中。随着设备变得更智能，可以把更多的计算从云端推送到设备上。这样，或许就无须与其他任何人分享个人信息了。此外，还有"差分隐私"等新设想。例如，可以为数据库添加"噪声"，保持查询答案不变，但无法再识别个人。

12. 错误身份

把机器错认为人，是很多科幻电影反复出现的一个主题。在经典电影《银翼杀手》里，哈里森·福特饰演的里克·狄卡跟踪并摧毁了在外观上与人类无异的逃脱复制人。然而，电影留下了一个开放结局，那就是里克·狄卡本身有可能就是个复制人。最近，电影《机械姬》把焦点放在了一种特定类型的图灵测试上，机器人艾娃努力伪装得足够像人，骗人帮自己逃脱。而在史上第一部科幻电影《大都会》里，机器人乔装成了名叫玛利亚的女性，造成了工人的暴动。

因此，将来的某个时候，我们有可能被迫要应对机器被误认为人类带来的冲击。考虑到计算机"通过了"图灵测试的有限形式，可以说，这样的未来场景已经到来了。人试图伪装身份的时候，总有许多危险在等着我们。如果机器模仿我们信任的人，会发生什么？《西游记》中"真假美猴王"的故事也许会在现实中上演，如图 6-10 所示。如果我们对机器产生了社会依附感，会怎么样？前面有一大片问题的雷区正等着我们。

图 6-10　《西游记》里，真假美猴王难分真假

请思考：

你觉得人工智能还可能带来哪些危害？举例说明。

活动三　人工智能 23 条军规

随着人工智能的迅猛发展，机器在未来几十年内可能会达到人类的智能水平，已被许多科学家认为是不可避免的趋势。一旦达到这一点，机器人就可以改造自己，并创建其他同类，甚至制造出被称为超级智能的更强大 AI。如何确保机器人为人类利益服务，而不是像电影《终结者》里一样，将人类文明终结，已经不再是科幻作品里的纸上谈兵，而是必须纳入议事日程的重要课题。

著名科幻作家阿西莫夫在其作品中为机器人制定了三大法则，已经超越科幻成为人们心目中机器人应该遵守的不二法则。

阿西莫夫的机器人三大法则：第一法则，机器人不得伤害人类，或因不作为使人类受到伤害；第二法则，除非违背第一法则，机器人必须服从人类的命令；第三法则，在不违背第一及第二法则下，机器人必须保护自己。

2017 年 1 月，在加利福尼亚州阿西洛马举行的 Beneficial AI 会议上，特斯拉 CEO 埃隆·马斯克、DeepMind 创始人戴米斯·哈萨比斯及近千名人工智能和机器人领域的专家联合签署了《阿西洛马人工智能 23 条原则》（Asilomar A. I. Principles），这些专家包括机器人学家、物理学家、经济学家、哲学家，他们对人工智能在安全、经济和道德等领域产生的影响展开了激烈辩论。要让这套原则最终获得通过，必须获得多达 90% 的与会专家认可。共有 892 名人工智能或机器人研究人员及另外 1 445 名专家在这份原则上签字，包括著名物理学家霍金。会议呼吁全世界在发展人工智能的同时严格遵守这些原则，确保拥有自主意识的机器保持安全，并以人类的最佳利益行事，共同保障人类未来的利益和安全。

其中一些原则（例如透明度和共享研究成果）实现的可能性较低。即便这些原则无法得到全面落实，但这 23 条原则仍然可以改进人工智能开发过程，确保这些技术符合道德标准，避免邪恶势力崛起。

阿西洛马 AI 原则分为三大类 23 条。第一类为科研问题，共 5 条，包括研究目标、经费、政策、文化及竞争等；第二类为伦理价值，共 13 条，包括 AI 开发中的安全、责任、价值观等；第三类为长期问题，共 5 条，旨在应对 AI 造成的灾难性风险。

《阿西洛马人工智能 23 条原则》的全部内容：

1. 研究目标

人工智能研究目标不能不受约束，必须发展有益的人工智能。

2. 研究资金

人工智能投资应该附带一部分专项研究基金，确保其得到有益的使用，解决计算机科学、经济、法律、伦理道德和社会研究方面的棘手问题：

——如何确保未来的人工智能系统健康发展，使之符合我们的意愿，避免发生故障或遭到黑客入侵？

——如何通过自动化实现繁荣，同时保护人类的资源，落实人类的目标？

——如何更新法律制度，使之更加公平、效率更高，从而跟上人工智能的发展步伐，控制与人工智能有关的风险？

——人工智能应该符合哪些价值观？还应该具备哪些法律和道德地位？

3. 科学政策联系

人工智能研究人员应该与政策制定者展开有建设性的良性交流。

4. 研究文化

人工智能研究人员和开发者之间应该形成合作、互信、透明的文化。

5. 避免竞赛

人工智能系统开发团队应该主动合作，避免在安全标准上出现妥协。

6. 安全性

人工智能系统应当在整个生命周期内确保安全性，还要针对这项技术的可行性及适用的领域进行验证。

7. 故障透明度

如果人工智能系统引发破坏，应该可以确定原因。

8. 司法透明度

在司法决策系统中使用任何形式的自动化系统，都应该提供令人满意的解释，而且需要由有能力的人员进行审查。

9. 责任

对于先进的人工智能系统在使用、滥用和应用过程中蕴含的道德意义，设计者和开发者都是利益相关者，他们有责任也有机会消除由此产生的影响。

10. 价值观一致性

需要确保高度自动化的人工智能系统在运行过程中秉承的目标和采取的行动，都符合人类的价值观。

11. 人类价值观

人工智能系统的设计和运行都必须符合人类的尊严、权利、自由及文化多样性。

12. 个人隐私

人类应该有权使用、管理和控制自己生成的数据，为人工智能赋予数据的分析权和使用权。

13. 自由和隐私

人工智能在个人数据上的应用决不能不合理地限制人类拥有或理应拥有的自由。

14. 共享利益

人工智能技术应当让尽可能多的人使用和获益。

15. 共享繁荣

人工智能创造的经济繁荣应当广泛共享，为全人类造福。

16. 由人类控制

人类应当有权选择是否及如何由人工智能系统制定决策，以便完成人类选择的目标。

17. 非破坏性

通过控制高度先进的人工智能系统获得的权力，应当尊重和提升一个健康的社会赖以维继的社会和公民进程，而不是破坏这些进程。

18. 人工智能军备竞赛

应该避免在自动化致命武器上开展军备竞赛。

19. 能力警告

目前还没有达成共识，我们应该避免对未来人工智能技术的能力上限做出强假定。

20. 重要性

先进的人工智能代表了地球生命历史上的一次深远变革，应当以与之相称的认真态度和充足资源对其进行规划和管理。

21. 风险

必须针对人工智能系统的风险尤其是灾难性风险和存在主义风险的预期影响制定相应的规划和缓解措施。

22. 不断自我完善

对于能够通过自我完善或自我复制的方式，快速提升质量或增加数量的人工智能系统，必须辅以严格的安全和控制措施。

23. 共同利益

超级人工智能只能服务于普世价值，应该考虑全人类的利益，而不是一个国家或一个组织的利益。

可以发现，虽然《阿西洛马人工智能23原则》没有阿西莫夫机器人三大法则简洁明了，但它是人类进入人工智能时代的重要宣言，是指导人类开发安全人工智能的重要指南，受到了人工智能行业和公共知识分子的广泛支持。

但危机仍然存在，未来仍不确定，特斯拉CEO埃隆·马斯克在会议发言中说，我们正在走向超级智能，也有可能终结人类文明。当计算机开始自己做决定时，我们如何才能确保它们与人类的价值观相一致？此前我们已经看到了机器在学习中的偏见，微软的聊天机器人曾发表种族言论，特斯拉的汽车AI曾造成致命事故。墨菲定律说，任何一个事件，只要具有大于零的概率，它就必定会发生。我们或许也可以说，一个受控制的系统，不管如何控制，最终会崩溃。人工智能会是这样吗？天网已经启动了吗？文明终将面临最后的裁决，胜，则荣，败，则灭！在卡达尔肖夫的宇宙文明等级理论中，人类一旦发展到Ⅱ类文明，就没有任何灾难能造成文明的灭绝，希望我们可以通过《阿西洛马人工智能23原则》，迎来人类文明发展的终极胜利。

请思考：

你觉得《阿西洛马人工智能23条原则》是否完善？是否足以应对未来的人工智能道德问题？

活动四 人类与人工智能携手共舞

2014—2015年，硅谷的连续创业者埃隆·马斯克、英国物理学家斯蒂芬·霍金与世界首富比尔·盖茨都敲响了人工智能将对人类构成威胁的警钟。他们深受比尔·乔伊的著作《未来不需要我们》的影响。2016年，埃隆·马斯克和彼得·泰尔成立了非营利性组织OpenAI，以"推进数字智能，造福全人类"为使命。他们聘请了曾在谷歌和辛顿小组任职的伊尔亚·苏茨克维牵头研究，并聘请加州大学伯克利分校的彼得·阿比尔、约书亚·本吉奥（Yosua Bengio）和个人电脑先驱艾伦·凯（Alan Kay）担任顾问。

科学精神——人机共融新时代

目前并不需要担心人工智能威胁的到来，因为离真正的智能机器还非常遥远。就目前而言，机器是未来幸福生活的关键，在越来越大的程度上决定着我们未来的生活水平，智能机器很可能对我们这个时代最严重的问题的解决不可或缺。

没有机器人的世界意味着人类必须以非常低的工资生产普通家庭能负担得起的商品；意味着人类将必须进行各种对健康危害很大的危险工作，如清理福岛的核灾难现场，在矿山、钢厂恶劣的工作条件下工作。

机器人的营销有失偏颇，机器人大多被表现为可怕的大型猛兽。我们应该改为宣传，有一天隔壁的五金店将出售为我们修理和疏通房屋管道的微型爬行机器人。穿上机器人"护甲"，我们能够举起并搬运自身不能挪动的重物，机器人将帮助我们解决现实中的很多实际问题。

不必担心机器可能"偷走"我们的工作，我们应该担心一些需求紧迫的工作没有人干。照顾老年人是一个典型的例子。事实上，世界上绝大多数国家的人口并未加速增长，反而减缓。在某些国家，人口变为负增长。在许多国家，人口已经达到顶峰，很快开始下滑，同时，由于医学进步，很快会出现人口老龄化问题。换句话说，许多国家需要为未来老年人与照顾他们的年轻人的人口比例失调做好准备。20世纪50年代到60年代，西方世界出现"婴儿潮"。21世纪将迎来一大社会变革：老年潮。富裕国家正在步入"老年潮"时代。谁将照顾年龄逐年增长的老年人？大多数这些老化的人口都没有负担全职保姆的经济能力。机器人可以解决这个问题，机器人能帮助人买东西，打扫房屋，可以提醒人吃药，给人量血压等。机器人可以不分昼夜，全年无休地做这些事情，而且价格实惠。当前智能养老已经被作为一个新概念提出并付诸实施。我们应该担心AI来得不够及时，以至于我们将不得不独自面临老龄化的问题。

我们希望世界上所有人都能达到富裕的西方发达国家水平，但事实是，任何"富裕"国家都需要有人来做高收入者拒绝做的工作。这些工作大多数是维持社会正常运转、维系我们日常生活的工作。这些都是低报酬的卑微工作。我们希望地球上的80亿人口达到富裕国家的生活水准，但是当所有80亿人都变得富足，没有人愿意去做那些不起眼的低报酬工作时，世界会变成什么样呢？我们希望在50年甚至更短的时间内切实解决贫困问题，但是这意味着我们只有50年的时间创造出做所有人类不想做的工作的机器人。

人类现在正处于两股科学大潮的汇合处。一方面，生物学家正在破解人体的奥秘，尤其是人类大脑的奥秘；另一方面，计算机科学家正在为我们提供前所未有的数据处理能力。当这两者结合在一起时，就可能得到比人类更能有效地监测和理解自身的系统。

科技成果的应用并不是无限度的。如果说克隆人的出现关乎人类尊严的话，那么智能机器的无限发展也将可能对人类的安全形成威胁。尤其要考虑如何编制友好的人工智能算法，来使智能机器按照人类的伦理道德标准行事。

人类需要人工智能，而且也越来越离不开人工智能。我们需要毫不犹豫地与人工智能握手，不要总是想着用科技改变地球，富含人文情怀的科技才能使人类的未来更美好。

人类无须因为人工智能的发展而恐慌，至少现在还无须恐慌。人的进化将是一个渐进的历史过程，不会因智能机器的存在而突变。相反，人将可能与机器人逐渐融合在一起，直至延续若干代后，也许有一天将会意识到自己不再是曾经的那种心灵手巧、能说会道的高级动物，不再是那种容易感受喜怒哀乐、悲天悯人的高级动物。人也在一天天或一年年地发生着无数平凡的瞬间变化，直到有一天量变积累成质变，出现新的演化。就在这种演化过程中，人类为了追求健康、幸福和力量，逐渐改变他们原有的一个又一个特征。事实上，每天都有无数人将自己的生活交由智能手机安排，生活场景中的一帧帧，人生前行中的一步步，都被智能手机所记录并通过媒介等传播、分享。

只要人工智能或智能增强引领的技术在继续重塑未来世界，人类和人类创造的智能机器就要学会协作，人机共存，共同繁荣，人工智能必定要在漫长的岁月中与人共舞。

请思考：

日常生活中的哪些事务可以交给机器人处理？

任务回顾

随着人工智能的发展，国际人工智能界日益重视人工智能中的道德问题。人工智能可能会带来一些潜在的危害，例如人工智能可能会反噬人类，会产生歧视，带来责任难以界定的问题，会犯致命性错误，结论的不可解释性等。在阿西洛马举行的 Beneficial AI 会议上，近千名人工智能和机器人领域的专家联合签署了《阿西洛马人工智能 23 条原则》（Asilomar A.I. Principles），并呼吁全世界在发展人工智能的同时严格遵守这些原则，确保拥有自主意识的机器保持安全，并以人类的最佳利益行事，共同保障人类未来的利益和安全。人类需要人工智能，而且也越来越离不开人工智能。人类和人类创造的智能机器要学会协作，人机共存，共同繁荣。

任务 2 人工智能与职业

学习目标

1. 了解人工智能给个人职业带来的颠覆性革命；
2. 熟悉人工智能时代职业的特点；
3. 掌握人工智能时代保住自己"饭碗"的方法；
4. 引导学生适应人工智能时代的需求并应对职场的变化，遵守职业道德规范，提高道德修养和职业精神。

任务导入

富士康启动百万机器人计划，举刀大裁员，机器人代替人力。机器换人、工业互联、Predix（GE 推出的工业互联网服务），富士康的战略变化已经开始传导到一线工人。近年，富士康每年投入上万机器人。就因为工业互联这一举动，使得富士康最大工厂之一的昆山工厂，人数直接就从 11 万被裁到了 5 万，足足减少了一半。而在机器换人的潮流中，很多人都被迫离开，从以前厂区内坐满了人到现在全是机械臂在工作，时代的变迁我们无法改变，只能跟随时代的脚步，否则就会被淘汰。

世界级人工智能专家维威克·沃德瓦下了这样一个论断：到 2036 年，所有的人类工人都将被机器人和人工智能淘汰掉，而现实中发生的以智能机器代替人工劳作的情形更是随处可见。在未来 30 年内，人工智能几乎可以完全取代人力。在由此带来的失业大潮面前，人们又该何去何从呢？

请思考：

1. 从职业的角度来说，人类在哪些方面不如机器人？
2. 你身边有没有机器人替代人类工作的例子？

知识介绍

活动一　人工智能时代的职业革命

　　人类的每一次技术突破，都会给现实世界带来重大变化。人工智能技术的提升，在改变现实生活的同时，也改变着人类的行为方式和认知方式。

　　人工智能时代的到来，让很多劳动工人和各个领域的从业者失去了"饭碗"。在机器人和人工智能等技术的冲击下，全球劳动力市场将会发生颠覆性变革。据有关机构预测，未来 5 年内，全球 15 个主要国家将会减少 710 万个就业岗位；在全球范围内，会有上千万人失业。

道路自信——构建人类命运共同体

　　随着人工智能技术的进一步发展，未来若干年内，包括记者、银行柜员、司机和劳动工人等职业，都会成为被淘汰的职业。由此而来的是，机器人能从事和胜任人类的任何工作。如写作、干家务活、当保镖等，基本上人类能干的，它都能干。届时，人类将彻底从体力劳动和脑力劳动中解脱出来。这时的人类，就会变得无所事事。那么人类会不会因此而丧失斗志呢？这些伦理和法律方面的问题都没从理论上得到解决，现实中的人们依然如同展开竞赛一样，把全部精力用在了技术研发上，甚至有人提出了将人类大脑移植给机器人的想法。

1. 劳动工人的危机：人工智能技术引发的失业大潮

　　人工智能的发展，离不开技术进步。历史上一个明显的现象是，每一次技术进步，都会引发相关行业的大规模失业。19 世纪前叶，随着机械织布机在英国的广泛使用，让众多有技术的纺织业者一夜之间沦落街头，加入失业大军。1900 年，随着拖拉机、联合收割机和作物种植机的出现和使用，让近一半在田地间劳作的成年人一下子变得无所事事。在这些农业机械农具的"搅和"下，从事农业生产的人数只占到过去的 2% 多一点。1945 年，自动化技术进步让超过 1.5 万名曼哈顿电梯操作工人和维修工人成为无业者。

　　与这些新技术进步相对应的是，它们在淘汰旧工作的同时，总会创造出新的岗位。然而，当人工智能时代到来时，这种情形发生了颠覆。比如说，在过去的 30 年间，在数字革命的冲击下，许多只需要中等技能就可完成的如打字员、票务代理和工厂生产线上的工作，都成为被机器所取代的对象。这些工作在 20 世纪时可是中产阶级赖以生存的基础。然而，这些被机器取代的岗位从业者，并没有从技术进步中获益。因为这种新技术带来的新工种，比如网络程序员、维护工程师等，只占了极其微小的一部分。

　　事实上，新技术尽管会催生出新的工作，但在人工智能时代，它在催生新工作的同时，会让多得多的工作消失，并且是以相当快的速度消失。而人工智能战胜世界冠军的事实也预示着，人工智能正在抢占劳动工人乃至各个领域从业者的饭碗。据"世界经济论坛"2016 年年会发布的报告称，5 年内，在机器人和人工智能等技术的冲击下，全球劳动力市场将会发生颠覆性变革。比如，全球 15 个主要国家将会减少 710 万个就业岗位。这 15 个主要国家在全球整体劳动力数量中的占比约为 65%，这就意味着机器人和人工智能技术在 5 年内将会让上千万人失业。在 2016 年的国外某科学促进会年会上，科学家发出警告称，随着人工智能技术的突飞猛进，机器人将会取代甚至超越人类执行任何任务。因而，在未来 30 年内，将会有千千万万的人失业，各行各业都将受到影响。莱斯大学计算机工程教授摩西·瓦迪预计，到 2045 年时，人类的失业率将超过 50%，如图 6－11 所示。

图 6－11　人工智能引发失业大潮

　　人工智能时代的到来，掀起了世界范围内的又一轮产业变革。只是与前几次变革不同的是，这次变革让相当多的人感到了惶恐。其原因就在于人们普遍觉得，人工智能会威胁人类的生存。英国网络调研公司 YouGov 的一项调查结果显示，大约 36% 的人认为人工智能会对人类生存构成威胁。不管人们对人工智能的发展前景怀有怎样复杂的情感，一个普遍存在的认识是，人工智能技术的崛起，必将导致"失业潮"的到来。

　　那么，人工智能是怎样"侵占"劳动者的岗位的呢？先看这样一个镜头："通过穿刺静脉插入导管直至患者心脏，导管尖端到达患处后，通过射频电流消融掉引起房颤发作的异常心肌组织。"显然，这个镜头播放的是给病人做手术的场面。只是，当将眼光放到这一幕精准手术的主刀者时会发现，主刀者并不是哪位名医，而是一个机器人。这就是人工智能代替人类的一个活生生的例子。随着人工智能技术的发展，越来越多的能代替人类工作的机器人和人工智能走出实验室，出现在现实应用中。不妨以日本机器人服务酒店为例再作说明。

　　在日本，有一家 Henn-na 机器人酒店，在当前可称为全球唯一由机器人取代人工来为客人提供服务的酒店，如图 6－12 所示。在该酒店，客人从前台办理入住、行李搬运到打扫卫生之类的事务，都由机器人来胜任，甚至如倒咖啡之类的事情也可以由机器人来完成。机器人服务赢来的不仅是关注，还因为其本身的新颖性而为酒店吸引到了大量的观光客。相比人工服务来说，酒店使用机器人服

图 6－12　日本 Henn-na 机器人酒店的机器人员工

务除了节约运营成本外，在工作上，机器人也显得更为敬业。为此，该酒店获得了日本政府

的赞誉。

在日本，除了机器人酒店外，在机器人导游服务方面，日本政府也给予了多方的支持。现阶段，已经产生了懂中、日、英三种语言的导游机器人。只是它们的功能还显得很单一，只能给外国游客介绍景点及参与相关的一些活动。未来的这种机器人，将会具有图像与声音识别功能，以实现与人类进行对话等交流活动。

自动化技术的进步，对制造业劳动工人来说，既让他们从重复单调的操作中解放出来，也让他们失去了赖以生存的岗位。不过，这时对于制造业来说，自动化技术带给企业员工的还只是点上的变化，被淘汰的工人范围和数量极其有限。然而，在人工智能时代，企业员工被淘汰呈现的是面上的变化，可谓是全方位的。这种变化会让产业工人逐渐变为一个历史名词。比如富士康公司，在大陆的工厂拥有100多万工人。他们宣布引进100万台机器人，以代替人工作业。这些机器人成本更低廉，极易管理，因为它们完全听话，并且能24小时不停歇，始终做到敬业、勤劳不怠工，更不会出现为人诟病的自杀现象。富士康引进机器人从事生产的现象，代表了世界制造业生产变化的一个趋势。

人工智能时代的高调到来，对广大劳动者来说，大有无福偏有祸的悲叹。然而，必须看到，包括制造业在内，朝着集约化、智能化进行产业升级是一种技术进步的需要。这也可以说是人类社会发展的一种必然进程。卡耐基·梅隆大学计算机科学家曼纽拉·维洛索就曾指出，人们对人工智能存在着极大的误解，总以为人工智能时代很快就会到来，并且还会制造出具有"超人"性质的机器人。他说："我们距离这一天还是非常非常遥远的。"也有人从历史经验中总结出，因技术而导致人类丧失工作的悲观论调从来就没有成为事实，反而是依托技术进步，那些老旧落后的产能被淘汰后，人类的文明有了大踏步的前行。

《一课经济学》的作者赫兹利特指出："当今全球人口是18世纪中叶工业革命形成规模前的4倍，如果没有近现代机器，这个世界根本无法养活那么多人。我们当中3/4的人能有工作可做，能在这个世界上存在，都要拜机器所赐。"

"机器动力代替人类进行农业生产，省下的劳动力进入工业；从工业领域退出的劳动力进入第三产业，比如金融、艺术类；人工智能进一步发展，原先的智力产业也不太需要人类劳动，比如金融操盘手、工厂的工程师，很多分析都可以由人工智能完成。最后留给人类的领域只能是艺术，人和人之间的关系处理。"科幻作家江波的这番话，很可能就是人工智能未来时代人类的生活状态。

因而，面对人工智能技术的进步，受到冲击失去就业机会固然让人感到沮丧，但正确的做法是调整心态，顺应时代发展潮流，充分感受技术进步带给人类的各种积极变化。

2. 人工智能对行业的潜在影响力

在所有行业中，对国民经济的发展起着举足轻重作用的莫过于制造业。为提升制造业水平，自20世纪40年代起，自动化就成为行之有效的新技术。对于重复性、重体力、高强度和精度要求高的工作，自动化技术在成功实现规模化、集约化生产的同时，更将生产效率提升到了人工操作所不能达到的空前高度。只是，自动化技术的实现方式是事先设定运作路径，然后遵循这个路径进行一成不变的运作。一旦失去这种路径，自动化技术就会失去用武之地。那么，在未设定的路径下怎样让机器自动完成工作呢？这就得给机器赋予更多的智力，而人工智能就是在这种情形下被提出并朝着应用的方向发展的。党的二十大报告中提到"实施产业基础再造工程和重大技术装备攻关工程，支持专精特新企业发展，推动制造业高端化、智能化、绿色化发展"。如果将人工智能技术特点与现实应用结合起来，可以发现，在其应用领域，对下列行业存在着较大的潜在影响力。

（1）自动驾驶

自动驾驶指的是，通过车辆自身对环境进行感知并智能决策，在没有人员干预的情况下，由车辆自动完成行驶的驾驶行为。从技术上来讲，它依靠人工智能、视觉计算、雷达和监控装置及全球定位系统的共同协作，来实现汽车自己安全地操作机动车辆，如图6-13所示。

图6-13　自动驾驶汽车

目前，自动驾驶汽车的研发有两种方式。一种是谷歌公司的方式。其特点是直接奔向终极目标，中间没有过渡。谷歌公司于2009年曝光其研制的自动驾驶汽年的雏形。2011年10月，他们对研制的自动驾驶汽车进行了驾驶测试。2012年5月，他们研制的一辆自动驾驶汽车获得了自动驾驶车辆许可证。

谷歌公司的研究成果让人们对自动驾驶汽车的大量面世充满着期待。一旦自动驾驶真的实现，每个人的出行就可以实现按需满足。届时，车在人们心目中的意义就会朝着共享经济的方向发展。

还有一种是各大汽车厂家所采取的渐进式的实现自动驾驶的方式。

这两种方式，要判断哪一种更容易取得成功，所要考虑的就是整个系统的更迭。自动驾驶所需要的支撑系统，一般来讲如加油或充电、事故维修和保养等，都可以嵌入系统中，对驾驶路线影响不大。也就是说，要彻底解决自动驾驶问题，关键点不在车身，而在于对道路的数据、雷达感知到的数据等进行处理。依照这样的要求，谷歌公司的方式极有可能取得最终成功。

可以说，不管哪一种方式取得成功，都是基于人工智能技术的支持而实现的。一旦人工智能技术完全满足自动驾驶的要求，人类就会进入自动驾驶时代。针对此，有业内人士给出的时间是5~10年。

（2）服务机器人

服务类机器人，如扫地机器人（图6-14）、安保机器人等，这些产品的本质都差不多。就行为需要上来讲，这类机器人要知道自己的位置并能对诸如道路、家居布局、园区等环境进行感知，然后根据感知情况采取行动。通常来说，为实现交互的需要，还设置了自然语言处理来作支持。能做到这些，都依赖于人工智能技术的突破。可以预见的是，人们所期待的理想状

图6-14　扫地机器人

态的服务机器人，不仅能听得懂人的意思，还能与人进行对话交流，并且能像人一样满大街

地跑。目前，限于技术水平，服务机器人还只能在特定的环境下进行优化，要做到即时定位与地图构建，还比较难。不过，尽管服务机器人还只能在限定场景下进行工作，但毕竟已经走进了人们的生活。可以预见的是，将来会有类人机器人出现。

自动驾驶和服务机器人，正是因为加入了感知和机器学习等技术，才让它们从自动化技术中提升出来，引领着人工智能满足人们的现实需要的。

（3）数据分析和挖掘

自动驾驶和服务机器人都是直接服务于生活对象的领域，而数据分析和挖掘更像人的脑力劳动。随着互联网和智能硬件的发展，数据化的程度也在加深。在这一过程中，会有海量的数据产生出来。传统的方法已经不足以对付这些数据，这就需要用一定的方法来从这些数据中挖掘出价值来。人工很难胜任这个工作，需要依赖某种机器智能才可以，由此就出现了一种人工智能的主流驱动方式，叫作数据驱动。在数据分析和挖掘上，IBM 公司的沃森系统是个典型的成功者。在一档知名问答节目中，沃森系统击败了人类选手，夺得冠军。沃森系统不需要连接互联网，需要的是 15 TB 的数据。而且，它也不太需要感知环境，需要的是对语音语义的较好理解力。

数据分析和挖掘在行业应用方面，充分体现出人工智能的优势。

比如说，金融行业从海量数据中分析出金融欺诈行为、广告公司分析转化率、电商从用户的行为数据中发现提升销售额的方法等。这类工作，首先是处理一大堆数据。目前，因为人工智能算法对复杂算法的目的性还难以理解，把数据完全交给它们来处理也就较难取得成效，这时所采取的措施只能是人与人工智能相结合，由数据分析师从数据中提炼出一些要素来，并设定方向，再利用机器智能的算法来获得结果，与设定的目标进行匹配。这种过程，往往不可能做到一次到位，需要迭代多次才能达到最终目的。

海量数据的分析能力是这类人工智能的一个核心部分，还有一个核心部分是与人交互的接口。将来这种系统应用更可能在律师对过往案例查询、医生对 X 光片分析之类的专业领域展开，并且随着技术上的进步，完全有可能在一般用户级别上展开。

不久的将来，很有可能出现斯皮尔伯格电影里演绎的那种人工智能。这种人工智能，既有学习、感知和反应能力，还能对海量数据进行分析和处理，并能很好地实现人机交互和对人类情感进行识别、理解，从而会成为完全服务于人类的伙伴型机器人。这类机器人就如同人类的完整复制品，能从事和胜任人类的任何工作，如写作、干家务活、当保镖等，人类能做的它都能做。届时，人类将会彻底从体力劳动和脑力劳动中解脱出来。

不过，这样的机器人一旦到来，对所有行业来说，必然会引发失业潮。尽管失业的人们可由机器人"养活"着，但对整个人类来说，一个"被轻松"的烦恼是，被"包养"之后，会不会因骤然轻松而出现丧失斗志或者是玩物丧志之类的情形，从而就此沉沦堕落下去呢？

3. 未来若干年内极有可能消失的职业

人工智能技术的不断进步，持续改变着商业结构。据一些业内专家预言，未来 10 年内，现存的 50% 以上的职业将完全消失；未来 10～15 年内，工作场所的运营方式将会发生革命性改变。而就工作来说，未来 10 年内，以下这些职业将会最先消失。

（1）记者

现今《福布斯》杂志上所撰写的文章，有相当一部分都是由人工智能来完成的。其技术支持来自 Narrative Science 公司。该公司将大数据与人工智能结合起来，利用软件开发的模板、框架和算法，眨眼之间就能写出上百万篇报道来。再加上电子媒体的出现，让纸媒的生存空间不断被挤压，记者赖以生存的传统媒体不断出局。因而，不久的一天，或许90%以上的记者都会失业。如果有新的新闻采集方式出现，记者这个职业整体上消失也就成为可能。

（2）银行柜员

有人预计，未来10年内，随着网银或移动支付的普及，80%的现金使用会在中国大陆消失。这也就意味着，在未来20年内，绝大多数中小银行为了自身生存，将会把前台业务外包。由此，银行柜员这一职业就会被纳入消失的行列。

（3）司机

谷歌公司开发出的自动驾驶汽车已经能够在硅谷101高速公路上穿梭，也能够自己停靠在旧金山大街边上。而像奥迪、丰田和奔驰等目前世界顶级的汽车厂商，都列出计划开发自己的自动驾驶汽车。一旦自动驾驶汽车技术成熟，汽车也就不需要人来驾驶，司机作为职业也就会自动消失。与此同时，还会捎带上驾校老师、停车执法者等职业跟随着消失。

（4）生产工人

富士康公司的百万机器人计划，实际上是在表明，人工智能取代人工是早晚的事。随着机器人成本的下降，机器人的应用将会普及。这样，生产方面的工作将会彻底不需要真人来插手了。

（5）各种小商品制造者

3D打印将彻底颠覆制造业。将来，用户只需购买产品的设计就可以就地用3D打印出自己需要的产品。这就表明，一些物品尤其是小商品之类，不再需要专门的人来制造。这就宣告着能被3D打印出来的产品，其原来的制造者都会消失。

除这些之外，还有有线电视安装人员、加油站管理和工作人员、经纪人和中介商、职业模特、个体商户等职业都会消失。

如果再将时间放长，将工作范围放宽，就会发现，在不久的将来，下面这些工作的从业者将会被人工智能所取代。

（1）体力活人员

机械工业的发展，在很大程度上将人类从肩挑背扛的体力活中解脱出来。而人工智能时代的到来，让人类将彻底告别重体力活和危险的工作。比如长安福特汽车，在生产过程中的喷涂工序中，油漆挥发对人体的健康危害很大，而在他们采用机器人全自动喷涂后，油漆工这一工种就会从生产线上彻底消失。还有如Matternet公司。他们的无人机可以将货物送到人工驾驶车辆无法到达的地方，将人类从运输的危险中解脱出来。在一些救灾抢险过程中需要运输物资时，这种无人机既大大提高了救灾抢险的效率，节约了物流成本，还因完成了人员运输无法胜任的工作而实现了保障生命安全的意义。

（2）医疗人员

医生救死扶伤的工作向来受人尊重，只是由于认知上的差异和一些节外生枝的情形出现，让医患之间因互不信任而产生各种纠纷。往往这种纠纷会因一些医疗事故或处理方式不当而激化为冲突。这种情形要是让智能机器人来完成，就可彻底避免冲突。相比人来说，机器人都是按照规定"行事"，根本不会犯错。由此，患者也就会因挑不出什么毛病而不会与之产生纠纷。

目前，人工智能技术在医疗领域已经逐步得到应用。最具代表性的当属蒙特利尔学校设

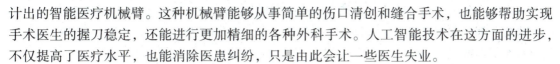

计出的智能医疗机械臂。这种机械臂能够从事简单的伤口清创和缝合手术，也能够帮助实现手术医生的握刀稳定，还能进行更加精细的各种外科手术。人工智能技术在这方面的进步，不仅提高了医疗水平，也能消除医患纠纷，只是由此会让一些医生失业。

（3）客服人员

每个公司通常都会有客服人员，而人们与客服交流时，总能感受到客服人员的热情友好。然而，人们拨打客服电话，通常都是冲着解决问题来的，而客服人员的职能基本就是个接线员，对于产品或服务的深层次问题，给人们提供的帮助非常有限。但当有了人工智能后，这一切都不再成为问题。

人工智能基本上能解答客户提出的各种问题。因为它能将产品的所有信息都记在"心"里，并且能做到随问随答。比如说，在一些智能手机和车载系统中因为使用了苹果公司的Siri技术，就能够解答用户提出的几乎所有的问题，并且会于第一时间给出答案。

（4）收银员

尽管电商有全面取代实体商家的势头，但距离这一天的到来，还要经历相当的时日。人们还是会习惯于隔三差五地到超市逛一回。在超市购物时，最烦的莫过于排长队结账，而有时还会因收银员操作出错而让结账时间大大延长。而通常情况下，为降低人工成本，超市不会再为此增设收银窗口。要解决这个问题，自动收银系统的功效就凸显出来了。比如沃尔玛超市研发出的Scan&Go系统。借助该系统，消费者只需用自己的手机扫描商品，然后就可以在自助收银设备上进行结算。这样的系统，既解决了消费者排长队结账的烦恼，也为超市节约了不小的运营成本。

可以预见的是，随着机器通过人工智能进行自我完善，一个机器超越人类的时代即将到来。而在现实中，一些如重体力活之类的"简单粗暴"的工作也正在被智能机器全面取代。从工作上来看，人类的精力将会主要投放在技术创新上，这时智能机器代替人类，从而出现大量人员失业的情况也就不可避免。对此，有关专家指出，人工智能时代的到来，不仅不会造成过多失业，反而能够创造更多的工作岗位。因为机器人代替人类后，能够增加产能，推动社会发展，产业工人向第三产业和服务业转型。人工智能时代在让人们失去原有工作岗位的同时，又在新的领域为人们创造出新的工作机会。

也许就如同前几次工业革命一样，淘汰的只是落后的生产方式，收获照样是生产效率提高后带来的快捷、方便的生活。

请思考：

①为什么人工智能的发展会导致人类失业？

②未来哪些职业最有可能会被淘汰？你的职业方向是否包括在内？

活动二　人工智能时代的职业特点

首先还是看一下人工智能是怎样入侵人类职业的。有关专家把人类的职业技能按功能分为四种：有工人、农民和清洁工之类的操作类的工作；有教师、裁判和咨询师之类的索引类的工作，以及如手术医生、诉讼律师和动画师之类由索引和操作共同特点的工作；有作家、发明家和产品经理之类的创造类的工作；还有企业管理者、商人和立法者之类管理流通类的工作。据牛津大学的研究数据表明，智能机器是从操作类的工作开始入侵职业的。这些职业包括农民、快餐店加工员、服装销售员等23个类别。

从资本的角度来看，被人工智能所取代的领域都是成规模、成批量、容易复制且不太复杂的岗位。那些如玻璃安装、园林修剪之类的工作，难以做到标准化，也就会在相当长时间内难以被机器取代。

从技术上来看，索引类工作比操作类要求更高。不过，随着技术进步，这方面的一些如非诉讼律师、金融分析师、高等教师、医师和药剂师等多达13个门类的职业都会消失。但在这一类工作中，如考古人员、教练和化妆师等所从事的职业不容易被替代。而在那些工作当中，具有标准化工作程序，很少涉及情感和价值判断的职业，却很容易被机器取代。而需要细腻沟通、需要人类的情感投入和需要复杂的价值判断的职业，则不容易被机器所取代。这也可以作为未来人们选择职业时的一个参考依据。

但人工智能的发展速度却总是超乎人类的想象。许多一度坚持认为非常安全的工作，就在不经意间变得岌岌可危起来。比如，保姆是个需要细心、耐心加爱心的工作，谁都不会把它与冷冰冰的机器联系在一起，然而智能机器人正在改变人们的这种根深蒂固的观念。一些机器人不但能照顾孩子，还能给孩子讲笑话、做智力测验，培养孩子的独特互动能力，并且能准确对孩子进行定位。显然，这后一项远远超出了人类保姆的能力。

再如心理咨询师。英国实验室研究的心理援助系统，可以识别1万多种人的面部表情，能同时为超过1 000人进行在线咨询，并且能于咨询过程中进行学习和积累经验。相比人类咨询师来说，人工智能咨询师更容易为患者所接受。因为它们不会有自身情绪方面的影响，而且更能保护隐私，让患者不必考虑疾病以外的人际关系影响。在应用上，该系统已经为老年人和孤独症患者提供服务。

对发明家、思想家之类从事创造类工作的人员来说，最不能接受的就是自己的创意能力受到他人的威胁甚至剥夺。然而，不管人们愿意不愿意，人工智能正在向人类的创意能力发起挑战。人类的进步归根结底是从学习而来。而人工智能已从按部就班的自动化中走了出来，变为自身可以学习，并且其通过学习取得成绩的速度非常快。这种学习能力，从理论上说，极有可能让机器智能超越人类。

从本质上来说，人类发展人工智能就是想让机器能够替代人，像人一样思考、劳作。尽管让机器类人还有一段路要走，但这个时刻极有可能说来就来。到时候，由机器人进行设计、创意，来参与人类的活动并展现出独特的品位，就会成为一种真实的场景。可以说，到时只要是人类所能想到的工作和能力，都可以在机器智能身上得到复制。

人工智能比人类更纯粹、更优秀，因为它有更大的进化优势。

当然，人类在传统职业上溃退的同时，另外一些职业领域会有所爆发。机器智能的优势在于记忆的深度和广度、运算的速度、学习和进化的速度、创新的速度。这些优势是人类个体无法比拟的。在这些优势下，人们逐渐丧失了原有的工作，似乎成为社会上可有可无的活动体。那么，在人工智能的"侵占"下，人类真的只能一切袖手旁观吗？有专家指出，这样的观点过于悲观，明显属于杞人忧天。相反，随着人工智能时代的到来，在快速淘汰一些传统行业的同时，会在一些领域呈现爆发式的增长，从而形成新的产业。党的二十大报告中提到"推动战略性新兴产业融合集群发展，构建新一代信息技术、人工智能、生物技术、新能源、新材料、高端装备、绿色环保等一批新的增长引擎"。

比如，在人工智能技术大发展和广泛应用的同时，相伴着出现了各种人机合体的技术。这种技术既可以把机器植入人体，也可把人植入机器。这方面可用脑机接口的事例来说明。

2023 年 10 月 24 日，首都医科大学宣武医院赵国光教授团队和清华大学医学院洪波教授团队，共同完成了无线微创植入脑机接口 NEO（Neural Electronic Opportunity）首例临床植入试验。该患者是一位车祸引起的颈椎处脊髓完全性损伤的五十多岁男性（ASIA 评分 A 级），此前长期处于四肢瘫痪状态。通过手术，神经外科医生将两枚硬币大小的脑机接口处理器植入高位截瘫患者颅骨中，成功采集到感觉运动脑区颅内神经信号。手术后 10 天患者出院回家。经过三个月的居家康复训练，该患者目前可以通过脑电活动驱动气动手套，实现自主喝水等脑控功能，如图 6-15 所示。

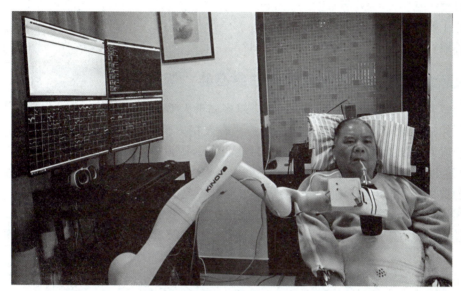

图 6-15　植入脑机接口后患者通过脑控功能自主喝水

可以预期的是，随着人工智能的广泛应用，由此会带来大量新的行业兴起。这些行业大部分都是围绕着人工智能的最新科技展开的。这时，科技研发和拓展的范围变得更大。人工智能的研发、人体工程的研究和宇宙太空拓展都成了热门方向，其行业本身也就成了热门行业。另外，缘于人工智能的带动，新的行业兴起后会带来管理上的新问题。比如说，人工智能所带来的都是新情况和新事物，每一个新的出现都亟须用法律和道德来规范。这时政府和一些管理机构就会需要更多的雇员、顾问和专家来运作，出台法律、制定规则，以及需要更多的人来辅助决策等。

再就是，机器替代人类后，会让更多的人拥有更多的闲暇时间。

这时，出于人类享受心理的支配，娱乐业、旅游业、竞技体育活动、互联网游戏及一些能给人的感官带来刺激或享受的行业，就会出现空前繁荣的情形。这种繁荣会催生出更多的就业岗位。

还有就是，人工智能技术的发展，会让人类窥探和征服外太空的物质和技术条件趋于成熟。这会进一步刺激人类征服外太空的欲望，各种征服外太空的制造业、服务业也会随之兴起。这同样会催生出大量的就业岗位。

因而，由人工智能带来的百业凋敝的未来，并不是毫无希望的未来，同样会是众多新行业涌现的时代。人类本身的学习能力、沟通能力、记忆能力、感知能力、统合和创新能力等，每一个地方都能形成一个巨大的产业。可以说，人类对自身的研究将会成为最热门的产业。另外，围绕人工智能的科技进步和商业发展，将会成为主要行业，而边缘性的科研和探索宇宙的行业将会成为热门行业。

只是对个人来说，人工智能时代必须时刻关注人工智能的最新科技趋势，无论从事什么行业，学习什么专业，都不能把工夫花在死读书上，也不能十几年只学习一个行业。因为那个时候人们最需要的是应变的能力和超前的意识。从职业角度来说，创意产业与人工智能有关的行业、娱乐业和边缘科学，以及与人自身成长相关的职业，都是现在职业发展的方向、未来职业的最佳选择。

请思考：

①人工智能时代的职业有哪些特点？

②你愿意拥抱变革，还是喜欢因循守旧？

活动三　如何在人工智能时代保住自己的"饭碗"

伴随着人工智能应用的不断深入，越来越多属于人类的工作岗位开始被 AI 所占据。面对这样的趋势，有人杞人忧天，有人积极应对。那么，我们该如何正确调整心态、认识 AI，在人工智能时代，保住自己的"饭碗"呢？

不想被机器人抢走"饭碗"，我们最需要做的不是怨天尤人，而是适应时代，让自己的"脑容量"成倍扩大，掌握更先进的技术、更适应人工智能时代的能力，这样才能"笑看风云变幻"。

创新精神——强化国家战略科技力量

人工智能的最突出的一点就是"深度学习"，尽管人类的学习效率与人工智能无法比拟，但是我们同样需要开始自己的"深度学习"，不断提升自身的能力。

1. 建立超越 AI 的全局视野

AI 的优势在于某个细分领域能够发挥超强能力，例如产品检测、流水线产品安装等，它们所做出的决策是微小且重复性的。对于较为抽象的全局规划，这并不是 AI 所擅长的。

所以，我们必须建立超越 AI 的全局视野，让 AI 成为我们的执行工具，而不是替代。正如桥水基金创始人雷·达里奥，他需要大量的人工智能产品进行投资管理。但是，他并不是被人工智能牵着鼻子走，而是"退后一步，从更高的层次来观察事件"。

例如，多数金融基金管理经理人平常的工作是待在电脑屏幕前，看着人工智能不断计算各支股票的数据，然后被动地进行确认、处理等。但是雷·达里奥并没有这样做，大部分时间，他都会理解经济事件和金融事件是如何在一个连贯的框架中融合在一起的。每周桥水基金开会，雷·达里奥所做的工作，就是根据自己的结论，对人工智能程序修改组合与模型，让它们的运转更加符合世界趋势。雷·达里奥被誉为是世界上"格局最大的投资者"，他很清楚人工智能的优势是什么，不足是什么，用大局观来指挥 AI。AI 是帮助他提升效率的工具，而不是将他的"饭碗"抢走的机器人。

我们必须建立这样的全局视野，分析项目的流程是什么、重点是什么，做好大局规划，然后输入指令让 AI 进行完成。这样我们才能完成升级，让人工智能成为我们的帮手。

2. 找到自己的优势，而不是与 AI 正面竞争

"AlphaGo 太完美，我看不到希望。"

这是柯洁败给 AlphaGo 后，面对记者说出的话，让整个世界震惊，如图 6-16 所示。

图 6-16　柯洁与 AlphaGo 的对决

的确，作为世界围棋顶级选手，柯洁尚且败得一塌糊涂，更何况普通人？与 AI 对比，我们丝毫没有优势。

但是，人工智能始终只是程序，它不可能真的如柯洁一样拥有人类的生活，体验各种各样的情绪、感受各种各样的美好。

人类之所以成功，凭借的是"多元智能"，在细分技能上，我们的确不如人工智能，所以就应该扬长避短，而不是与其进行正面对抗。

人类的天赋，就在于决定性的调整，可以对自己的精力进行有效分配，创造更完善的体系。正如 Siri 是非常成熟的人工智能系统，乔布斯不可能胜任语音识别这一工作，但却是乔布斯创造了 Siri，这才是人类的长处。

所以，我们必须挖掘身上更深层次的抽象管理能力，例如，如何给员工带来温暖、如何成为团队中不可或缺的桥梁、如何在产品设计时融入更多人性化的体验，这些工作都是 AI 完全无法胜任的，却是我们人类的长处。

尤其对于需要丰富情感的岗位，这是人类最擅长的领域，例如服务行业、医疗行业等。李开复是最积极的人工智能推广人，但是他也曾说过："如果在我生病的时候，医生告诉我'你这个病死亡率是多少，最长寿命是多少'，估计我还没有治疗就得崩溃。相反，医生如果和我说：'你这个病只要注意调养，是完全可以康复的。'那我会对治愈疾病充满信心。"你看，李开复老师现在还工作在投资的第一线呢。

这就是人工智能与人类的最大差距，人类独具的"情感交互""心灵交流"，是 AI 不可比拟的。所以，对于这些行业来说，深挖自己的服务意识，这样才能与 AI 进行竞争。

3. 让自己不可替代

在专业领域，我们已经无法与 AI 进行竞争，那么我们就必须提升自身的综合能力，让自己不可替代。这就意味着，我们除了掌握本职业务能力之外，还应该有其他的特长，尤其是人工智能并不擅长的特长。老板会用机器人的好处是"省钱"，而如果你可以一人多劳、

不可替代，那么你就会展现出自己的价值。

例如，我们是一名汽车驾驶员，未来的工作很有可能被无人驾驶汽车替代，但是，我们对汽车美容、装饰颇有心得，能够巧妙地将汽车空间布置成让人眼前一亮的场景，我们就不会失去自己的价值，反而成为行业内独树一帜的"无人驾驶美容达人"。

除此之外，我们还要拥有创造力，成为行业中的创新人才。人工智能的特点是根据规则去执行，进行颠覆性创造并不是它的长处，而你拥有不断研发拓展的创造力、想象力，你有自己独特的观点，那么你就很难成为那个被替代的人，反而很有可能成为打造机器人的人。

最重要的是，要给自己的情商做投资，让自己成为那个让人依赖的人。我们要思考如何与他人改善人际关系，如何能够与他人更有效地互动，产生强大的影响力。如果你能成为一个出类拔萃的激励者、管理者或是倾听者，那么所有人都会意识到：只有你在，才能调动大家的积极性；只有你在，才能让 AI 真正成为大家的助手，那么即使有再先进的人工智能，你也永远不会被行业淘汰。

对于身为普通职员的人来说，必须将"在其职司其位"转变为"在其职思其位"的思维，不断寻找自身工作的改进点与创新点，甚至相关的其他工作。例如，也许我们已经是一个即将被淘汰的导购人员，智能机器人的资讯提供效率比我们高得多，我们该如何才能避免被淘汰呢？

我们要做的，是尽可能创新自己的服务，这需要不断积累准确的判断力，注意与客户交流时的称呼、语气、音量等，都会让我们塑造出不一样的自己。当任何一名用户感到我们是值得信赖的，我们比人工智能机器人更加温馨、更具安全感，那么我们就是不可替代的。所以，无论我们身处哪个行业，都要不断提升自身的情商，深度学习有关情感的知识，这样才不至于被人工智能淘汰。

4. 调整心态，融入其中，寻找位置

人工智能发展大势所趋，从短期来看，它的出现必然会带来阵痛：

某些行业、某些地区出现一定的失业情况。这一点与第一次工业时代、计算机革命时代的到来完全一致。

但是从长远来看，这种转变并非意味着"大规模失业"的灾难性爆发。AI 时代的到来，是对人类社会结构、经济秩序的优化与调整，它的最终目的是解放生产力，让人类生活的品质得到进一步提升。

所以，我们必须正确对待 AI 浪潮的来袭，用开放的心态拥抱 AI，将它看作我们最需要的助手而非敌人，这样才能找准自己的位置，并感受人工智能带来的科技红利。

5. 参与到人工智能之中

想要拥抱 AI，首先就要参与 AI，这样才能真正了解 AI。参与 AI，并不一定是指我们加入 AI 产品的实际开发之中，而是了解 AI 的运转模式，它究竟能够给我们带来什么。不会被自动化系统吓倒，这样才能依靠 AI "深入虎穴"，挖掘数据背后蕴藏的更大价值。例如，我们是一名市场营销人员，伴随着 AI 产品的引入，身边不少同事认为自己已经毫无用处，因此纷纷选择调岗或离职。这个时候，我们要做的不是"随大流"，而是主动了解这款 AI 产品究竟能给我们带来什么——可以分析客户数据，并挖掘客户的消费欲望；分析区域的热点动态图，提供完善的市场预测数据；自动与客户进行交流，解决客户最常见的问题；直接介入销售，为客户推荐他们最需要的产品。以上这些，都是 AI 可以完全实现的。

了解了 AI 的特点后，应当立刻认识到，AI 已经将自己过去完全无法完成的工作快速解决，尤其是数据统计问题，这不仅是自己的短处，更是所有人类的短处。这就意味着，AI 为我们提供了庞大的数据支持！

我们不必与 AI "抢饭碗"，在它的领域我们毫无胜算，但是我们可以去做它做不到的、更加大局观的工作。例如，通过 AI 数据，我们已经看到，即将到来的暑期，某款产品将会进入热销阶段。这个时候，我们是否可以策划一场针对暑期的团购会，甚至创建一个属于品牌的 "暑假会员日"，用这款热销产品带动其他产品的销售？这样的大局观工作，是 AI 完全无法胜任的，它不可能像人一样，创建出一个抽象意义的 "节日"。这样一来，你与 AI 形成了很好的配合，参与到 AI 的工作之中，通过 AI 的数据支持，你实现了对曾经的超越——过去的你只是一名不起眼的销售员，但今天，你却成为能够运筹帷幄的策划师。

AI 不仅没有对你产生任何冲击，反而为你的腾飞插上了翅膀。为什么我们还要抗拒人工智能呢？

所以，参与到人工智能之中，就是要带着好奇、学习的态度面对 AI，要从 AI 中挖掘出能够给自己带来实际帮助的能力，这样我们不仅不会感到迷茫，反而还会凭借 AI 在自己的职场路上、创业路上创造更大的奇迹。

让人工智能成为我们的助手，这只能激发人工智能 50% 的能力，也只能激发我们自身 50% 的创意。从 "助手" 到 "伙伴"，让人工智能走进我们的工作，那么你会发现，AI 给我们带来的便利更加明显。

举一个很简单的例子：我们在办公室忙碌，忽然觉得有点冷，这时候人工智能程序发现我们的 "哆嗦"，立刻询问我们："您是否觉得有点冷？是否需要我适当调高空调温度？"

服务型人工智能已经成为我们的 "小伙伴"，商业领域的人工智能同样开始成为我们的同伴。

例如，交通人工智能机器人可以在交警下班后继续执勤，不断捕捉道路上的各种信息；工矿机器人可以进入人类无法到达的地壳深部，探测其中是否有矿产、矿产储量达到多少，为工程师提供合理的开采方案。

即便诸如艺术创作，尽管当前部分 AI 产品已经可以实现 "智能创作"，但是艺术涉及的不仅是 "写出来、画出来"，还需要体现情感、创意、心态、灵感、道德、意识等个性特征，所以它无法完全替代人类的创作。

但是，我们可以借助人工智能将艺术创作的难度大大降低，通过人工智能更好地表达细节，大大提升我们的创作效率，甚至将那些原本只存在于脑海中的画面，借助人工智能的建模优势，让它真正成为现实。AI 已经逐渐从助手进化为我们实现梦想的 "合伙人"。

拥抱 AI，你会发现自己的未来更加宽广，更有助于你在舞台上展现出自己的风采。正如微软（亚洲）互联网工程院市场与公关总监徐元春所说："让人工智能成为人类的伙伴！"

6. 发挥你的想象力与创造力

与人工智能成为朋友，不只是生活上的服务人员、工作上的助手这么简单，只要我们愿意发挥想象力与创造力，那么你就会发现，人工智能可以帮助我们做非常多的事情，它甚至就像左右手一样了解我们。

其实，我们的生活中早已离不开人工智能，它无所不在。工作时，它会帮助我们处理很多烦琐的表格；看电影时，它会主动推送我们喜欢的影片；开车时，我们想要听一首安静的歌，只要告诉它，它就会打开音响；出门游玩时，它是我们最值得信赖的导游，会时刻告诉我们来到了哪里，距离目的地还有多远。

它还是我们的私人助理，会帮助我们安排行程、协调时间。无论是吃饭还是购物，只要打开手机轻轻动动手指，它就会帮助我们解决这些问题。未来，随着无人驾驶汽车的普及，我们连手也不必动，即可朝着梦想出发。

比尔·盖茨就曾说过："人工智能是一种最新的技术，可以让我们用更少的劳动力生产更多的产品和服务，而绝大多数情况下，颠覆过去数百年的发展，这对整个社会来说非常重要。"

事实上，人工智能的应用，已经不再限于我们生活中的场景，它在各个领域都越来越成为人类的助手。如果我们可以发挥想象力与创造力，那么就会发现，即便我们只是普通的农民，也能通过人工智能提升粮食生产效率。

例如，过去的种田方式是"靠天吃天"，只要气候出现一点恶化，就很有可能导致当年粮食减产、绝收。但是有了人工智能，它会从种子研发这一步开始，不断进行改良优化，种植过程中还会接入实时天气系统，提出相应建议。甚至人工智能农业机器人还会对土壤、水文条件进行分析，帮助我们选择合适的肥料等，帮助农业生产。

中国是一个农业大国，几千年来都渴望掌握"老天爷的规律"，当人工智能出现以后，这个愿望也开始逐渐被实现。

还有更多我们看不见的领域，人工智能同样在颠覆着我们的想象力。例如，《华西都市报》的封面传媒就已经开始大量介入人工智能。

这家四川的传统媒体在借助人工智能对新闻生产进行变革。

2017 年，《华西都市报》的"小封智能机器人"已经开始进行新闻创作，作为第 240 号员工入驻封面传媒，每天可以撰写 100 多篇稿件。相比较传统编辑，小封智能机器人简直就是全能选手：体育、财经、灾害、生活、娱乐、科技、快讯……几乎所有领域都有它的身影，如图 6 - 17 所示。

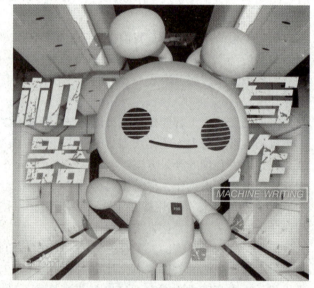

图 6 - 17 《华西都市报》的"小封智能机器人"

尽管相比专业编辑，它的写作更多侧重于辅助，如关键词提取、文章标签抽取、关联资料推荐、文章表现抽取等，但这已经给编辑带来了非常大的帮助，让采编人员的工作效率大大提升。

小封智能机器人的基础"办公能力"最辉煌的一次工作成果，就是在 2017 年，封面传媒举办"AI 相亲会"，小封智能机器人将单身男与女嘉宾进行照片比对、个人资料比对，为他们挑选最佳匹配的相亲对象，一时间成为当月的热门新闻。

2018 年，小封智能机器人经历了 4.0 升级，语音转换技术得到大大加强。每一篇稿件，都会自动生成一段语音，进一步对用户的体验进行全方位提升。

AI 的引入，让原本已经开始没落的传统媒体《华西都市报》又一次重获新生，所以，四川日报报业集团副总编辑、华西都市报社社长、封面传媒董事长兼首席执行官李鹏才会激动地说道："在可以预见的未来，人工智能必然会成为改变经济、社会、生活等方方面面的基础设施。对于转型中的媒体而言，加快 AI + 媒体应用是融合转型的不二选择，并且这种应用只能快，不能慢，更不能犹豫不决。"

我们无法想象 AI 的终点究竟在哪里；但我们可以看到，我们的生活、工作，正在被 AI 不断改变，它既给我们带来了冲击，又给我们带来了新的机遇。

7. 紧跟国家战略，抓住机遇

党的二十大报告中提到："加快实施创新驱动发展战略。坚持面向世界科技前沿、面向经济主战场、面向国家重大需求、面向人民生命健康，加快实现高水平科技自立自强。"从战略高度为我们指明了方向。

"站在风口上，猪都会飞。"

雷军的一句话，让中国整个创客领域沸腾了起来。风口是什么？是潮流，是未来，更是国家的战略支持。找到风口，就意味着已经与国家战略政策同步，意味着已经进入未来最有前景的产业。越是活跃的领域，机会就越是如繁星一般，只要自己足够努力，那么就很容易得到市场的青睐、资本的青睐、国家政策的支持、高级人才的加入。

而 AI 显然正是当下正在发生的"风口"。它既是商业市场的选择，也是国家战略的选择。机遇正在我们的面前招手。

2018 年，工业和信息化部印发了《促进新一代人工智能产业发展三年行动计划（2018—2020 年）》，明确表示：重点培育和发展智能网联汽车、智能服务机器人、智能无人机、医疗影像辅助诊断系统、视频图像身份识别系统、智能语音交互系统、智能翻译系统、智能家居产品等智能化产品，推动智能产品在经济社会的集成应用。人工智能产业的推进，正在不断完善之中。

与此同时，这份计划也对人工智能的创业进行保障，包括加强组织实施、加大支持力度、鼓励创新创业、加快人才培养、优化发展环境等，推动形成良好的发展环境。尤其会大力推动建设相关领域的制造业创新中心，设立重点实验室，鼓励行业合理开放数据，支持重点行业和关键领域加大应用力度，促进人工智能产业突破发展。正是有了这样的政策支持，中国 AI 产业发展的速度日新月异。

2018 年 9 月，在国家发改委的指导下，以国投创合国家新兴产业创业投资引导基金管理公司和上海市杨浦区人民政府为主导，在上海发起设立了全国人工智能创业投资服务联盟。这个联盟将会给中国人工智能领域带来更多的服务与支持。

这一联盟不仅有地方、创业服务机构，同时还邀请企业、高校和院所等作为成员单位加入，形成完善的体系。阿里巴巴、百度等 8 个 AI 创新中心（实验室），腾讯、华为等 8 个 AI 创新平台，微软、亚马逊等 3 个 AI 研究院已经加入联盟并入驻上海。巨头的率先行动，给整个行业带来了极大的信心。

为了促进整个联盟企业的健康发展，上海还将进行大规模的资金支持，同时引导社会资本设立千亿规模的人工智能发展基金。上海已经为未来做出了明确规划：将建设 60 个左右人工智能深度应用场景和 100 个以上人工智能应用示范项目，打造 3 ~ 4 个人工智能特色小镇和 5 个人工智能特色示范园区，设立千亿规模人工智能产业发展基金。

一线城市正在行动，其他地区同样不甘落后，为人工智能产业发展不断扫清障碍、提高扶持力度。

2018 年，安徽合肥出台人工智能产业发展政策，将人工智能发展作为未来合肥发展的重点。对于入驻人工智能产业园区的企业，如果达到相关标准，经评审认定，每个企业即可获得 30 万 ~50 万元的一次性创业补助；企业年营业收入首次达到 2 000 万元、1 亿元、5 亿元、10 亿元的，分别给予 50 万元、100 万元、500 万元和 1 000 万元的一次性奖励，从经济角度刺激相关人才进行人工智能创业。

与此同时，合肥市政府还大力支持技术的落地与产品的应用，尤其对于面向智慧城市、智慧医疗、智慧教育、智慧政务等的应用市场，每年由政府牵头发布应用推广计划，举办市场应用对接会，让合肥的人工智能企业与全国乃至全球建立更加紧密的联系。

作为阿里巴巴的"大本营"，杭州对人工智能产业的发展的扶持力度更大。杭州未来科技城是中组部、国资委确定的全国 4 个未来科技城之一，重点方向就是人工智能。如阿里巴巴、同花顺、华立等知名企业都在这里安家落户。

2017 年，未来科技城旗下的"人工智能小镇"投入运营，进一步吸引 AI 创客的加入，如图 6 - 18 所示。入驻人工智能小镇的初创型企业，最高可获得 1 600 万元项目资助；成长型企业，则可以获得最高 200 万元的房租补助和最高 500 万元的研发补助；对于引进的核心人才，最高可获得 300 万元的安家费补助，硕士、博士可享受一次性生活补贴。

图 6 - 18　人工智能小镇

党的二十大报告中提到："我们所处的是一个充满挑战的时代，也是一个充满希望的时代。当代中国青年生逢其时，施展才干的舞台无比广阔，实现梦想的前景无比光明。广大青年要坚定不移听党话、跟党走，怀抱梦想又脚踏实地，敢想敢为又善作善成，立志做有理想、敢担当、能吃苦、肯奋斗的新时代好青年，让青春在全面建设社会主义现代化国家的火热实践中绽放绚丽之花"。国家已经为我们指明了方向：未来，是属于人工智能的。所以，我们不要再犹豫，抓住这个机遇，积极投身于人工智能产业的创业浪潮之中，那么下一个乔布斯、雷军，也许就是你。

请思考：

人工智能时代还有哪些思路或者方法有助于你更好地就业？

任务回顾

人工智能带来的巨大技术进步和社会变革，势必会给人类的生产和生活方式带来翻天覆地的变化。因为机器人相对于人有独特的优势，它在催生新工作的同时，会让很多的工作机会消失，从而引发人类的失业大潮。但我们不必为此担心，而应以积极的心态拥抱变革，更新自己的知识结构，打开自己的视野，找准自己的定位，成为人工智能时代的弄潮儿。

自主评价

通过学习本模块，看自己是否对人工智能与社会变革有了充分了解，在技能检测表中标出自己的学习情况。

评价标准	个人评价	小组评价	教师评价
（1）是否了解人工智能可能带来的危害			
（2）是否了解人工智能的 23 条军规的内容及其产生的背景和意义			
（3）是否了解人工智能带来的职业革命			
（4）是否了解人工智能时代的职业特点及如何在人工智能时代保住自己的"饭碗"			
（5）是否能够适应人工智能时代的需求并应对职场的变化			
备注：A 为能做到；B 为基本能做到；C 为部分能做到；D 为基本做不到。			

习　题

一、选择题

1. 近年来，国际人工智能界日益重视人工智能中的伦理与法律问题，并推动相关技术标准及社会规范的研讨和制定，不包括（　　）

    A. IEEE 全球人工智能与伦理倡议　　　　B. 阿西洛马人工智能 23 条原则

    C. 中国的《新一代人工智能发展规划》　　D. 科幻电视剧《三体》

2. 随着人工智能的发展，科技巨头提出了对人工智能未来的担忧，其中对人工智能的发展持乐观态度的人有（　　）

    A. 特斯拉 CEO 埃隆·马斯克

    B. 微软 CEO 比尔·盖茨

    C. 以色列历史学家、《人类简史》一书作者尤瓦尔·赫拉利

    D. 英国剑桥大学著名教授史蒂芬·威廉·霍金

3. 《阿西洛马人工智能 23 条原则》分为三大类。以下不属于三大类的是（　　）

    A. 机器学习　　　　　　　　　　　　　B. 科研问题

C. 伦理价值　　　　　　　　　　　　D. 长期问题

4. 人类现在正处于两股科学大潮的汇合处。一方面，生物学家正在破解人体的奥秘，尤其是人类大脑的奥秘；另一方面，计算机科学家（　　　　）。

  A. 提供给我们日常办公用的电脑　　　　B. 为我们提供前所未有的数据处理能力

  C. 教给我们计算机的操作　　　　　　　D. 破解人体的奥秘

5. 据一些业内专家预言，未来 10 年内，现存的 50% 以上的职业将完全消失；以下这些职业将会最先消失，不包括（　　　　）

  A. 记者　　　　　　B. 司机　　　　　　C. 生产工人　　　　　　D. 人工智能专家

6. 党的二十大报告中提到"推动战略性新兴产业融合集群发展，构建新一代一批新的增长引擎"，不包括（　　　　）

  A. 信息技术　　　　B. 人工智能　　　　C. 高能耗制造　　　　D. 新能源

7. 为了适应人工智能时代，我们应该采取的措施不包括（　　　　）

  A. 建立超越 AI 的全局视野　　　　　　B. 与 AI 正面竞争

  C. 让自己不可替代　　　　　　　　　　D. 调整心态，融入其中，寻找位置

8. 人工智能道德问题的产生与哪些因素有关？（　　　　）

  A. 人工智能的智能化程度　　　　　　　B. 人工智能与人类关系的模糊性

  C. 人工智能技术的完全可控性　　　　　D. 人工智能带来的潜在危害

9. 索菲亚被赋予公民身份后，以下哪些说法是正确的？（　　　　）

  A. 索菲亚拥有仿生橡胶皮肤

  B. 索菲亚可以识别人类面部

  C. 索菲亚是历史上第一个获得公民身份的机器人

  D. 索菲亚的"大脑"采用了人工智能技术

10. 人工智能在社会变革中可能带来的正面影响包括（　　　　）

  A. 减少交通事故　　　　　　　　　　　B. 提高工作效率

  C. 促进医疗健康进步　　　　　　　　　D. 增强个性化教育体验

二、判断题

1. 人工智能的发展完全不会给人类带来任何困扰和不安。　　　　　　　　（　　　）

2. 人工智能 23 条军规是为了规范人工智能的发展而制定的。　　　　　　（　　　）

3. 人工智能的伦理学和跨人类主义的伦理学问题是人工智能发展面临的重要问题之一。

（　　　）

4. 所有人工智能系统都具有自我意识并能够做出独立决策。　　　　　　　（　　　）

5. 算法在处理数据时，其自身并不带有任何偏见，偏见来源于数据本身。　（　　　）

6. 当前的人工智能技术已经达到了"强人工智能"阶段，即与人类智能相当或超越人类。

（　　　）

三、简答题

1. 当前机器智能有哪些危害？举例说明。

2. 阿西洛马 AI23 原则，主要包括哪几类？分别主要讲了哪些内容？

3. 人工智能时代，有哪些方法有助于保住自己的工作岗位？

参 考 文 献

[1] [美] 史蒂芬·卢奇 (Stephen Lucci)，丹尼·科佩克 (Danny Kopec). 人工智能（第 2 版）[M]. 林赐，译. 北京：人民邮电出版社，2018.

[2] [意] 皮埃罗·斯加鲁菲 (Pireo Scanruffi). 人工智能通识课 [M]. 张瀚文，译. 北京：人民邮电出版社，2020.

[3] 莫宏伟. 人工智能导论 [M]. 北京：人民邮电出版社，2020.

[4] 廉师友. 人工智能概论 [M]. 北京：清华大学出版社，2020.

[5] 王万良. 人工智能通识教程 [M]. 北京：清华大学出版社，2020.

[6] 史忠植. 人工智能 [M]. 北京：机械工业出版社，2016.

[7] 冯天谨. 智能学简史 [M]. 北京：科学出版社，2007.

[8] Urmila Shrawankar, Latesh Malik, Sandhya Arora. Cloud Computing Technologies for Smart Agriculture and Healthcare [M]. CRC Press, 2021.

[9] 盘和林，邓思尧，韩至杰. 5G 大数据 [M]. 北京：中国人民大学出版社，2020.

[10] 陈罡. 城市环境设计与数字城市建设 [M]. 江西：江西美术出版社，2019.

[11] 腾讯研究院. 人工智能 [M]. 北京：中国人民大学出版社，2017.

[12] 李开复，王咏刚. 人工智能（李开复谈 AI 如何重塑个人、商业与社会的未来图谱）[M]. 北京：文化发展出版社，2017.

[13] 李开复. AI 未来 [M]. 浙江：浙江人民出版社，2018.

[14] 韦康博. 人工智能——比你想象的更具颠覆性的智能革命 [M]. 北京：现代出版社，2016.

[15] 白秀莲. 人机融合 [M]. 天津：天津科学技术出版社，2019.

[16] [美] 皮埃罗·斯加鲁菲. 智能的本质——人工智能与机器人领域的 64 个大问题 [M]. 北京：人民邮电出版社，2017.

[17] [澳] 托比·沃尔什. 人工智能会取代人类吗？[M]. 北京：北京联合出版社，2018.

[18] 917 众筹. 人工智能　智能颠覆时代，你准备好了吗？[M]. 北京：中国纺织出版社，2019.

[19] 罗保林，林海. 与人共舞：人工智能成就梦幻世界 [M]. 北京：科学出版社，2020.

[20] 郭锐. 人工智能的伦理和治理 [M]. 北京：法律出版社，2020.

[21] 杜严勇. 人工智能伦理引论 [M]. 上海：上海交通大学出版社，2020.

[22] 蓝江. 人工智能的伦理挑战 [EB/OL]. 光明日报，2019 - 04 - 01.

[23] 陈磊. 人工智能让人类尴尬：伦理道德法律框架设计滞后 [EB/OL]. 科技日报，2017 - 11 - 21.